Armin Vambéry

Geschichte Bochara's oder Transoxaniens von den frühesten Zeiten bis auf die Gegenwart :

Nach orientalischen benutzten und unbenuzten handschriftlichen Geschichtsquellen. Zum erstenmal bearbeitet von Hermann Vämbery

Armin Vambéry

Geschichte Bochara's oder Transoxaniens von den frühesten Zeiten bis auf die Gegenwart :
Nach orientalischen benutzten und unbenuzten handschriftlichen Geschichtsquellen. Zum erstenmal bearbeitet von Hermann Vämbery

ISBN/EAN: 9783741172755

Hergestellt in Europa, USA, Kanada, Australien, Japan

Cover: Foto ©Andreas Hilbeck / pixelio.de

Manufactured and distributed by brebook publishing software (www.brebook.com)

Armin Vambéry

Geschichte Bochara's oder Transoxaniens von den frühesten Zeiten bis auf die Gegenwart :

GESCHICHTE BOCHARA'S

oder

TRANSOXANIENS

VON DEN FRÜHESTEN ZEITEN BIS AUF DIE GEGENWART.

Nach orientalischen benützten und unbenützten handschriftlichen
Geschichtsquellen.

Zum erstenmal bearbeitet von

HERMANN VÁMBÉRY,

ordentl. öffentl. Professor der orientalischen Sprachen und Literaturen an der
königl. Universität zu Pesth.

DEUTSCHE ORIGINALAUSGABE.

ZWEITER BAND.

STUTTGART.
Verlag der J. G. Cotta'schen Buchhandlung.
1872.

Inhaltsverzeichniss zum zweiten Bande.

Capitel XII.

Timuriden und Dschengisiden. Sultan Chalil Mirza reisst die Landesgrossen gegen sich. Seine Gemahlin Schad-i-Mulk. Sein Kampf mit Pir Mohammed. Er unterliegt den Rebellen Chudadad und Scheich Nur-ed-din. Sultan Schahruch Mirza stellt die Ordnung in Transoxanien her und befreit Chalil Mirza aus der Haft. Letzterer soll als Gouverneur nach Irak gehen und stirbt auf dem Wege dahin. Ulug Beg. Sein Kampf mit Borak Oglan. Sein Sinn für die Wissenschaft. Seine Bauten. Die Sternwarte zu Samarkand. Krieg Ulug Begs mit Ala-ed-dowlet. Einfälle und Verwüstungen der Turkomanen in Herat und der Özbegen in Samarkand. Ulug Beg muss gegen seinen Sohn zu Felde ziehen, wird von demselben besiegt und hingerichtet. Regierung des Vatermörders Abdullatif. Abdullah Mirza. Ebnsaid Mirza's erstes Auftreten. Mehemmed Dschügi und seine özbegischen Hilfstruppen. Er wird von Ebusaid geschlagen. Ebusaid wird von Usun Hasan besiegt und getödtet. Sultan Ahmed Mirza und sein Bruder Omar Scheich. Sultan Mahmud und sein Vezier Chosru-Schah. Baisonkur Mirza und sein Bruder Sultanali. Baber Mirza, der Sohn Omar Scheich's, tritt auf die Bühne der Begebenheiten. Baisonkur wird nach langem Kampfe von Samarkand verdrängt. Baber und Sultanali theilen unter sich die Herrschaft Transoxaniens. Sturz der Timuriden durch Scheibani. Culturepoche der Timuriden. Literarische Prinzen aus dem Hause Timurs. Ueber die hervorragendsten Dichter, Gelehrten, Theologen und Künstler aus dem Zeitalter der Timuriden. S. 1—34.

Capitel XIII.

Ursprung und Bedeutung des Namens „Özbeg". Das erste Erscheinen der Özbegen und ihre Stellung zu den übrigen Türken Mittelasiens. Ebulchair Chan und seine Geschichte. Scheibani Mehemmed Chans erste Jugend. Seine Kämpfe mit Bürge Sultan. Sein Verhältniss zu den Timuriden. Er erklärt sich unabhängig am untern Laufe des Jaxartes. Seine Eroberung Samarkands. Wird durch Baber vertrieben. Die Schlacht bei Serpul und die zweite Einnahme Samarkands. Das Ende Chodscha Jahja's. Scheibani's Kriege mit Chosruschah. Chaneke Sultan, und die Bestrafung des undankbaren Tenbel Sultans. Scheibani besiegt Tschin Sufi, den Herrn von Chahreram. Er tritt gegen Sultan Hussein Mirza auf. Die Schlacht bei Merwitschak und die Einnahme Herats. Scheibani's Eroberungen in Chorasan. Er vertheilt sein Reich unter seine Anverwandten und Heerführer. Schah Ismail der Sefide. Schüten und Sunniten. Correspondenz zwischen Scheibani und Schah Ismail. Der Krieg zwischen Beiden. Scheibani's Tod in der Schlacht bei Merw. Bedeutung seines Auftrittes und seine Individualität. S. 25–65.

Capitel XIV.

Friede zwischen den Nachkommen Scheibani's und Schah Ismail. Kotschkündschi wird zum Nachfolger Scheibani's gewählt. Obeidullah zieht gegen Baber zu Feld und besiegt ihn. Nedschm Sani's Einfall in Transoxanien und sein Ende. Die fünf Einfälle Obeidullah's in Chorasan. Sein Tod und die auf denselben folgenden Wirren. Abdullah Chan erscheint als Retter. Seine Eroberungen im Norden, Osten, Süden und Westen Transoxaniens. Verwüstungen in der Umgebung von Meschhed und Controverse zwischen den schiitischen und sunnitischen Molla's. Abdulmumin plündert und verheert die Stadt Meschhed. Abdullah erreicht den Glanzpunkt als Krieger und besteigt den Thron. Sein Verhältniss zu seinem Sohne Abdulmumin. Zank zwischen letzterem und dem Vezir Köheltasch. Abdullah's Politik in Chahresm. Sein Tod. Blüthe und Grösse Bochara's während der Regierung Abdullahs. Grausamkeit Abdulmumin Chans. Er wird von seinen eigenen Leuten ermordet. Heimatlosigkeit in Transoxanien. Die Einfalle Tokel Chans und die Siege Schah Abbas'. Die Culturzustände unter den Scheibaniden. Macht und Einfluss der Mollawelt. Die hervorragendsten Dichter und Bauten unter den Scheibaniden. S. 66–98.

Capital XV.

Ursprung der Aschtarchaniden. Jar Mehemmed Chan und sein Sohn Dschani Chan. Din Mehemmed Chans Ernennung zum Fürsten und sein Tod in Chorasan. Baki Mehemmed Chan stellt die Ruhe her. Persischer Einfluss in Beleh. Seine Kriege mit Schah Abbas und sein Tod. Weli Mehemmed Chans Regierungsantritt. Er wird durch Imamkuli des Thrones verlustig und flüchtet sich nach Persien. Sein Empfang am Hofe zu Isfahan. Baki Mehemmed Chan schlägt den Angriff der Perser zurück. Bizarre Religiosität. Baki Mehemmed Chans populäre Herrschaft. Incognito-Anekdote. Gesandtschaftsaustausch zwischen Bochara und dem Kaiser von Indien. Der gebietreiche Gemahle Dschihangirs. Imamkuli's zärtliches Verhältniss zu seinem Bruder Nezr Mehemmed Chan. Baki Mehemmed pilgert nach Mekka und stirbt daselbst. Nezr Mehemmed Chans unglückliche Herrschaft. Sein rebellischer Sohn Abdulasiz Chan stürzt ihn vom Throne. Nezr Mehemmed am Hofe Abbas II. Sein nutzloser Kampf um den Thron und sein Ende. Der Krieg zwischen Abdulasiz und Abulgasi Bahadur Chan. Fortsetzung des Kampfes unter Anuscha Chan. Abdulasiz pilgert nach Mekka, seine Reiseabenteuer und sein Tod. Charakteristik des letztgenannten. S. 99–125.

Capitel XVI.

Subhankuli Chans Regierungsantritt. Rivalität unter seinen Söhnen. Mehemmed Bi Atalik. Ihr Einfall Aurucha Chans. Gesandtschaft Aurengzibs und Sultan Ahmed des Zweiten. Der Brief des letzteren. Subhankuli's Individualität, seine Gelehrsamkeit und sein Ende. Streit wegen der Nachfolgerschaft unter seinen Söhnen Meklm Chan und Obeidullah. Verfall der Aschtarchaniden. Nadir Schah. Sein Sohn Rizakoli fällt in Transoxanien ein und wird zurückgeschlagen. Nadirs Feldzug über den Oxus. Ebulfeiz Chan huldigt ihm. Nachtheil der Siege Nadirs für Bochara. Religionsheuchelei die vornehmste Culturbewegung der Zeit. S. 126—144.

Capitel XVII.

Dürftigkeit der geschichtlichen Quellen. Erstes Auftreten der Mangiten. Daniel Bai. Emir Maasums Vorleben. Seine Sophisterei. Sein Antritt an der Regierung. Die streng islamitisch hierarchische Verfassung. Emir Maasums Kämpfe gegen Persien. Er verwüstet und entvölkert Merw. Das Schreiben Aga Mehemmed Chans. Letzterer ist durch Catharina von Russland verhindert, nach Bochara zu ziehen. Emir Maasums Kriege mit den Fürsten Afganistans. Sein schlaues Betragen rettet ihn aus der Gefahr. Die Strenge der Religionsgesetze. Emir Maasums ascetische Lebensweise und der Launs seiner Officiere. Haidar Töre oder Emir Said. Nasir-ed-din Töre. Bigotterie und Laster in Bochara. S. 145—164.

Capitel XVIII.

Emir Nasrullah besteigt nach Ermordung seiner Brüder den Thron. Sein Kuschbegi Hakim Bai und das tragische Ende des letztern. Nasrullah und die Annäherung Europa's an Mittelasien. Die Kampflust Nasrullahs. Sein Krieg mit Schehri Sebz. Chokands Vergangenheit. Mehemmed Ali's Kriege mit Nasrullah Chan. Abdul Samed Chan. Bochariche Feldzüge gegen Chokand. Musulman Kul. Das Verhältniss Nasrullah Chans zu Chiwa und Persien. Seine Eroberungen in Afganistan. Diplomatischer Verkehr mit Russland. Die Gesandtschaft der Majors Butenieff. Erfolglosigkeit derselben. Ursache des ersten diplomatischen Verkehrs Englands jenseits des Oxus. Die Mission des Obersten Stoddart. Unbiegsamer Charakter des letztern und Grausamkeit Nasrullahs. Capitän Arthur Conolly. Seine Reise nach Chiwa und Chokand. Er wird von Nasrullah in die Schlinge gelockt und mit Stoddart zusammen eingekerkert. Gefangenschaft, Leiden und Tod der beiden englischen Officiere. Ursachen, warum die Tyrannei Nasrullahs unbestraft geblieben. Tod anderer Europäer in Bochara. Der Eigendünkel und die abscheulichen Laster des Emir Nasrullah. Sein schändliches Betragen gegenüber Dost Mohammed Chan. Seine Willkür und sein Tod. S. 165—195.

Capitel XIX.

Mozaffar-ed-din's Jugend. Er ist nicht ganz unschuldig an dem Unglück, das ihn getroffen. Sein Grössenwahn und seine Kriege mit Chokand. Chudajar Chan und Molla Chan. Die Kiptschaken. Die Protectionspolitik Mozaffar-ed-din Chans. Russlands Operationen am rechten Ufer des Jaxartes. Die Errichtung der ersten Forts. Aral-Flottille. Belagerung und Einnahme von Ak Medschid. Izzet Kutibar. Turkestan während des krimischen Feldzuges. Die Russen nehmen Taschkend. Mozaffar-ed-dins Indolenz gegenüber dem siegreichen russischen Heere. Die Mission Nedschm-ed-dins und des Obersten Struve. General Tschernajeff's kühner aber unglücklicher Feldzug gegen Süden. Romanoffsky und das entscheidende Treffen von Jirdschar. Einnahme Chodschends. Die Russen nehmen Besitz vom ganzen Thalgebiet des Jaxartes. Mozaffar-ed-dins Hilflosigkeit. Die gereizte Stimmung in Bochara. Der Emir wird von seinen eigenen Unterthanen zur Wiederaufnahme der Feindseligkeiten gezwungen. Treffen vor Samarkand. Einnahme letztgenannter Stadt durch General Kaufmann. Die Russen dringen bis nach Kermineh vor. Der Emir schliesst Frieden. Rebellion des Kette Töre. Die Russen beschützen den Emir. Das Ende des Kette Töre. Freundschaftliche Verhältnisse zwischen Bochara und Russland. Bocharische Gesandtschaft in St. Petersburg. Umgestaltungen in Mittelasien. Schlusswort. S. 196—226.

XII.

Die Timuriden.

807 (1405) — 906 (1500).

Timur war in Betreff der Nachfolger bei weitem nicht so glücklich wie sein mongolischer Vorgänger auf der Bahn der Welteroberung. Ersterer hatte nur den Grundriss des riesigen Machtgebäudes tracirt, die Aufbauung und mitunter auch die Erweiterung desselben war den kräftigen Armen seiner Söhne und Enkel anvertraut. — Letzterer hatte allein den Bau seiner Herrschaft bis zum Giebel aufgeführt, und seine Kinder, anstatt demselben als Stützen zu dienen, waren die Ersten, welche durch Uneinigkeit und wüthende Bürgerkriege den Verfall und den gänzlichen Untergang herbeiführten. Die Dschengiziden konnten ihre Herrschaft in Mittel- und Westasien zwei Jahrhunderte lang aufrecht halten, die Nachfolger Timurs blieben kaum während eines Jahrhunderts im Besitze der ihnen als Erbtheil zugefallenen Ländereien, trotzdem unter ihnen Männer waren, deren Herrschertalente, glänzende Geistesgaben und Edelsinn noch lange die Bewunderung der Nachwelt verdienen werden.[1]

Kaum waren die irdischen Ueberreste des grossen Todten

---

[1] Dieses Verhältniss ist auch dem gelehrten Franzosen M. Belin aufgefallen, der, indem er in seiner „Notice bibliographique et littéraire sur Mir Ali-Chir Newâïi" von dem Zeitalter der Timuriden spricht, S. 29 die Bemerkung macht: „Il y a lieu de s'étonner que le goût des lettres n'ait pu exercer sur ces princes doué, pour la plupart, d'une certaine philosophie religieuse, une influence salutaire sur leur rudesse et leur cruauté naturelle."

in Samarkand beigesetzt, und die Trauerfeierlichkeiten waren
noch nicht beendet, als der Kampf um die Krone unter seinen
Nachfolgern ausbrach. Da seine Söhne, mit Ausnahme des
weisen und edlen Schahruch Mirza's, der in Chorasan regierte,
ihm mit dem Tode vorangingen,[1] so hatte Timur denjenigen
seiner Enkel zum Nachfolger bestimmt, in dessen Heldensinn
er das meiste Zutrauen hatte. Dieses war Pir Mohammed
Chan, der Herr von Indien und Kabul, der seine Jugend wol
im Schlachtgetümmel verbrachte, aber in den spätern Jahren,
dem Weine und der Wollust ergeben, die Zügel der Regierung
seinem eben so schlauen als verrätherischen Vezire Pir Ali
Taz übergeben hatte. Als er den Tod seines Grossvaters erfuhr, war er eben in Kabul inmitten der Schwelgereien. Hätte
er gleich im Augenblicke sich zu ermannen gewusst und, den
schäumenden Pokal mit der blanken Waffe vertauschend, nach
dem Oxus gezogen, so wäre es ihm, angesichts der Wirren
und Thatlosigkeit,[2] die am Hofe herrschte, wol leicht gelungen,
sich der Krone zu bemächtigen. Doch er zögerte, und so kam
ihm **Sultan Chalil Mirza**, der 21jährige Sohn Miranschahs,
zuvor, der in Taschkend, wo er sich eben aufhielt, mit Hilfe
einiger einflussreicher Officiere sich auf den grossväterlichen
Thron schwang und ungesäumt nach Samarkand zog, um mit
den dort angehäuft liegenden Schätzen und Reichthümern sich
die Sympathie auch jener zu erwerben, die im Sinne des
Timur'schen Testamentes Pir Mohammed an die Spitze der
Regierung stellen wollten. Die Partei der letztgenannten war
in der That eine mächtige,[3] und Chalil Mirza konnte sich

[1] Von seinen acht ehelichen Frauen wurde Timur mit vier Söhnen beschenkt: 1) Oajas-ed-din Dschihangir. 2) Muiz-ed-din Omar Scheich.
3) Miranschah. 4) Schahruch Mirza.
[2] Es herrschte namentlich im Rathe der Heerführer eine Meinungsver-
schiedenheit ob der zuerst zu ergreifenden Schritte. Einige waren der Ansicht, man möge den Tod des Kaisers verheimlichen und so über die schon
in Furcht versetzten Mongolen und Chinesen herfallen, andere riethen
schleunigen Rückzug an, und schliesslich siegten auch die letzteren.
[3] In der Armee war im Ganzen nur eine kleine Minorität, die für die
Umänderung des Timur'schen Testaments stimmte. An der Spitze der Unzufriedenen standen einerseits Mirza Sultan Husein, ein Enkel Timurs,

Glück wünschen, als er mit Vereitlung ihrer Pläne seine
Herrschaft über die Länder jenseits des Oxus ausdehnen konnte;
doch was half dieses alles, seine Sanftmuth und schwärmerische Natur hatte ihn eher zum Dichter als zum Herrscher
gestempelt, und während er mit der einen Hand durch verschwenderische Freigebigkeit mit den unermesslichen Schätzen
seines Grossvaters so manchen der einflussreichen Grossen seiner
Sache zuzog, so stiess er mit der andern mehr als einen alten
Diener seines Ahnen von sich weg und schuf sich in kurzer
Zeit die erbittertsten Feinde. Viel Unzufriedenheit soll, wie
es heisst, Chalils leidenschaftliche Liebe zu einer Dame Namens
Schad-i-Mulk (des Reiches Wonne), eine ehemalige Sklavin
Hudschi Seiff-ed-dins, die er nach seiner Thronbesteigung geehlicht hatte, verursacht haben. Schon Timur wollte die unaristokratische Flamme seines Sohnes durch Tödtung der schönen Sklavin dämpfen, doch sie entkam, um später als Fürstin
ihren Gemahl zu solchen Thaten zu bewegen, durch die er
seine treuesten Anhänger gegen sich ins Feld rief.¹ Zuerst
empörten sich die Emire Chudadad und Scheich Nur-ed-din,
die sich der Provinz Turkestan und eines Theiles von Fergana
bemächtigten. Bald darauf sagten andere freie Stämme der
Wüste den Gehorsam auf, und Chalil, der daheim in Samarkand Ghazelen² zur Verherrlichung seiner Schönen dichtete, hätte

andererseits der General Burunduk, die aber auch schon desshalb den Plan
Chalils nicht vereiteln konnten, weil sie in ihren hierauf bezüglichen Beschlüssen nie einig wurden und auf dem Felde der Action zu spät eintrafen.
¹ Da diese Frau während der Lebenszeit Timurs im Harem ihres Herrn
gegenüber den anderen Frauen eine sehr untergeordnete Stellung einnehmen
musste und so manche Schmach zu ertragen hatte, so liess sie in ihren
Glückestagen die Zügel der Rache um so heftiger schiessen und verletzte
hiedurch mehr wie einen dem Throne nahestehenden Landesgrossen.
² Aus seinen Ghazelen citirt Mir Ali Schir folgende Strophe, die mehr
Geschicklichkeit in der Alliteration als besondere poetische Schönheit bekundet. Sie lautet:
   Ej turk-i peri peikerimiz terk-i-dschefa kil
   Kam dilimiz Laal-i-rewan bachschrewa kil.
D. h.: O du meiner Peri ähnliche Schöne, höre doch zu quälen auf und
lass meine Herzenslust, den erslapendenden Rubin (Kuss) doch fliessen!

noch immer in Unthätigkeit verharrt, wenn indess Pir Mohammed, um sein Erbtheil zur Geltung zu bringen, mit einer grossen Armee nicht dem Oxus genahet und Chalils Stellung nicht ernstlich bedroht hätte. Die erste Heeresabtheilung, die dem Heranziehenden entgegen geschickt wurde, musste, schändlichen Verrathes wegen, von Chalil selber bekriegt werden. Mirza Sultan Huseïn, ein Neffe Chalils, der mit dem Commando betraut wurde, empörte sich mit der Absicht, am linken Ufer des Oxus sich selbst ein Reich zu gründen. Glücklicherweise wurde Chalil früh genug davon in Kenntniss gesetzt, er brach gegen ihn auf und besiegte ihn in der Schlacht bei Dschigdelik im Distrikte von Kesch. Nachdem ein erneuerter Wortwechsel zwichen den beiden Prätendenten zu keinem Ziele führte, brach die Flamme des Krieges erst in voller Heftigkeit los. Pir Mohammed, der den Oxus überschritten hatte, wurde in der Umgebung von Nesef angegriffen und in die Flucht geschlagen, und musste mit Zurücklassung seines Lagers und Gepäckes sein Heil suchen. Diesem folgte ein zweiter, ebenfalls unglücklicher Versuch. Pir Mohammed, der dem Trunke und Ausschweifungen jeder Art zu sehr ergeben war, hatte keinen Funken mehr der frühern Thatkraft in sich bewahrt, und wurde auch bald von seinem eigenen Vezir, einem gewissen Pir Ali Taz,² den er vom gemeinen Diener zur höchsten Würde erhob, 809 (1406) in der Nähe Schiborgans in seinem eigenen Zelte ermordet.³ Vom Süden her war Chalil wol nun gesichert, desto düsterer aber gestalteten sich die Verhältnisse im Norden seines Reiches, wo die

¹ Sie Matla' es Sa'deïn. Eigenthum der Wiener kaiserlichen Hofbibliothek. Blatt 10.
² In der lithographirten Ausgabe des Rauzat es Sefa steht Mir Ali Jar. Das Tarichi Seid Rakim schreibt Ali Jar, so auch Tarichi Mekim Chani, und dennoch wäre ich geneigt, der alten und schönen Handschrift des Matla' es Sa'deïn Glauben zu schenken.
³ Ihr verrätherischer Vezir that dies in der Absicht, um sich selbst zum Fürsten Afghanistans und Nordindiens zu machen. Eine Revolte der Landesgrossen zwang ihn jedoch zur Flucht; er rettete sich nach Herat, wo ihn Schahruch jedoch hinrichten liess, und brachte das Land seines Brudersohnes unter seinen Scepter.

rebellischen Emire Chudadad und Scheïch Nur-ed-dîn, ihren
Machtkreis ausdehnend, auch andere Grossen für sich gewannen
und mit einer nicht unbedeutenden Streitkraft gerade auf
Samarkand loszogen. Chalil schickte seine Armee unter Anführung der Emire Argunschah und Allahdad den Rebellen
entgegen, doch standen eben diese beiden mit dem Feinde in
geheimer Verbindung, und als kurz darauf der edle aber unglückliche Timuride, von nur einigen Getreuen begleitet, zum
Heere sich begeben wollte, waren es eben letztere, welche ihn
verriethen. Er wurde von einer kleinen Truppenabtheilung
Chudadads in den Ruinen der Citadelle von Schiraz überfallen,
gefangen genommen und vor seinen ehemaligen Vasallen gebracht. Chalil musste nun seiner Krone entsagen und als Er-
satz die Herrschaft über Kaschgar von den Händen seiner
Rebellen annehmen; doch was kümmerte ihn die unverhoffte
Wendung des Schicksals, er war von der innigst geliebten
Schad-i-Mulk getrennt, und that nichts anderes, als seinem
Schmerze in wehmuthsvollen Klageliedern Ausdruck verleihen.
Aber auch seinem Sieger, der indess Samarkands sammt den
dort sich vorgefundenen Schätzen sich bemächtigt und die
Prinzessin Schad-i-Mulk dem Hohn und Spott, ja den
gröbsten Beleidigungen des Pöbels preisgab,[1] lächelte das
Glück nicht lange. Schahruch Mirza, der älteste der Timuriden, eben damals am Gipfel seines Glanzes in Herat, konnte
seine Gleichgültigkeit gegenüber der Vorgänge in Transoxanien
nicht länger bewahren. Als erhabenster und glorreichster
Fürst seines Hauses, dessen Hof der Sammelpunkt der Wissenschaft und der Bildung des Zeitalters war, hatte er inmitten
der culturfreundlichen iranischen Elemente Chorasans sich zu
glücklich gefühlt, als das ihm um die Herrschaft der Oxus-

[1] Mirchond erzählt, dass Schahruch nach Einnahme Samarkands die
Beschimpfung der Prinzessin verursacht habe. Mir scheint jedoch die auch
von Malcolm in seiner Geschichte Persiens befolgte entgegengesetzte Version
viel wahrscheinlicher. Schahruch hatte selbst ein romantisches Verhältniss
mit seiner Gemahlin Gowher Schad, und, den Sagen nach zu urtheilen,
welche von demselben noch heute circuliren, ist es schwer zu glauben, dass
er den von Liebesschmerz geplagten Neffen noch mehr gekränkt habe.

landor besonders bange gewesen wäre. Alles was daselbst nach dem Tode seines Vaters vorging, an dem war ihm wenig gelegen. Doch nun, da er die dynastischen Interessen seiner Familie gefährdet sah, konnte er, trotz des Widerwillens, vom Kriege sich nicht länger enthalten. Als er vom Unglücksfalle seines Neffen benachrichtigt wurde, zog er gleich mit einer Armee gegen Chudadad,[1] der, zum Widerstande noch nicht vorbereitet, Unterwürfigkeit heuchelte. Schahruch liess sich jedoch nicht bethören: er rückte auf Samarkand los, wo er von den Einwohnern mit Glanz und Pomp empfangen wurde, während der rebellische Chudadad in eiliger Flucht sich gegen Taschkend zurückzog und beim Mongolenfürsten Mehemmed Chan um Hilfe ansuchte. Dass dieser mit dem mächtigen Schahruch in Feindseligkeiten zu treten nicht wagen konnte, war vorauszusehen. Anstatt Hilfe zu leisten liess er den flüchtigen Rebellen durch seinen Bruder Schems' Dschihan gefangen nehmen. Er wurde bald darauf enthauptet, und sein abgeschlagener Kopf ging als mongolisches Freundschaftszeichen an Schahruch Mirza ab.

Als Transoxanien nun einigermassen pacificirt war, wurde auch des in der Haft schmachtenden Mirza Chalil gedacht. Da er nach Hinrichtung Chadudads von dem Bruder des letzteren in eine Festung des Alataugebirges gebracht wurde, so schickte Schahruch seinen General Schahmulk zur Bezwingung jener Festung aus. Mirza Chalil schien vor der Hand seines Retters mehr gefürchtet zu haben als vor seinen rebellischen Grossen, denn er verlangte ein sicheres Geleite, was ihm auch gewährt wurde. Nur so begab er sich in das am linken Ufer des Jaxartes befindliche Lager Schahruchs, der ihn umarmte und mit allen Zeichen der innigen Freundschaft überhäufte. Selbst die heissgeliebte Schad-i-Mulk wurde ihm zurück-

[1] Chudadad leitete nämlich seinen Ursprung von den Tschagataiden ab, und wenn gleich dieses noch zu bezweifeln wäre, so viel steht fest, dass er die Ansprüche der von Timur besiegten Dschetenhanpflinge vertrat, und dass sämmtliche Mongolen und Kalmücken vom Nordosten Transoxaniens unter seinen Fahnen sich geschaart hatten.

gegeben, des Thrones wurde er jedoch verlustig. Um ihn
einigermassen zu vergüligen, ernannte ihn Schahruch zum
Statthalter von Irak, doch er starb 812 (1409) auf dem Wege
dahin, und wie berichtet wird soll Schad-i-Mulk, = die Wonne
der Herrschaft, richtiger gesagt der Ruin seiner Herrschaft,
nach dem Hinscheiden ihres zärtlichen Gemahls aus Kummer
sich selber das Leben genommen haben.[1] Schahruch musste
noch einmal im darauffolgenden Jahre mit den Waffen in der
Hand den Oxus überschreiten. Der Herrscherwechsel hatte in
Transoxanien unter den durch die Nachgiebigkeit Chalils allzu
kühn gewordenen Grossen zur Empörung getrieben. Emir
Scheych Nur-ed-din, welcher an der Spitze der letzteren stand,
wollte den Thron für sich selber sichern und liess sich in
Kampfe ein, doch wurde er gleich beim Ausbruche des Krieges
vom General Schahmulk geschlagen. Er zog gegen Taschkend sich zurück, während seine Parteigänger ihr Vergehen
hart abbüssen mussten.

Schahruch Mirza, der nun sämmtliche Besitzungen seines
Vaters, mit Ausnahme Syriens und Arabistans, unter seinem
Scepter vereinigt hatte, verlieh die Herrschaft über Transoxanien seinem erstgeborenen Sohne Ulug Beg, ein Kind,
das nicht nur seinem Vater ganz würdig war, sondern letzteren im edlen Streben für Wissenschaft und Bildung noch
übertraf, ja der einzige Timuride ist, dessen Name noch Jahrhunderte später selbst im christlichen Abendlande mit Achtung
erwähnt werden wird. Ulug Beg, bei seinem eigentlichen
Namen Mehemmed Turgai genannt, war 15 Jahre alt, als sein
Grossvater starb, folglich im zwanzigsten Jahre, als ihm das
schwere Amt der Verwaltung Transoxaniens anvertraut wurde,
und doch war seine ziemlich lange Regierungszeit das goldene
Zeitalter der Timuriden für die Länder jenseits des Oxus. In
Folge des hohen Ansehens, in dem sein Vater stand, war in
Turan die Ruhe nur wenig gestört, und wenn gleich die Mon-

[1] Es wird erzählt, Schad-i-Mulk habe den Tod ihres treuen Gatten nicht
überleben können, sie stach sich einen Dolch in die Brust und wurde mit
ihm in ein und demselben Grabe begraben.

golen im Nordosten ihn mehrere male zum Kriege nöthigten und er sogar einmal bis Aksu vordringen musste, so haben wir aus seiner Regierungszeit dennoch nur jenes Einfalles von Norden her zu erwähnen, der ein unglückliches Ende nahm und genug Unheil in Transoxanien anstiftete. Borak Oglan, der Sohn des durch Timur in Chanate von Kiptschak eingesetzten Kowurdschak, hatte, von seinen Feinden verdrängt, 828 (1421) nach Turkestan in die Umgegend von Siganek sich zurückziehen müssen, und trat bald darauf mit Rechtsansprüchen auf den Besitz letztgenannter Festung auf, dessen Statthalter fortwährende Klagen über die Verwüstungen der kiptschakischen oder özbeglschen Reiter, wie Abdurrezzak, der Verfasser des Aufganges beider Glückssterne, sie nennt, einschickte. Ulug Beg beschloss, in eigener Person dahin zu ziehen. Der Vater, der kein besonderes Vertrauen in die martialischen Eigenschaften seines Sohnes hatte, schickte seinen zweiten Sohn, Mohemmed Dschügi, mit Hilfstruppen nach. Ulug Beg hatte jedoch die Ankunft der letzteren nicht abgewartet. Er eröffnete den Kampf und wurde von der zwar geringzähligen, aber bessern Reiterei Boraks aufs Haupt geschlagen. Dem mittlerwelle nachgekommenen Dschügi ging es auch nicht besser, und die siegreichen Kiptschakenhorden konnten ihre Plünderungen und Verwüstungen bis über Chodschend hinaus ausdehnen. Nach diesem Vorfalle konnte der in den zarten Jugendjahren nur in Gesellschaft der Gelehrten sich glücklich fühlende Fürstensohn mit desto grösserer Musse die Wissenschaften pflegen und seine Residenz mit Baudenkmälern schmücken, deren Ruinen selbst noch heute für den Kunstsinn und die Freigebigkeit des Erbauers ein beredtes Zeugniss ablegen. Baber, der von dem damaligen Samarkand in seinen Memoiren ein ziemlich getreues Bild entwirft, nennt von den Bauten Ulug Begs folgende: 1. Ein Chaukuh (Kloster), dessen Kuppel so hoch war wie keine zweite in der ganzen Welt. 2. Ein Collegium, das fürstlich dotirt war, in welchem das schönste mit kunstvollen Mosaiks ausgelegte Bad sich befand. Im Jahre 828 (1424) erbaut, hatten schon vor zweihundert Jahren in den Ruinen der ehemaligen prachtvollen Zellen Nachteulen anstatt der fleissigen Studenten ihre Vigilien gehalten. 3. Mesdschidi Mokatta' (die gestückelte Moschee), so genannt, weil die inneren Wände und der Plafond mit den buntesten Arabesken und Verzierungen, die aus farbigen Holzstöcken (?) zusammengesetzt waren, bedeckt waren. 4. Der Palast Tschihl Sutun mit einer herrlichen Colonnade, wo einige Säulen in gerader, andere in schlängelnder Form sich erhoben, während das Gebäude selbst mit vier hohen Thürmen versehen war. 5. Der Thronsaal (Körünüschchane [1]), aus grossen Marmorsteinen erbaut; in diesem Saale war als Plattform des Thrones ein colossaler Stein von 15 Ellen Länge, 8 Ellen Breite und 1 Elle Tiefe, der während der Transportirung einen Sprung erhielt.[2] Im Garten dieses Gebäudes befand sich auch das Bilderhaus (Tschini-chane), dessen Wände durch eigens aus China gebrachte Künstler mit Freskogemälden bedeckt waren. 6. Die berühmte Sternwarte, die 832 (1428) am Saume des Kohik-Hügels begonnen wurde, und zwar auf Anregung und mit Hilfe der Gelehrten Kazizade Rumi, Gajas-ed-din Dschemschid, Muajjin-ed-din Kaschani und des Israeliten Selah-ed-din, die der gelehrte Fürst aus Kaschan zu sich berief und mit fürstlicher Munificenz belohnte. Da der Bau sich in die Länge zog, so hat keiner von diesen, die nach den Worten des Dichters den Stern ihres Lebens noch früh in der Eklipse verloren, die Vollendung erleben können. Der gelehrte Ali Kuschdschi brachte das Werk zu Stande, und die berühmten astronomischen Tabellen Ulug Begs, oder die Körekenschen Tabellen, wie sie auch genannt werden, wurden im Jahre 841 (1437) abgefasst. Ulug Beg fand, dass die Ptolomäische Zeitrechnung mit seinen Beobachtungen in Samarkand nicht übereinstimme; er nahm daher

[1] Körünüschchane heisst wörtlich auf türkisch das Haus, wo man sich gegenseitig sieht, folglich eine Art Salon de Conversation.

[2] Dieses scheint nicht der berühmte Köktasch (blaue Stein) zu sein, den ich in Samarkand gesehen und dessen ich auch in meinem Reisebuche S. 167 Erwähnung thue. Der Sprung ist wol auch an dem von mir erwähnten Steine vorhanden, doch divergirt das von mir angegebene Längenmass zu sehr mit der Angabe Babers.

mit Hilfe seiner Gelehrten eine Revision der letzteren vor, und das Erzeugniss griechischer Gelehrsamkeit konnte durch die Weihe tatarischen Wissens aufs neue verwerthet werden.[1] Abdurrezak, der Autor des oft erwähnten historischen Werkes „Der Aufgang der beiden Glückssterne", erzählt mit Entzücken von den kunstvollen Instrumenten zur Messung der Höhen und zur Bestimmung der Grade, die er gesehen hatte, und kann seine Verwunderung nicht genug ausdrücken, wie auf dem Himmelsgloben der Gang der Sterne und Planeten genau bezeichnet, und wie auf der Erdkugel alle Länder, Berge, Wüsten und Meere conterfeiet waren. Die Sternwarte galt mit Recht für ein Weltwunder, zu dessen Besichtigung selbst die Mutter des Fürsten, die hochgeehrte Gowher Schad (Juwelenwonne), 823 (1420) aus Herat nach Samarkand kam. Doch nicht nur der Astronomie und Mathematik, sondern auch andern Zweigen der Wissenschaft war Ulug mit Liebe zugethan. Dichter[2] und Gelehrte strömten von allen Seiten zu seinem Hofe, Vater und Sohn wetteiferten förmlich mit einander, den einen oder andern Gelehrten oder Künstler in ihre Nähe fesseln zu können, und es wäre auch nur das Zeitalter der grossen Samaniden, mit welchem die Regierungszeit Ulug Begs einigermassen verglichen werden könnte.

Leider dauerte dieses jedoch nur so lange, als Schahruch Mirza am Leben war, denn als letzterer im Jahre 850 (1446)

[1] Die Tabellen Ulug Begs sind in vier Theile getheilt und behandeln: 1) Die verschiedenen Epochen und Aera's. 2) Kenntniss der Zeit. 3) Lauf der Planeten. 4) Position der Fixsterne. Das Abendland hat die erste Nachricht von diesen Tabellen durch den gelehrten Orientalisten und Mathematiker John Greaves, Professor in Oxford, im Jahre 1642—48 erhalten. Dr. Thomas Hyde übersetzte und veröffentlichte das ganze Register im Jahre 1665 mit einer Biographie Ulug Begs unter dem Titel: „Tabulae longae lat. Stellarum fixarum ex observationi Ulug Beighi, Tamerlanis magni nepotis." Dieses Buch wurde mit Sharpe's Verbesserungen 1767 gedruckt und später hatte M. Sédillot es ins Französische übersetzt. Siehe C. Markham Indian Surveys S. 235.

[2] Ausser Chodscha Ismet Bochari, seinem Hofpoeten, waren noch die Dichter Chiali, Burunduk, Rostem Churiani und Tahir Abjurdi in hohem Ansehen am Hofe Ulug Begs.

mit dem Tode abging, zogen schwere, düstere Wolken auf
dem so lange klaren Horizonte Mittelasiens einher, und die
edlen Früchte des Friedens waren bald durch blutige Bürgerkriege zertreten. Ulug Beg, der als ältester Sohn Scharuchs
als Erbe des ganzen väterlichen Reiches sich ansah, wollte
nach dem Tode des letzteren nach Chorasan sich begeben.
Auf seinem Wege dahin erfuhr er jedoch, dass sein Neffe
Ala-ed-dowlet, der Sohn Baisonkur Mirza's, ihm zuvorgekommen, sich Herats bemächtigt und seinen Sohn Abdullatif
gefangen genommen habe. Der gutherzige Mann wagte es
nicht, mit einem Feinde, in dessen Händen das Leben seines
Kindes sich befand, Krieg zu führen, und söhnte sich mit ihm
aus unter dem Bedingnisse, dass er Abdullatif in Freiheit setze,
dass er Krieger und Schätze überliefere. Der erste Theil des
Bündnisses wurde von Ala-ed-dowlet eingehalten, doch nicht so
der zweite, denn ein grosser Theil der Krieger Abdullatifs
wurde hingerichtet, und von der Zurückgabe der Schätze
wollte Ala-ed-dowlet gar nichts wissen. Unter diesen Umständen sah Ulug Beg sich zum Kriege genöthigt. Beide Parteien waren aufs Aeusserste gerüstet. Ala-ed-dowlet hatte einen
grossen Theil der Reichthümer, die Schahruch fünfzig Jahre
hindurch aufspeicherte, aufs Spiel gesetzt, und Truppen an-
geworben. Er versuchte dem ungeachtet zuerst einen friedlichen Ausgleich, und als dieser scheiterte, kam es bei Turnab, vier Meilen weit von Herat, zum Treffen, in welchem
Ulug Beg einen glänzenden Sieg davontrug, während sein
Gegner mit Verlust der Krone und der Armee sich nach
Meschhed retten musste. Herat sammt den darin sich befindlichen Schätzen fiel nun dem rechtmässigen Erben, denn Ulug
Beg war der älteste Sohn Schahruchs Mirza's, zu, der sich zur
Verfolgung seines Rivalen ins westliche Chorasan begab, und
im Vereine mit seinem Bruder Ebulkasim Baber Mirza daselbst
auch eine Stadt nach der andern unterwarf. Unglücklicherweise gelang es aber während seiner Abwesenheit dem Turko-
manenhäuptling Jar Ali Beg aus dem Stamme der Karakojunlu,
aus der Haft, in der ihn Ulug Beg hielt, sich zu befreien, und,

die alte Fehde seiner Familie mit den Timuriden erneuernd, überfiel er Herat, plünderte dasselbe und gab den grössten Theil der Prachtbauten und Kunstmonumente aus der Blüthezeit Schahruch Mirza's den schrecklichsten Verwüstungen preis. Ein ähnliches Unglück traf zu gleicher Zeit seine eigene Hauptstadt Samarkand, wohin ein Haufe verwegener Özbegischer Reiter bis zu den Stadtthoren plündernd vordrang und seine barbarische Wuth an den extravillauen Palästen auslobte. „Von den Wänden der Gemäldegallerie (Tschini chane)," erzählt Abdurrezzak, „wurden die express aus China gebrachten Mosaikbilder von den Keilen der Özbegen zerschmettert und herabgeschlagen, die reiche Vergoldung der Säle herabgekratzt, und die Kunstwerke mehrerer Jahre in einigen Stunden zerstört."

Betrübend wie diese Unglücksfälle auf die Seele des edlen Ulug Begs gewirkt haben müssen, noch betrübender war es für ihn, dass sein Kind um dessentwillen er die Bahn der Eroberung betrat, des Vaters Gunst mit dem schwärzesten Undank bezahlte. Abdullatif fühlte sich schon bei der Schlacht von Turnab, wo er Beweise seiner Tapferkeit gab, tief gekränkt, dass der Vater als Hauptursache des Sieges nicht ihn, sondern seinen Bruder Abdulaziz bezeichnete. Hierzu gesellte sich noch der Umstand, dass Ulug Beg die in der Citadelle Ichtiar-ed-din vorgefundenen Schätze, für deren Eigenthümer sich Abdullatif ausgab, confiscirt hatte, und als Abdullatif nach vielem Drängen von seinem Vater die Statthalterschaft von Belch erhielt, hatte er sofort daselbst die Fahne der Revolte ausgesteckt, und war bald darauf mit einer Armee gegen den Oxus aufgebrochen. Betrübten Herzens musste der Vater den Handschuh aufnehmen, den das rebellische Kind ihm hingeworfen, er wurde jedoch schon im ersten Treffen geschlagen und musste, flüchtig in seinem eigenen Lande, sich nach Schahruchie (das alte Binaket) zurückziehen. Hier wurde er sammt seinem jüngern Sohne Abdulaziz gefangen genommen, und der unmenschliche Sohn war grausam genug, seinen eigenen Vater durch einen persischen Sklaven Namens Abbas hinrichten zu lassen. So starb Ulug Beg, einer der aufgeklärtesten Fürsten des Ostens, im Jahre 853 (1449), nachdem er 36 Jahre als Stellvertreter seines Vaters, 2 Jahre und 8 Monate als selbständiger Fürst über Transoxanien und den im Norden und Osten angrenzenden Ländern regiert hatte.

Uebrigens hatte der Vatermörder Abdullatif durch diese Schandthat die saure Frucht seines Strebens noch nicht erreicht. In Samarkand hatte indess Ebusaid Mirza, ein Grossenkel Miranschahs, die Gewalt an sich gerissen. Er fand als Flüchtling am Hofe Ulugs eine herzliche Aufnahme, ja der grosse Timuride machte ihn sogar zum Schwiegersohn, doch das verhinderte den ehrgeizigen Mann nicht, gegen seinen Wohlthäter eben damals zu Feld zu ziehen, als dieser zur Züchtigung seines rebellischen Sohnes von der Residenz sich entfernen musste. Abdulaziz, den Ulug als Stellvertreter in der Residenz zurückgelassen, flüchtete sich vor der Uebermacht Ebussaids, der sich darauf in Samarkand festsetzte, so dass Abdullatif nach seinem schimpflichen Siege eben mit diesem, einem aussergewöhnlichen Manne, wie wir später sehen werden, den Kampf fortzusetzen hatte. Wieder lächelte das Waffenglück dem verworfenen Sohne. Ebusaid war geschlagen und gefangen genommen, doch er rettete sich nach Bochara, während Abdullatif bald darauf, nach sechsmonatlicher Regierung, von einem gewissen Baba Huseïn, einem ehemaligen Diener Ulug Begs, der das Blut seines Herrn rächen wollte, im Jahre 854 (1450) ermordet wurde. Sein abgeschlagenes Haupt hatte man auf dem prachtvollen Portal des durch seinen Vater erbauten Collegiums aufgehängt, denn dem Vatermörder geziemt 'kein Thron, war der Anfangsvers eines damals entstandenen Gedichtes, und alles Unglück, welches zu jener Zeit Transoxanien traf, war als Gottesstrafe für das schreckliche Verbrechen des Fürsten bezeichnet. Ihm folgte auf dem Throne Abdullah Mirza, ein Enkel Schahruchs, der ebenfalls am Hofe Ulug Begs eine freundliche Aufnahme gefunden hatte und gleichfalls Schwiegersohn des letzteren war. Ebusaid eilte sogleich herbei, nahm mit ihm den Kampf um die Herrschaft auf, er wurde aber

wieder geschlagen und flüchtete sich jenseits des Jaxartes zum
Özbegenhäuptling Ebulchair, der ihm bedeutende Hilfskräfte
zur Verfügung stellte, mit welchen er Abdullah angriff, ihn
in einer blutigen Schlacht nach einjähriger Regierung des Lebens und der Krone beraubte, und endlich gegen Ende des
Jahres 855 (1451) in den Besitz Samarkands, der Hauptstadt
des Timuridenreiches, gelangte. Es war dies ein gar theuer
erkaufter Sieg, denn die wilden Söhne der Wüste richteten
zum zweitenmale in den Städten arge Verwüstungen an, und
selbst dann, als ihre Säcke mit Raub und Plünder voll waren,
konnten sie theils mit List, theils mit Gewalt zum Rückzuge
in die nackte Heimath bewogen werden.[1] Ebusaid wird als
ehrgeizigster unter allen Nachkommen Timurs geschildert, der,
eine Redensart seines Ahnen nachahmend, zu sagen pflegte:
"Diese Welt ist zu eng, um zwei Herrscher auf einmal zu
beherbergen;" und da er, im Sinne dieser Worte handelnd,
die Grenzen der turanischen Herrschaft zu eng fand, so dehnte
seine vielbewegte kriegerische Laufbahn sich mehr über Chorasan und dem westlichen Iran, als über Transoxanien aus.
Zu einer Zeit, wo die einzelnen Mitglieder der Familie Timurs
in eben so viel Parteien getheilt, und beinahe alle vom Gelüste der unumschränkten Herrschaft beseelt waren, konnte
Ebusaid sein Machtgebäude nur nach Niederwerfung so mancher gefürchteter Rivalen erleben. Der erste Krieg, in den er
sich durch Besitznahme Samarkands verwickelt sah, war mit
Ebulkasim Baber Mirza,[2] der mit Hilfe Ulug Begs nach Schahruchs Tod in Chorasan auftrat und nachdem der Turkomanen-

[1] Ebusaid ging ganz allein zu einem Thore des belagerten Samarkand,
gab sich zu erkennen und verlangte Einlass. Als die Uzbegen sein heimliches Entfernen aus ihrer Mitte erfuhren, fingen sie an, Verdacht zu schöpfen. Einige befürchteten einen Angriff im Rücken und suchten das Weite,
andere hingegen mussten förmlich verjagt werden. Von Seiten Ebusaids
bekundet dieses Benehmen keine besondere Dankbarkeit und scheint auch
die Hauptursache gewesen zu sein, dass Ebulchair den später bei ihm Hilfe
suchenden Timuriden nicht so eifrig unter die Arme griff.

[2] Mirza Ebulkasim Baber, nicht zu verwechseln mit dem Gründer der
Mongolendynastie in Indien, war ein Enkel Schahruchs von seinem Sohne
Baisonkur Mirza.

fürst Jar Ali hingerichtet wurde, auf den Herrschersitz in
Herat gelangt war. Seine Regierung wird als eine ziemlich
glückliche geschildert, es schien wenigstens seine Absicht gewesen zu sein, die klaffenden Wunden des jüngst so blühenden
Chorasans zu heilen. Er hatte mit Recht in Ebusaids Person
einen gefährlichen Gegner geahnt, doch söhnte er sich mit
demselben aus, nachdem er 40 Tage lang Samarkand fruchtlos
belagert hatte. Nicht minder viel zu schaffen gaben Ebusaid
die Söhne Abdullatifs, Ahmed und Mehmmed Dschûgi,[1] die, um
den Thron ihres Vaters zurück zu erobern, die Herrschaft ihm
streitig machten. Im Jahre 859 (1455) schlug er wohl die von
diesen Prinzen in der Umgegend von Belch zusammengebrachte
Armee, bei welcher Gelegenheit Ahmed fiel, doch Dschûgi
gelang es, zu entfliehen. Er zog sich hinter den Jaxartes
zurück und suchte, so wie Ebusaid zur Zeit seiner Bedräng-
niss, beim Özbegenfürsten Ebulchair um Hilfe an. Das Steppengebiet im Norden Transoxaniens war immer die beste Vor-
rathskammer kriegerischer Elemente, und wenngleich Ebuchair,
sei es aus Rücksichten für seinen ehemaligen Schützling Ebusaid oder aus andern Ursachen, die Verwendung im Interesse
Dschûgi's abschlug, so war er doch bereitwillig genug, den
Sohn Abdullatif anderortig zu empfehlen. Er rief nämlich
seinen Nachbar Bürge Sultan, einen mächtigen Helden der
Steppe, von dem Abulgazi erzählt, er habe statt einzelner
Brustbeine eine ganze beinerne Tafel zur Brust gehabt, herbei, und sagte: „In meiner Familie ist niemand der Aufgabe
gewachsen; auch du, Bürge, bist mir wie ein Sohn, nimm
deine Leute, ich will dir Hilfstruppen mitgeben, geh und hilf
diesem Timuriden aus der Noth!" Bürge Sultan nimmt den
Vorschlag an, zieht nach Taschkend, wo sich alle Parteigänger
der Özbegen und unzufriedene Tschagataier sich ihm anschliessen, so dass er bald Schahruchie[2] nehmen konnte, als-

---

[1] Ich lese Ihrbûgi, weil ich dieses Wort für türkisch halte; sollte es
aber persischen Ursprunges in der Bedeutung von Wächter sein, so wäre
die von Andern adoptirte Lesart von Dschogi richtiger.

[2] Schahruchie heisst das neu erbaute Binaket, welches, wie bekannt,

dann er den Jaxartes überschritt und gerade auf Samarkand
losging. Emir Mezid, der im letztgenannten Orte befehligte,
kam ihnen entgegen und liess sich in eine Schlacht ein. Im
Heere Dschügi's befand sich am rechten Flügel ein gewisser
Pischkend Oglan, der Anführer der Ebulchair'schen Hilfstruppen,
während am linken Bürge mit den Tschagataiern stand. Die
Schlacht fiel für die Samarkander unglücklich aus, Mezid Chan
zog sich eiligst hinter die Festungswerke zurück und Dschügi
setzte sich allmälig in Besitz ganz Mawera-un-nehrs.

Als Ebusaid von diesen Vorfällen Nachricht erhielt, war
er eben in Chorasan im blutigen Kampfe gegen Mirza Husein
Haikara, einem ihm ganz würdigen Rivalen, begriffen. Schnell
rüstete er sich zum Marsche über den Oxus, an dessen jen-
seitigem Ufer Bürge mit Dschügi sich eben wegen der Wahl der
Vertheidigungslinie entzweit hatten. Ersterer baut auf die
Tapferkeit seiner Özbegen und schlägt den Oxus vor, während
letzterer, die Treue der Tchagataier bezweifelnd, am Jaxartes
sich vertheidigen will. Natürlich hatte Dschügi eine bessere
Einsicht in die Lage der Dinge, als der wilde Sohn der Wüste,
denn kaum war Ebusaid auf dem Boden Transoxaniens erschienen, als die Tschagataier massenweise übergingen, so
dass Dschügi nur mit einer kleinen Truppenabtheilung sich
mit schwerer Noth in die Festung Scharuchie werfen konnte,
während Bürge, auf seinem Rückwege alles verwüstend, der
heimathlichen Steppe zueilte. Vier Monate lang lagerte Ebusaid vor letztgenannter Festung; er hätte sie auch bezwungen,
doch ein erneuerter Einfall Mirza Huseins nöthigte ihn zum
zeitweiligen Frieden, er ging nach Dschordschan, schlug seinen
Gegner und musste nach der Rückkehr im Jahre 867 (1402)
aufs neue zehn Monate lang die Mauern Schahruchie's be-
stürmen. Als Dschügi, aufs äusserste gebracht, den letzten
Hoffnungsschimmer schwinden sah, betrat er gerne die Bahn
des Unterhandels. Chodscha Obeïd-ullah, ein bei beiden

---

unter den Mongolen zerstört wurde. Der Name Schahruchie wurde ihm zu
Ehren Schahruch Mirza's verliehen.

Parteien in Achtung stehender frommer Scheich, erschien als
Parlamentär von Seiten Ebusaids in der Festung. Dschügi erklärte sich zur Uebergabe bereit, nachdem der Chodscha mit
einem Schwure auf den Koran ihn des freien Geleites versicherte, doch Ebusaid kümmerte sich wenig ob des gegebenen
Wortes, und als er Schahruchie in Hunden hatte, liess er den
unglücklichen Dschügi festnehmen, in die Citadelle Ichtiar-eddin einsperren, wo er auch schliesslich starb. — Nachdem
Ebusaid in dieser Weise den Thron in Transoxanien von dem
gefährlichen Rivalen befreit, und seinen Sohn, Sultan Ahmed,
als Regenten Turans in Samarkand zurückgelassen hatte, ging
er wieder nach Chorasan, um daselbst seine Macht zu consolidiren, und seine Eroberungen bis ins ferne Irak und Arabistan ausdehnen zu können. Nach Verdrängung Mirza Huseïn
Baikara's war Ebusaid unumschränkter Herr nicht nur von
Transoxanien und Fergana, in welch letzterem Lande sein
Sohn Omar Scheich regierte, sondern auch von Chorasan,
Afghanistan, Sistan, Kerman und Fars, und seine unersättliche
Ambition schweifte um so lieber auf den fruchtbaren Ebenen
Azerbaidschans, weil daselbst eine neue Heldenerscheinung
in der Person Hasan Begs, des Chefs der turkomanischen
Dynastie der Akkojunlu, auftauchte. Es war im Jahre 870
(1465). Chorasan genoss den langersehnten Frieden und Ebusaid hatte eben die fünf Monate lang dauernde Feierlichkeit
zur Beschneidung seines jüngsten Sohnes, bei welcher Turniere, öffentliche Spiele, Zechgelage mit Sang und Klang und
Illuminationen sich gegenseitig abwechselten, beendet, als
Hasan Ali, Fürst der turkomanischen Dynastie, der Karakojunlu, dessen Vater Schah Dschihan im Kampfe gegen Hasan
Beg oder Uzun Hasan (der lange Hasan), wie er wegen seiner
hohen Statur häufiger genannt wird, gefallen war, am Hofe
zu Merw seine Aufwartung machte, und um Hilfe gegen den
Feind seines Vaters bat. Dass Ebusaid unter solchen Umständen sich nicht viel bitten liess, ist selbstverständlich. Im
Jahre 872 (1467) brach er auch von Merw mit einer aus mehreren grossen Corps bestehenden Armee auf und marschirte

gerade auf Azerbaidschan los. Uzun Husan, der anderseitige
Plane hatte,[1] schickte ihm Gesandte entgegen und bat um
Frieden, doch Ebusaid war von seinen bisherigen Erfolgen zu
sehr bethört, als dass er sich hätte mässigen können. Er
schlug jeden Versuch zur friedlichen Entscheidung ab, und als
Uzun Hasan gezwungen zu den Waffen griff, musste Ebusaid
die Folgen des Verzweiflungskampfes um so sicherer fühlen.
Auf dem schwierigen Marsche in Karabag fortwährend beunruhigt, waren die Reihen seiner Truppen bald schrecklich ge-
lichtet. Endlich wurde er selbst angegriffen, gefangen genommen und bald darauf hingerichtet.[2] So endete nach beinahe 18jähriger Regierung der letzte Timuride, dem es gelungen war, die Völker Mittelasiens vom Thien-Schan-Gebirge
bis nach Dagdad und von der Kirgisensteppe bis zum Indus
und dem persischen Meerbusen unter einem und demselben
Scepter zu vereinigen, und der in Folge seines eminenten Feld-
herrntalentes, als auch anderer Geistesgaben unter günstigern
Verhältnissen so manch Grosses hätte leisten können.

Sein Sohn und Nachfolger, Sultan Ahmed Mirza, es
braucht dies nicht besonders erwähnt zu werden, konnte vom
väterlichen Erbtheil nur die Herrschaft über Transoxanien behalten. Im Westen war es die immer mehr emporkommende
Dynastie der Sefiden, welche auf Kosten der Timuriden ihre

[1] Er musste eben damals die Offensive gegen Gedik (Hammer liest
irrigerweise Keduk) Ahmed Pascha, den Mahommed II. mit einem starken
Heere nach Anatolien geschickt hatte, ergreifen. Der Eroberer von Konstantinopel brütete Rache gegen Uzun Hasan, weil er Ishak Beg, den Feind
der Ottomanen, gastfreundlich aufgenommen hatte.
[2] Da Ebusaid bei der ersten Einnahme Herats die Princessin Gowher
Schad, die Gemahlin Schahruch Mirza's, hinrichten liess, so lieferte Uzun
Hasan seinen Gefangenen an Jadiklar Mirza, den Sohn der letzteren, aus,
der, der heiligen Pflicht der Blutrache nachkommend, ihn sogleich hinrichten liess. So erzählt der Historiker Mirza Huseïn Baikara's. Contarini,
der Gesandte Venedigs am Hofe Uzun Hasans, berichtet, er habe in einem
Zimmer des Palastes zu Isfahan ein Gemälde gesehen, welches Ebusaid (er
nennt ihn Busech) wie er vou Ugurlu Mohammed, dem Sohne Uzun
Hasans, am Stricke geführt wird, vorstellt, und in einem andern Zimmer
befand sich die Abbildung, wie dem einst mächtigen Timuriden der Kopf
abgeschlagen wurde.

zukünftige Macht und Grösse begründete, im Süden war es
Mirza Husein Baikara, der das letztemal den Glanz des alten
Chorasans belebend, in Herat einen herrlichen Thron sich auf-
richtete, von dem er beinahe ein Vierteljahrhundert über Nord-
iran, Afganistan und Sistan herrschte. Im äussersten Osten
hatte Omar Scheich seine Selbstständigkeit erklärt, während
am nördlichen Jaxartesgebiete Junis Beg, ein angeblicher Dschengizide aus dem Zweig Tschagatai, auf seine mongolischen Hilfstruppen sich stützend, den Gehorsam aufkündigte. Was hätte
unter solchen Umständen Sultan Ahmed, ein eben so frommer
und gutmüthiger, als bornirter Mensch wol thun können. An
persönlicher Tapferkeit hat es ihm nicht gefehlt, denn das beweist der Beiname Aladscha (der Todtschläger), den ihm die
Mongolen gegeben, doch in Entwickelung einer grössern Thätigkeit hatte ihn seine Erziehung, welche alle Spuren des
frömmlerischen Zeitgeistes in sich trug, verhindert. Während
er seinem spirituellen Lehrer Chodscha Obeïdullah solche Achtung zollte, dass er in seiner Gegenwart in streng sittlicher
Form knieend, Gesicht verzerrend, selbst damals sich nicht
erhob, als ein zufälligerweise unter sein Knie gerathenes spitzi-
ges Beinchen ihm die heftigsten Schmerzen verursachte, pflegte
der fromme Mann ein anderesmal zwanzig bis dreissig Tage
beim Zechgelage zu verwellen, ohne jedoch selbst im berausch-
ten Zustande sein fünfmaliges tägliches Gebet zu vernachlässigen.[1] Bei solchen Lebensansichten ist es wahrlich noch zu
bewundern, dass er nach Bekriegung Junis Begs Taschkend,
Sirem, ja die ganze Provinz Turkestan zurückeroberte; auch
seinen Bruder Omar Scheich versuchte er zum Gehorsam zu
bringen, es kam sogar zwischen beiden Brüdern mehreremale
zum Kampfe, doch der berühmte Ascet Chodscha Ahrar, der
die Aussöhnung über sich nahm, konnte bald wieder den Frie-

---

[1] Da Mohammed den Genuss der geistigen Getränke hauptsächlich aus
dem Grunde verbot, dass seine Gläubigen im etwaigen Rausche das fünf-
malige tägliche Gebet vernachlässigen könnten, pflegen die Mohammedaner
den Besorgnissen ihres Propheten vorzugreifen, indem sie ihrer Gebets-
obliegenheit selbst im taumelnden Zustande nachkommen.

den herstellen. Im übrigen genoss Transoxanien während der Regierung Sultan Ahmeds einen ziemlich lang anhaltenden, tiefen Frieden, und die wohlthuende Hclle des regen Culturlebens am Hofe Mirza Huseïn Baikaras in Herat konnte nicht umhin, auch die Gestade des Zerefschans, wenn gleich in verschiedener Geistesrichtung, zu erhellen. Das Beispiel, welches Sultan Ahmed durch Erbauung von Palästen, Gebethäusern, Collegien und öffentlichen Bädern gab, wurde von den Reichen und Grossen mit Eifer befolgt; von dieser Zeit stammt unter andern das von Baber als reizend geschilderte Sommerschloss des Mehemmed Turchan in Samarkand, das terrasseuartig sich erhob, während zu seinen Füssen eine herrliche üppige Wiese sich erstreckte. Grössere Wirren waren im Angesichte der festen Regierung Sultan Huseïn Mirzas in Chorasan auch nicht möglich, und die Einwohner Transoxaniens hatten das glückliche Zeitalter des sonst nur mittelmässig begabten Fürsten nur dann zu würdigen gewusst, als Sultan Ahmed nach einer 27jährigen Regierung 899 (1493) mit dem Tode abging,[1] und dessen Bruder, Sultan Mahmud, sich der Zügel der Herrschaft bemächtigte. Dieser hatte gleich nach dem Tode seines Vaters nach so manchen Widerwärtigkeiten am Hofe seines Bruders eine freundliche Aufnahme gefunden, er lebte auch einige Jahre in den intimsten Verhältnissen mit demselben, aber eines Tages verliess er unter dem Vorwande eines Jagdausfluges Samarkand, überschritt den Oxus und bemächtigte sich Bedachschans, von wo aus er dann zum Throne gelangte. Schon seine erste That, dass er die vier unmündigen Söhne des verstorbenen Bruders im Palaste Kökserai ergreifen und hinrichten liess, hatte die Gemüther aufs äusserste empört. Hierzu gesellte sich noch die Willkür und Tyrannei seiner Beamten, Handel und Wandel fingen bald zu stocken an, namentlich war in Samarkand der Schrecken so gross, dass die an die lange Ruhe gewöhnten

[1] Seid Raklin sagt 896 und will dies mit mehreren auf den Tod Sultan Ahmeds gedichteten Chronogrammen beweisen. Es scheint mir jedoch die von Baber angegebene Jahreszahl richtiger zu sein, da dieser ein Zeitgenosse Sultan Ahmeds war.

Einwohner bessern Standes sich kaum auf die Strassen wagten. Trotzdem er nicht ungebildet war, ja sogar schlechte Verse schrieb, so hatte er dennoch inmitten des ewigen Zechens seine Gebete vernachlässigt, und da die Religion ihm nicht heilig war, so hatte er auch den von aller Welt hochgeehrten Chodscha Obeidullah geringgeschätzt. Natürlich war seine Regierung nur von kurzer Dauer, denn er starb sechs Monate nach seiner Thronbesteigung, wahrscheinlich durch gewaltsamen Tod, den sein schlauer und einflussreicher Vezir Chosru-Schah mehrere Tage hindurch verheimlicht hatte, um unterdess den Staatsschatz desto leichter ausbeuten zu können, was ihm auch gelang; als jedoch das Ableben des Herrschers unter dem Volke ruchbar wurde, brach eine heftige Emeute aus, vor welcher Chosru-Schah nur mit schwerer Mühe entrinnen konnte. [1]

Nun erst brach der eigentliche Zwist und Hader unter den Timuriden Transoxaniens aus, und es war leicht zu sehen, dass ihr gänzlicher Verfall mit Riesenschritten herannahte. Von den fünf Söhnen, die Sultan Mahmud hinterlassen hatte, geriethen Dreie, nämlich Mesu'd, Baisonkur und Sultanali sogleich wegen der Nachfolge in wilder Feindschaft unter einander. Ersterer, der älteste unter ihnen, der mit Chosruh-Schah, dem mächtigen Vezir seines Vaters, gemeinschaftliche Sache gemacht, um diesseitigen Oxusufer Hisar, Kunduz und Bedachschan an sich gerissen hatte, wäre natürlich der erste im Kampfe um die Krone Transoxaniens gewesen, wenn nicht Sultan Husein Mirza, nicht etwa aus Eroberungsgelüste, sondern zur Sicherung der Nordgrenze seines Reiches, gegen beide aufgetreten

---

[1] Chosru-Schah war ein Türke aus dem Stamme Kiptschak; seine früheste Jugend verbrachte er im Dienste der Tarchane, später gewann er die Gunst Sultan Mahmuds, und schon während der Lebenszeit des letzteren hatte er eine Truppe von 5—6000 Mann in eigenen Diensten stehen und hielt als Lehen die Provinz Badachschan von dem Oxus bis zum Hindukusch. Nach dem Tode seines Herrn hatte er sich eben in diesem Lande unabhängig erklärt, unterhielt eine Armee von 20,000 Mann, war aber vom Ehrgeiz und der Herrschsucht dermassen geblendet, dass er sich gegen die Nachkommen seines Wohlthäters vergriff und den einen Sohn blendete, den andern ums Leben brachte. (Haber, Originaltext, S. 36.)

wäre. Von Mesu'd konnte daher in der Successionsfrage keine Rede sein. Desto grösser war die Partei Baisonkur Mirza's, der zur Lebenszeit seines Vaters in Bochara Statthalter war, und nun aus letztgenannter Stadt herbeigeholt, mit den üblichen Huldigungsbezeigungen in Samarkand auf den Thron erhoben wurde. Baisonkur Mirza, ein 18jähriger Jüngling von echt turkomanischer Physiognomie, aber nicht bar an Geistesgaben [1], konnte trotz seines besten Willens gegenüber den übermächtigen Landesgrossen und der einflussreichen Priesterwelt gar nichts ausrichten. Ein Jeder wollte als Werkzeug seiner eigenen Pläne ihn handhaben, und das Ende hiervon war, dass sämmtliche mit ihm unzufrieden, ihn vom Throne zu stürzen suchten. Die Aufständischen gaben vor, er hätte zur Zeit seiner Statthalterschaft in Hissar sich leutseliger und freundlicher gezeigt, als in Samarkand, daher seine jetzige Enthaltsamkeit sie beleidigt habe, und sie luden auch in der That seinen jüngern Bruder Sultanali von Karschi nach Samarkand ein, und brachten ihm im Sommerpalaste Bagi-No, wo Baisonkur von den seinigen getrennt, in einer Art von Haft sich aufhielt, ihre Huldigungen dar. Beide Prinzen wurden nun in ein und demselben Orte bewacht. Gegen Abend gelang es dem Baisonkur unter dem Vorwande gewisser körperlicher Verrichtungen in den unteren Hof sich zu begeben, von wo er durch den nicht besonders majestätischen Weg der Gosse ins Freie sich flüchtete und im Hause des hochgeachteten Chodscheke Chodscha Unterkommen fand. Als sein Entkommen ruchbar wurde, drängte sich das Volk vors Haus des Chodscha's, doch wagte niemand mit Gewalt sich Eingang zu verschaffen, und so kam es, dass nach Verlauf einiger Tage mehrere Parteigänger des Sultans, an deren Spitze der einflussreiche Chodscha Ebul Mekarim stand, ihn von seinem Zufluchtsorte auf den Thron zurückführten und zur Unterdrückung des Aufstandes die energischesten Massregeln trafen. Sultanali wurde mit Derwisch Mehemmed Tarchan,

---

[1] Er hat schöne Gedichte geschrieben, doch wurden dieselben nicht in einem Diwan gesammelt. Er soll, wie Baber erzählt, auch ein geschickter Kalligraph und Maler gewesen sein.

seinem Haupt-Parteigänger ergriffen, und nach einem vergeblichen
Fluchtversuche vor Baisonkur geführt, der letzteren zu tödten
und ersteren zu blenden befahl. Der rebellische Tarchan musste
gleich an Ort und Stelle büssen, denn trotzdem er in der Todesangst an den Säulen des Vorhofes sich anklammerte, wurde
er doch in Stücke zerhauen. Sultanali ging es jedoch besser.
Der Barbier oder Chirurg, der die Opération des „Lanzet-Durch-
ziehens" [1], wie die Orientalen den technischen Ausdruck des
Blendens bezeichnen, vollziehen sollte, hatte durch geflissent-
liche Unschicklichkeit die Augen des rebellischen Prinzen un-
beschädigt gelassen, und der eigentlich geblendete war Baisonkur, denn während er sich in Sicherheit glaubte, gelang
es Sultanali, nach Bochara zu entfliehen, und von hier gegen
seinen Bruder noch heftiger aufzutreten. Wohl wurde er durch
eilends nachgeschickte Soldaten verfolgt, doch Sultanali hatte
in Bochara eine starke Partei, und als er es zu einem Treffen
kommen liess, wurde Baisonkur geschlagen und musste sich
eilends unter die Mauern Samarkands flüchten.

Nach dem unglücklichen Ausgange dieses Kampfes sah
Baisonkur sich nun auf einmal von drei Seiten her bedrängt.
Von Westen, nämlich von Bochara aus, stürmte Sultanali auf
ihn los; von Süden rückte Mesu'd Mirza einher, während von
Osten, nämlich von Endidschan oder Chokand, wie wir es heute
nennen, Baber Mirza, der geniale Sohn Omar Scheichs, der
damals noch in seinen Jünglingsjahren war, als Prätendent des
grossväterlichen Thrones auftrat. Dieser Mann, den wir mit
Recht als einen der merkwürdigsten Prinzen des Ostens und
des Westens bezeichnen können, dessen Memoiren von einem
gelehrten Orientalisten der Neuzeit die Commentare des
Cäsars des Ostens genannt werden, hatte mit seinem aussergewöhnlichen Scharfblicke schon früh entdeckt, dass das Macht-

---

[1] Auf persisch: „Mil keschiden". Mil ist der Name eines dünnen, lanzet-
artigen chirurgischen Instrumentes, welches geglühet dem Delinquenten
durch die Augen gezogen wird. Uebrigens heisst auch Mil jenes Toiletten-
stück, vermittelst welchem die Orientalen, um den Glanz der Augen zu heben,
sich die Wimpern mit Kohel (der Staub eines schwarzen Eisensteines)
färben.

gebäude der Timuriden in Transoxanien dem Einsturze nahe,
und in seinen Bestrebungen dies zu verhindern, welche, wie
wir sehen, ein ewiger Unglücksstern verfolgte, trat er nun zum
erstenmale auf. Samarkand war daher im Anfange des Jahres
903 (1496) so zu sagen von drei Seiten bestürmt. Zum Glücke
für Baisonkur trat bald ein strenger Winter ein. Baber und
Sultanali, die sich auf Grundlage der Theilung Transoxaniens
miteinander verbunden hatten, zogen sich vor der herannahenden
Kälte, Mesu'd Mirza aber vor Liebesfeuer zurück, er hatte
eben die Tochter des Scheich Abdullah Berlas, in die er zum
Sterben verliebt war, geheirathet und wollte nun die Ambition
im süssen Rausche der Honigwochen vergessen. Hiermit war
natürlich Baisonkur noch lange nicht aus der Klemme geholfen,
denn kaum war das Thauwetter eingetreten, als die Verbündeten
von Osten und von Westen herfielen und Samarkand
sieben Monate hindurch hart belagerten. Während dieser Zeit
hatte Baisonkur sich nach allen Seiten um Hilfe gewendet, nur
die Özbegen vom untern Laufe des Jaxartes, immer bereit, an
solchen Unternehmen sich zu betheiligen, wo Raub und Plündern
in Aussicht gestellt wurde, rückten bis nahe an Samarkand
hervor, doch sie wagten es nicht, mit den vereinten Truppen
Babers und Sultanalis den Kampf aufzunehmen, und zogen sich
wieder zurück, so dass Baisonkur endlich des Widerstandes
unfähig, Im Jahre 903 (1497) heimlich seine Residenz verlassend,
und bei Termez den Oxus überschreitend, zu seinem
Bruder Mesu'd Mirza sich flüchten musste. Er war 22 Jahre
alt, als er nach so vielen Abenteuern und harten Kämpfen des
Thrones verlustig wurde, und wird selbst von seinem Gegner
Baber Mirza als gerechter und feingebildeter Mann geschildert.
Nur eins wird ihm zur Last gelegt, dass er im Geheimen der
schiitischen Sekte angehörte, sich später aber zum wahren
Glauben bekehrt haben soll. Er starb im Jahre 905 (1499)[1].
Nach der Flucht Baisonkurs ging die Herrschaft Transoxaniens

[1] Baisonkur, der zweite Sohn Sultan Mahmud's, war 882 (1477) geboren
und hatte nach Babers Beschreibung grosse Augen, eine dunkle Gesichtsfarbe,
im übrigen aber eine rein turkomanische Physiognomie.

an die beiden Verbündeten über, Sultan ali nahm sich Bochara sammt dem Bezirke Mijankal und Baber die Stadt Samarkand sammt dem östlichen Theile des Landes, doch konnte keiner von beiden im Genusse der Herrschaft sich lange behaupten, denn ersterer musste vor der Willkür seiner zügellosen Vasallen sich bald zu Sultan Huseïn Mirza nach Herat flüchten, während letzterer in dem ausgehungerten und verwüsteten Samarkand für seine Truppen nicht genug Nahrung findend, andererseits auch den dringenden Ermahnungen seiner Mutter, bald heimzukehren, Folge leistend, den Rückweg antrat.[1] Es ist nicht zu leugnen, ihre Herrschaft war im ganzen genommen nur eine nominelle, denn in Bochara war Abdul Ali Tarchan, in Samarkand eigentlich Chodscha Ebul Mekarim der Allmächtige, doch es galt, wie Baber sagt, den 140jährigen Thron seiner Dynastie keinem Fremden zu überlassen, und in diesem Sinne sind auch seine Bemühungen vollauf zu rechtfertigen. Doch was half das Alles! Der Stern des Hauses Timur's war im Sinken begriffen und der Arm des 19jährigen Baber Mirzas konnte den Sturz nirgends, aber am allerwenigsten in Transoxanien verhindern. Scheïbani Mehemmed Chan, ein Dschengizide aus dem Hause Dschüdschi's, der um Feuer des unheilvollen Bruderkampfes der Timuriden die Waffe der Eroberung geschmiedet hatte, war mit seinen kühnen Özbegischen Reiterschaaren schon damals im factischen Besitze so vieler wichtiger Punkte des Landes, und im Jahre 905 (1499) machte der glückliche Krieger durch Besitznahme des Thrones in Samarkand der Herrschaft der Timuriden ein Ende.

Da die Einzelnheiten dieses Dynastienwechsels im Rahmen unseres nächsten Abschnittes ihren geeigneteren Platz finden werden, so wollen wir hier lieber jener geistigen Bewegung

[1] Es kann nichts Zärtlicheres geben als das Verhältniss zwischen Baber und seiner geistreichen, mit den Regierungsangelegenheiten vollauf vertrauten Mutter. Letztere hatte, von Liebe angespornt, die mit Gefahren verbundene Ambition ihres einzigen Sohnes missbilligt und häufig gerügt, und dass sie ihn jetzt dringend zurückrief, daran war die Im Stillen sich vorbereitende Revolution in Endidschan schuld, die auch später den strebsamen Timuriden des väterlichen Thrones verlustig gemacht hatte.

Erwähnung thun, die das Herrscherhaus des lahmen Welteroberers aus der „Grünen Stadt" in der östlichen Hälfte der moslimischen Welt erzeugt und genährt hat, und durch welche die Timuriden sich einen unbestreitbaren Ehrenplatz in der Geschichte Asiens erworben haben. Wohl war die Tendenz des Culturlebens im Lande jenseits des Oxus ziemlich verschieden von der geistigen Richtung, die am Hofe Schahruch Mirza's oder Sultan Husein Mirza Balkara's in Herat herrschte, da hier neben den theologisch-dogmatischen Studien Poesie, Geschichte, Arzneikunde, Rechtslehre und sonstige sogenannte weltliche Wissenschaften und Künste ihre Pflege fanden, während dort mit Ausnahme der Regierung Ulug Begs und Ebusaids zu allen Zeiten ein gewisser Eifer auf dem Gebiete der religiösen Schwärmerei, der theologischen Speculationen und des Ordenwesens vorherrschend war. Es wäre auch schwer, eine genaue Grenze der literarischen Thätigkeit der beiden Länder zu bezeichnen, denn wenngleich der edle Quell geistigen Lebens iranischen Elementen entsprungen war, so hatten sich auch Gelehrte tschagataisch-türkischen Ursprunges an demselben wacker betheiligt, und tatarische Fürsten waren es, die nicht nur den Männern der Literatur und Kunst reichliche Unterstützung angedeihen liessen, sondern sie reiheten sich sogar unter dieselben, und scheueten es nicht, hie und da eine selbst untergeordnete Stellung einzunehmen. In seinem Buche der „Köstlichen Versammlungen"[1] nennt Mir Ali Schir folgende Prinzen aus dem Hause Timurs, die mit Literatur sich beschäftigten: Schahruch Mirza, der türkische und persische Gedichte schrieb und von dem folgendes Quatrain bekannt ist.

„Der Held muss im Kampfe entflammen und entzünden, wenn verwundet, so sei des Pferdes Mähne sein Bett; eines Hundetodes sterbe der Feigling, der Mann sich nennt, und des Feindes Gnade erfleht." Auch in der erotischen Poesie hat er sich versucht und Ausdrücke seiner zarten Gefühle zu seiner

[1] Medschalis en nefais. Die hier angeführte Stelle des betreffenden Werkes ist dem Textauszuge entnommen, den Herr M. Belin in seinem schon genannten Werke S. 65—82 veröffentlicht hat.

sehr geliebten Gemahlin Gowher Schad (die Juwele der Wonne)
leben noch heute in den Mährchen des Heraler Volkes. — So
schrieben auch türkische und persische Verse Sultan Iskender
Schirazi, der Sohn Omar Scheichs und der schon erwähnte
Chalil Mirza, von dem ein ganzer Diwan türkischer Gedichte
zurückgeblieben ist, dessen der berühmte Dichter Chodscha Ismet Bochari mit Lob erwähnt. Ulug Beg, von dessen Gelehrsamkeit in Astronomie und Mathematik wir schon gesprochen,
war nebst den exacten Wissenschaften auch der schönen Literatur, der Malerkunst und der Musik sehr zugethan, und als
Beweis seines ausserordentlichen Gedächtnisses wird angeführt,
dass er den Koran in sieben verschiedenen Lesearten auswendig wusste. Baisonkur, der Sohn Schahruch Mirza's, der noch
zur Lebenszeit seines Vaters starb,[1] war stets von Dichtern,
Kalligraphen, Malern und Musikern umgeben, und von seinem
Sohne Baber Mirza, der seinen frühen Tod durch den übermässigen Genuss geistiger Getränke herbeigeführt,[2] sind so
manche poetische Ideen in türkischer Sprache aufbewahrt. Sidi
Ahmed Mirza, der Sohn Miranschahs, hinterliess einen Diwan und
ein Mesnewi unter dem Titel Letafet-nameh (Buch der Anmuth)
und schliesslich mag diese Liste mit Baber Mirza, dem Gründer
der Mogol-Dynastie Indiens gekrönt werden, der in seinen schon
erwähnten Memoiren als Poet, Staatsmann und Philosoph von
antiker Form und staunenswerther Gediegenheit[3] vor uns tritt.

Darf es uns daher in Anbetracht des orientalischen Sprichwortes „Das Volk befolgt den Glauben seiner Fürsten" wol
wundern, wenn das Zeitalter der Timuriden von solchen Cul-

[1] Er starb den 0. Dschemaziul ewwel 836 (1432), wie Herr N. Chanikoff aus einer am Musallah zu Herat existirenden Grabschrift dieses er-
örtert hat.

[2] Durch eine gefährliche Krankheit vom übermässigen Trinken gewarnt,
zog sich Baber, die Brust voll Busse und Reue auf einige Zeit nach Meschhed
zurück und verbrachte ganze Tage in der Moschee Imam Riza's. Doch war
seine Leidenschaft stärker als sein Entschluss, er verfiel bald wieder der
Trunksucht und starb im Jahre 861 (1456).

[3] In der ganzen Literatur des Türken- und Perservolkes mag es kein
zweites Buch geben, das in so einfacher und schlichter Sprache so viel Lehr-
reiches enthält als das Babernameh.

turbestrebungen Beweise gibt, die mit Ausnahme der Glanzperiode der Omejjaden in Spanien und der ersten Abbasiden in Arabistan, nirgends und zu keiner Zeit bei den Völkern des Islams anzutreffen sind? Es ist wahr, die Culturepoche der Timuriden ist eine Fortsetzung des geistigen Erwachens in Iran während der Herrschaft der letzten Mongolenfürsten, doch hat an den Höfen zu Meraga, Tebris und Sultanie Kunst und Wissenschaft nie in so mannigfaltiger Weise geglänzt, wie in Herat und in Samarkand. Von den Dichtern der Zeit wollen wir nur folgende erwähnen: Mewlana Abdurrahman Dschami, der Göttliche genannt, der grosse Meister des Wortes in Vers und Prosa, der in verschiedenen Zweigen der Wissenschaft, als Theologie, Exegese, Ethik, Philosophie, Grammatik und in allen Gattungen der Dichtkunst excellirte. Suheilli oder Scheichum Suheili, der meisterhafte Uebersetzer der indischen Fabeln Bidpais, der früher am Hofe Ebusaids und dann noch zwanzig Jahre am Hofe Mirza Huseïn Baikaras lebte. Kasim ul enwar (der Lichtvertheiler), eigentlich Muajjin-ed-din Ali, der grösste mystische Dichter seiner Zeit, der anfangs am Hofe Schahruchs lebte, von diesem aber später verwiesen, nach Samarkand sich zurückzog, und 837 (1433) starb. Chodscha Abdullah Hatifi, auch Mesnewi guj (Mesnewi Dichter) genannt, der Autor des Timurnameh oder einer Biographie Timurs in Versen. Chodscha Ismet Bochari, der Hofpoet sowohl Sultan Chalils, als auch Ulug Begs, welch letzterem er in der poetischen Kunst Unterricht gab. Er starb 845 (1441). Mewlana Huseïn Kuberai, ein Abkömmling des berühmten Nedschm-ed-din Kubera, den die Mongolen in Ürgendsch hinrichteten, und Schüler des gelehrten Ebulwefa Chahrezmi. Mewlana Huseïn zeichnete sich als mystischer Dichter aus, und schrieb einen Commentar zum Mesnewi des Dschelal-ed-din Rumi. Chodscha Abdullah Murwarid (die Perle), der unter dem Dichternamen Bejani einen Diwan mit Ghazelen und Lobgedichten, ein Buch, betitelt: Munis ul ahbab (der Vertraute der Freunde) und ein Werk über Epistolographie hinterliess. Molla Binai, der Sohn eines Architekten aus Herat, der in seiner Vaterstadt am Hofe Mirza

Husein's so lang in Gunsten war, bis er sich mit Mir Ali Schir
zerwarf, alsdann er nach Transoxanien ging, am Hofe Sultan
Mahmud's in Gunst stand und später von Scheïbani Mehemmed
Chan zum Hofpoeten ernannt wurde. Er starb 922 (1516).
Mehemmed Salih, der Autor des schönen Heldengedichtes
Scheïbaninameh,[1] von dem noch ferner die Rede sein wird,
der auch anmuthige Ghazelen schrieb und im Versmasse des
Medschnun und Leïla ein türkisches Mesnewi verfasste. Baber
spricht seinen Compositionen jedes Verdienst ab, doch scheint
dies nur desshalb zu sein, weil Mehemmed Salih ein Günstling Scheïbani's war, und am Hofe des Özbegenfürsten sich
aufhielt. Helali, der Autor des stark gelesenen Mesnewi's
Schah u Derwisch (König und Bettler), dessen Unverschämt-
heit, die Liebesreize nicht in den Schönheitsformen der Frau,
sondern des Mannes zu besingen, von Baber mit Recht gerügt wird. Sein Gedächtniss soll ein solch merkwürdiges
gewesen sein, dass er gegen dreissig oder vierzig tausend
Distichen auswendig wusste. Schliesslich, aber keinenfalls als
letzten, wollen wir Mir Ali Schir erwähnen, der als ausgezeichneter Staatsmann, geschickter Feldherr, als sinnreicher
und fruchtbarer Schriftsteller sich berühmt gemacht hat. Wenngleich nicht der Begründer der ostturkischen Literatur, wie
allgemein angenommen wird,[2] so hatte er doch, sowohl durch
seine zahlreichen Compositionen in der türkischen Sprache, als
auch durch den Eifer, mit welchem er das türkische National-
element gegenüber dem Vorurtheile und Spott der iranischen

[1] Baber scheint dieses Gedicht nicht gekannt zu haben, oder hat er es
absichtlich verschwiegen, da es eine Apotheose der Scheïbani'schen Waffenthaten ist?
[2] Die türkische Literatur, die seit dem Bekanntwerden des Türkenvolkes
so verschiedene Phasen mitmachte und immer das treue Gepräge der socialen,
religiösen und politischen Zustände in sich trug, muss, nach dem uns bis
jetzt als ältestem bekannten Sprachmonument zu urtheilen, schon im neunten Jahrhundert der christlichen Zeitrechnung geblüht haben. Das von mir
im Jahre 1871 theilweise edirte Kudatku Bilik, dessen Sprache, trotz der
Aussage des Autors, dass sein Buch das zuerst im Türkischen erschienene
Werk sei, frühzeitige literarische Thätigkeit bekundet, ist im Jahre 463
(1070) verfasst worden.

Schöngeister vertheidigte,[1] die hohe Anerkennung verdient, mit welcher seine Landsleute während seines Lebens sowohl als auch nach dem Tode ihn auszeichneten. Viertbalb hundert Jahre sind seit seinem Tode verflossen, und noch bilden seine Werke, ohne vom Volke überall verstanden zu werden, den Hausschatz jedes auf Bildung Anspruch habenden Özbegen. Die Theologie, Exegetik und die Lehre des Mysticismus hatte ein ganzes Heer von eifrigen Arbeitern, die einen oder den andern „Leuchtstern der Wissenschaft" befolgend, in Wort und Schrift thätig waren. Abgesehen davon, dass der eine oder andere Zweig dieser Wissenschaft von jedem Schriftsteller bearbeitet werden musste, und viele von der Dichterkrone geschmückten auch mit dem Mantel der „göttlichen Wissenschaften" geziert waren, so sind doch als Fachgelehrte folgende bekannt: Mewlana Husami, ein Chiwaer von Geburt, lange Zeit Schüler und Gesellschafter des berühmten Chodscha Ahrara in Karaköl. Chodscha Obeidullah Ahrar, ein geistiger Schüler und eifriger Fortpflanzer der Lehren Bahaeddin Nakischbendss, der als Mystiker und Gelehrter in solchem Ansehen stand, dass die Fürsten der Zeit nach seiner Gunst förmlich buhlten. Demungeachtet soll er den angeblichen Lebensgrundsatz Mohammeds: „El fakru fachri = die Armuth ist mein Stolz" strengstens befolgend, in der Umgegend von Karaköl, wo er wohnte, in eigener Person seine Äcker bestellt haben. Er starb 895 (1480) im Dorfe Kumagiran. Sein Buch: Tohfei Ahrar, von moralisch-religiösem Inhalte, ist noch heute stark gelesen, und zu seinem Grabmale in Samarkand wird

[1] Es machte sich schon damals die übrigens ganz gerechte Ansicht geltend, dass das Iranische Element hinsichtlich seiner geistigen Superiorität das Türkenvolk buch überrage. Mir Ali Schir bewies, indem er auf die Literaturproducte seiner Landsleute hindeutete, dass die Türken auch geistreiche Schriftsteller sein können, doch da er mit den Meteoren der damaligen persischen Literatur nicht wetteifern konnte, so ging er von der Frage literarischer Begabtheit zu der Verschiedenheit des Charakters über, und stellte im Vordergrunde seines Bildes die Redlichkeit, Tapferkeit und Treue der Turken dar. Diese interessante Controverse hat er in seinem Muhakemet el lugetein (die Beurtheilung beider Sprachen, d. h. des Türkischen und Persischen) geführt.

von weit und breit gepilgert. Mewlana Fasih-ed-din, der am
Hofe Mirza Huseïn Baikora's lebte und der besondern Gunst
Mir Ali Schirs theilhaftig wurde. Seine Commentare zu den
hervorragendsten Werken der Dogmatik sind noch heute in
den Collegien Mittelasiens ein Gegenstand des Studiums. Er
starb 919 (1513). Minder bekannt, aber nicht minder hochgeschätzt ist Molla Abdul Gaffur, ein Schüler Dschami's, wegen
seiner Commentare, und er war noch obendrein als Rechts-
gelehrter berühmt. Er starb 916 (1510). Von ähnlicher Beschäftigung und Ruf waren Mewlana Muajjin aus Ferrah wegen
seiner Biographie Mohammeds und der Hauptpfeiler des Islams;
Mewlana Kemal-ed-din Huseïn wegen seinen zahlreichen Schriften
über Koranexegesis und selbständiger Arbeiten in der Ethik;
und Mewlana Mohammed Kazi wegen seinem Buche: „Silsilei
Arifeïn" (die Kette der Gelehrten). In der Geschichtsschrei-
bung thaten sich Scheref-ed-din durch seine Biographie Timurs,
und Abdurrezak durch seine rhetorisch geschriebene inhaltsreiche
Geschichte der Timuriden hervor. Auch der Debistan (Schule
der Religionen), das von zwölf Religionen des Ostens spricht,
und das der gelehrte W. Jones für eines der lehrreichsten,
genialsten Bücher des Ostens hält, ist in dieser Zeit verfasst
worden. Auch **Mathematik, Arithmetik und Völker-
kunde** [1] liess man nicht unbeachtet, ja wer weiss, wie viele
noch andere Produkte des Geistes dieser merkwürdigen Epoche
wegen unzulänglicher Nachrichten uns unbekannt geblieben sind?

Wir können uns hier nicht in ausführliche literaturge-
schichtliche Erörterungen einlassen, daher wir an der Gallerie
der **Grammatiker und Rechtsgelehrten** nur schweigend
vorübergehen, mit der Bemerkung, dass so manche gramma-
tikalische und syntaktische Hilfsbücher, welche die moslimische
Jugend aller Länder noch heute in Händen hat, aus jener
Epoche abstammen, und dass viele rituelle und dogmatische

---

[1] Zu diesen gehört in erster Linie Dschami's in Fragen und Antworten
abgefasste Abhandlung über Indien und Waslfs Bilad-i-Tschin (Städte
China's), eine Beschreibung China's, wahrscheinlich auf Grund der Berichte
jener Mission, die Schahruch Mirza nach Peking schickte.

Eigenheiten der Mittelasiaten auf die Anschauungen der Gelehrten jener Zeit sich basiren. Alles, was der Mohammedaner Asiens und der ganzen Welt unter feiner, hoher und vollkommener Bildung versteht, Attribute, die ihm heute nur dem Namen nach bekannt sind, das blühete alles auf den Höfen zu Herat und Samarkand. In erster Reihe wollen wir die Kalligraphie und Malerkunst nennen, in ersterer hatte sich Sultan Ali, den Mir Ali Schir zur Abschreibung seiner Werke gebrauchte, in letzterer Behzad und Schah Mozaffar ausgezeichnet, denn trotzdem die Timuriden eifrige Sunniten waren, so hatten sie doch ihre Bücher mit farbigen Illustrationen versehen und die Wunder ihrer Prachtbauten mit Freskogemälden geziert,[1] in welchen nicht nur Arabesken und leblose Dinge, sondern mitunter berühmte Fürsten und Krieger, ja sogar Heilige conterfeit waren. In der Baukunst waren vorzüglicherweise die Regierungen Schahruchs, Ulug Begs, Ebusaids und Mirza Huseins fruchtbar, und von den Architekten Usta Mehemmed Sebz und Usta Kawam-ed-din wird erzählt, dass die Zahl der öffentlichen Bauten, die sie aufführten, auf mehrere tausend sich belief. Nach Aussage des Historikers Sam Mirza liess Mir Ali Schir allein in Chorasan an Collegien, Karawanserailen, Brücken, Moscheen, Spitälern und Lesehallen dreihundert und siebzig Bauten aufführen. Was thaten erst die Fürsten und Prinzen eines solchen Zeitalters? Jenseits des Oxus haben ewige Kriege selbst von den Ruinen nur geringe Spuren zurückgelassen, um Herat herum aber gibt es mehr als einen Punkt, der uns klaren Beweis von einstigen blühenden Culturzuständen liefert. Nicht nur in der Stadt Herat,

---

[1] Nach Aussage Babers liess Ebusaid den Palast des Baber Mirza mit Sculpturen schmücken und die Wände mit Schlachtenbildern versehen. So ist auch das früher erwähnte Heldengedicht Mehemmed Salih's mit schönen farbigen Illustrationen von Schlachten, Zechgelagen und Belagerungen geziert. Die Arbeit zur Zeit des Autors ausgeführt, steht den bei uns in Europa berühmten Bildern Irans und Indiens nicht im mindesten nach — ja Bochara war noch zur Zeit Timurs die berühmteste Malerschule im Islamitischen Osten. Heute wäre man in Bochara mit einem Buche, das Menschen und Thierfiguren darstellt, nicht das Leben sicher. Sic tempora mutantur!

am Musalla und in Chodscha Abdullah Ansari kann man den
feinen Geschmack der Timuriden bewundern, die wildromantischen
Ufer des Murgabs, wo so mancher vorspringender Fels
mit den Ruinen eines ehemaligen Lustschlosses gekrönt ist,
spricht ganz deutlich dafür, in welchem Masse diese Leute
Kunst, Wissenschaft und Poesie zur Verfeinerung der Lebensgenüsse
zu verwerthen wussten. Da bei den Zechgelagen,
welche an den Höfen von Herat und Samarkand, trotz der
grossen Schaar von Theologen, Exegeten und Scheiche, stark
in Gebrauch waren, ja oft tagelang dauerten, Sang und Klang
nie fehlen durften, so standen die Musikkünstler und Compositeure
in nicht geringem Ansehen. Eines besonderen
Rufes erfreueten sich auf diesem Felde, nach Aussage Babers,
der schon genannte Chodscha Abdullah Murwarid, Kul Mohammed
U'di, Scheich Neji, und Husein U'di, die theils auf der
Harfe, Psalter und Guitarre excellirten, andere wieder, als:
Mir Schadi, Gulam und Mir Gazu waren durch ihre musikalischen
Compositionen bekannt. Höchst auffallend ist es für den
Kenner der heutigen Zustände des mohammedanischen Asiens,
dass es am Hofe der Timuriden auch Tanzkünstler gab,
und nach Baber war obendrein ein Se'id (aus der Familie des
Propheten!) Namens Bedr ein berühmter Meister in Terpsichorens
Kunst, und er soll auch mehrere Tänze selbst erdichtet
haben. Welch Entsetzen würde nicht einen heutigen Moslim ergreifen,
wenn ein Se'id mit seinem dickwulstigen Turban irgend
ein Pas de Deux oder einen sonstigen, unter dem Namen
Herati [1] noch heutzutage in Iran beliebten Tanz aufführen
würde!

[1] Den Tanz, Herati genannt, habe ich in Schiraz im Jahre 1862 aufführen
sehen. Der betreffende Tänzer stellte sich auf einen Sessel, hüllte
sich, während seine Bewegungen den Takt der Musik oder des Gesanges
streng befolgten, in ein Leintuch, und nachdem er in dieser Stellung nicht
so sehr anmuthvolle als grosse Geschicklichkeit bedingende Evolutionen gemacht
hatte, enthüllte er sich wieder. Andere Tänze, die unter dem Namen
Chorasani bekannt sind und aus jener Zeit herstammen, stellen einen
der Quadrille ähnlichen Gesellschaftstanz vor, wobei die Tänzer den ganzen
Process der Liebe in nicht besonders ästhetischen Bildern aufführen.

Ja, so verändern sich die Zeiten, und so ist auch Mittelasien nach dem Sturz der Timuriden von dem hohen Grade der Bildung und der wahren Begeisterung fürs Schöne allmälig in jenen Schlamm der Unwissenheit gefallen, in jene Barbarei gerathen, aus welcher es sich auch nie wieder hat befreien können. Mit dem Erlöschen seiner Culturepoche fing auch seine staatliche Existenz zu erblassen an, denn Bochara und Samarkand, dessen Herren Jahrhunderte hindurch den schönsten Theilen des mohammedanischen Asiens Befehle ertheilten, hatte nun seine Rolle auf der Bühne der weltgeschichtlichen Begebenheiten sozusagen ausgespielt. Was in der Vergangenheit das schöne Königreich Transoxaniens war, ist in der Zukunft zum armseligen Chanate von Bochara herabgekommen!

XIII.

Özbegen und Scheïbani Mehemmed Chan.

906 (1500) — 916 (1510).

Es war von jeher ein glänzender Zug im Charakterbilde des Türkenvolkes, dass es jenen seiner Fürsten, der durch Herrlichkeit seiner Regierung oder durch Einführung gemeinnütziger Institutionen sich ein besonderes Verdienst erworben hatte, dadurch zu verewigen suchte, indem es durch Annahme seines Namens ihn zum zweiten Stammvater machte, und hiermit seiner staatlichen Regeneration und seinem Eintritte in die Arena der weltgeschichtlichen Begebenheiten den besten Ausdruck verlieh. So sehen wir dass die Türken, welche als Vorposten der Seldschukidenmacht ins westliche Asien eindrangen und auf den Trümmern des alten Byzanz ein neues Reich gründeten, nach dem Namen ihres Führers Osmans sich noch heute Osmanlis heissen, und so kam es, dass jene turko-mongolischen [1] Stämme, welche im östlichen Gebiete der Blauen

---

[1] Damit der Ausdruck turko-mongolisch niemanden befremde, muss ich die Bemerkung vorausschicken, dass ich die Özbegen schon desshalb für ein Mischvolk türkisch-mongolischen und nicht rein türkischen Ursprunges halte, weil derartige Verschmelzungen dort, wo Türken und Mongolen mohammedanischer Religion zusammen lebten, nicht nur wahrscheinlich, sondern auf ganz natürlichem Wege stattgefunden hatten, und den besten Beweis hiezu liefert das Namensregister der 32 özbegischen Stämme, unter welchen viele Namen mongolischen Ursprunges sind, und von denen noch viele bei den heutigen Nomaden der Gobiwüste sich vorfinden. So z. B. Chitaj mong: Kitai (über die Verwechslung des Endlautes g in i, siehe Ujgurische Sprachmonumente S. 23) = Chinese; Nöks mong: nokoson Wolle

Horde, d. h. zwischen der Wolga und dem Aralsee¹ sich aufhielten, nach Özbeg, dem neunten Herrscher aus dem Hause Dschüdschi's, den politischen Sammelnamen Özbeg² annahmen. „Özbeg Chan, erzählt uns Abulgazi in seiner Geschichte der Tataren,³ ehrte und beschenkte jedermann seiner Verdienste gemäss. Er lud das Volk zum Islam ein, und durch ihn wurden viele mit dem Adel des mohammedanischen Glaubens geziert. Desshalb hat auch das Volk Dschüdschi's den Namen Özbeg angenommen, den es bis zum Ende der Welt auch behalten wird." Özbeg war allerdings nicht nur der Bekehrer seines Volkes, sondern wie Hammer richtig bemerkt,⁴ der dritte der vier grössten Herrscher, welche den Thron Kiptschaks geschmückt, doch hat der Geschlechtsname der Özbegen, der während der Herrschaft der Timuriden auftaucht, und dessen schon der arabische Reisende Ibn Batutah Erwähnung thut,

(als Anlaut ist der Buchstabe o im Türkischen fast gar nicht anzutreffen); Tas moag: tass = eine Art grauer Adler; Ikirnen mong: dorten = vier; Miten moug: mite = Feigheit u. s. w.

1 In den orientalischen Geschichtsquellen Mittelasiens wird die alte Heimath der Özbegen mit dem vagen Ausdruck von Dechti Kiptschak = die Steppe Kiptschak, bezeichnet, ein Name, unter welchem jener Theil des turanischen Hochlandes verstanden wird, welcher, vom kaspischen Meere angefangen, in 600 Fersach Länge und 300 Fersach Breite sich gegen Osten erstreckt. Diese Annahme ist jedoch irrig, denn wenn gleich die Özbegen im Süden mit ihren Heerden bis nach Chabresm hin sich ausdehnten, so waren sie im Nordosten nur zur Verfallszeit der Timuriden bis am unteren Laufe des Jaxartes vorgedrungen. Ihre wahrscheinliche Heimath waren die Ufergegenden des Urals und der Emba, mit einem Worte jener Theil, den wir heute das Territorium der kleinen Horde zu nennen pflegen.

2 Die wörtliche Bedeutung von Özbeg ist: eigener Herr, selbständig. Merkwürdigerweise kommt dieses Wort auch bei den alten Ungarn als der Name einer Würde oder eines Standes vor, und ist als solches in Urkunden, die vom Jahre 1130 datirt sind, zu finden. In Uebereinstimmung mit erwähnter Wortbedeutung witzelte der berühmte Scheich Chudadad (gestorben 939 (1532)) mit seinem geistigen Schüler Arif Sufi, der als Özbege den ersten Sieg Habers über Schebiani bedauerte, indem er auf türkisch zu ihm sagte: „Sanga özbegin kirek mu" = du willst deinem eigenen Herrn alles Özbegen halten?

3 Abulgazi's Schedschrei turki (Genealogie der Türken) S. 98.

4 Geschichte der güldenen Horde S. 281. Die anderen drei sind Batu, Berke und Tuchtamisch.

weder unter ihm, noch unter seinen nächsten Nachkommen
irgend eine hervorragende Rolle gespielt. Nur hundert und
fünfzig Jahre später, als die ehemals gewaltige Goldene Horde
Kiptschaks schon in vier Theile zerrissen war, in Folge dessen
auch Iwan Wassiliewitsch, der Befreier Russlands vom tatarischen Joche, bald die Macht der Nachkommen Dschudschi's
am obern Laufe der Wolga brechen konnte, nur dann erst erfuhren wir, dass unter den Prinzen und Vasallen, die dem
Herrscher zu Serai den Gehorsam aufgekündigt hatten, und
als Graubärte oder Chane souveränes Recht ausübten, auch
Ebulchair Chan, der Fürst der Özbegen, sich befinde. Er hatte
mit den Zelten und zahlreichen Heerden seines Nomadenvolkes
vor dem Ungewitter, das aus dem christlichen Norden über
die moslimische Herrschaft hereinbrach, sich immer mehr gegen
das östliche Steppengebiet zurückgezogen, und während der
Regierungszeit Kitschik [1] Mohammeds, des letzten Fürsten der
blauen Horde, mit dessen Sturze der Thron Dschudschi's in
Kiptschak auch gänzlich zusammenfiel, war Ebulchair schon
zu solchem Ansehen gelangt, dass die Timuriden Ebusaid,
Mehemmed Dschügi, und Husein Baikara, wie im vorhergehenden Abschnitte erzählt wurde, bei ihm Schutz und Hilfe
suchten. Fern von den mohammedanischen Cultureinflüssen
des westlichen Serais und des südlichen Transoxaniens hatten
die Özbegen, diese urwüchsigen Söhne der Wüste, auch wirklich den rauhen Charakter des turanischen Kriegers länger bei-
behalten können, als ihre an die festen Wohnsitze gewöhnten,
und durch das Civilisationsbestreben der Timuriden schon ver-
weichlichten Brüder. Die Religion des arabischen Propheten
war bei ihnen nur dem Namen nach verbreitet, ihre Sitten,
sowie das Volk selbst, ein buntes Gemenge türkisch-mongoli-
scher Gebräuche, und während der Türke am Laufe des Oxus
und Jaxartes mit Sprache und Literatur sowol, als auch mit

[1] Hammer liest immer Kütschük, eingedenk dass dieses im Ostürkischen
einen jungen Hund bedeutet, und klein das Epitheton des fraglichen
Chans Kitschik lautet. Beim damaligen Stande unserer Kenntnisse im
Ostürkischen sind derartige Fehler wol zu verzeihen.

der verfeinerten Lebensweise Irans allmälig vertraut wurde, waren die Özbegen noch in Schaffelle und Pferdehäute gehüllt, und ihr geistiges Leben war höchstens so weit vorgeschritten, dass sie von der angeblichen Wunderkraft des Asceten Chodscha Ahmed Jesewi,[1] ihres Nationalheiligen, sich einigermassen leiten liessen. Nur später, als sie in festen Orten sich niederliessen, warfen sie das Kleid der Rauheit allmälig ab, und so wie früher unter dem Namen Tschagatai der ansässige, so zu sagen gebildete Türke Transoxaniens, unter dem Namen Özbeg aber die wilden Steppenbewohner im Nord-Westen verstanden wurde,[2] ebenso hat bis zur Neuzeit das Verhältniss sich dermassen gewechselt, dass Özbeg nun an die Stelle des ehemaligen Tschagatai getreten ist, und mit Kirgiz sowol als mit Kazak (nach der Wortbedeutung ihres Namens Landstreicher, Wanderer) der ungebildete Türke bezeichnet wird.

Ebulchair hatte die Zeit, in welcher er lebte, auch ganz gut verstanden. Ohne an Eroberungen zu denken, die unter den damaligen Verhältnissen Centralasiens auch nicht möglich gewesen wären, begnügte er sich damit, wenn die Nachkommen Timurs in ihren erbitterten Bruderkämpfen seine Hülfe beanspruchten. Er hatte nicht nur für die Sache Ebusaids, sondern auch für Minutschehr Mirza und Sultan Huseïn Baikara gekämpft, seine Özbegen kehrten immer mit Beute reich beladen heim, und seine beinahe 40jährige Herrschaft wird als die glorreichste der Steppenfürsten geschildert. „Schnell

---

[1] Chodschah Ahmed Jesewi ist noch heute der Schutzpatron der auf den nördlichen Steppen Centralasiens sich herumtreibenden Nomaden. Seine moralisch-religiösen Gedichte, von welchen ich in meinen tschagataischen Sprachstudien einige Proben gebracht habe, werden bei den Kirgisen und Özbegen dem Koran gleichgestellt.

[2] Dieses erhellt am besten aus einem Verspaare, welches der Dichter des Scheibani nameh dem Helden selbst in Mund legt und welches lautet:
„Tschagatai ili meni Özbeg dijmesun
Ilihude fikr kilib gam jimesun."

D. h.: das Tschagataier Volk soll mich nicht Özbeg heissen und soll nutzloser Gedanken halber sich nicht betrüben. Was früher als Schimpf galt, wurde im Laufe der Zeit doch als Ehrenname angesehen, denn Özbeg heisst heute der gebildete ansässige Türke ohne Stammesunterschied.

zerstäubt der Wüstensand, doch noch schneller das Menschenglück," ist eine übliche Redensart unter den Turkomanen. Ebulchairs Macht und Ansehen hatten ihm Feinde und Neider zugezogen, die benachbarten Graubärte der Steppe vereinigten sich gegen ihn, und da nach dem Wortlaute des tatarischen Sprichwortes: „Überfällt der Feind deines Vaters Zelt, schliesse dich an und raube mit"[1] selbst seine nächsten Verwandten, wie der früher schon erwähnte Bürge Sultan, gegen ihn auftraten, so wurde er bald überwältigt, und nach seinem im Kampfe erfolgten Tode wurden die zahlreichen Mitglieder seiner Familie nach allen Richtungen in der Wüste zerstreuet. Von den elf Söhnen,[2] die er hinterliess, hatte ihm, blos dem Namen nach, in der Würde sein fünfter Sohn Scheich Haidar Sultan gefolgt, doch das Machtgebot des letzteren erstreckte sich nur über wenige, denn die Özbegen hatten schon damals ihr Augenmerk und ihre Zuversicht auf einen Enkel Ebulchairs, nämlich auf den Prinzen Mehemmed Schaibani, auch Schahbacht (Königsglück) genannt,[3] gerichtet, der trotz seiner Jugend schon zu den schönsten Hoffnungen berechtigte. Scheibani, so wollen wir ihn in der Zukunft heissen, hatte seinen Vater Budag Sultan (König-Knospe) und seine Mutter Kuzi

[1] Im Originaltexte Abulgazi S. 106 Atang jortin jau tschapsa, allandura birge tschap. Wol wenige Sprachen mögen ein ähnliches, die unbändige Raub- und Mordlust bezeichnendes Sprichwort haben!
[2] Diese waren: Dudag Sultan, Chaischa Mehemmed Sultan, Ahmed Sultan, Mehemmed Sultan, Scheich Haidar Sultan, Sandschar Sultan, Ibrahim Sultan, Kütscktündschi Sultan, Süjündsch Chalscha Sultan (dessen Mutter eine Tochter des gelehrten Ulug Beg war), Ak Burk Sultan und Seid Baba Sultan. In der Geschichte Mittelasiens haben nur die Nachkommen der zwei erstgenannten Prinzen eine Rolle gespielt, daher ihre Genealogie an Ort und Stelle ziemlich ausführlich gegeben ist. Von den Nachkommen der übrigen Söhne Ebulchairs hat die Geschichte gar nichts aufgezeichnet.
[3] Bei den persischen Geschichtschreibern wird er auch Schahi Beg genannt, was Deguignes Schahibek gelesen hat. Auch hinsichtlich seines Geburtsjahres sind die Historiker Irans im Irrthum, und das Raumat es sefa lässt ihn gar 905 auf die Welt kommen, das, wie wir sehen werden, das Jahr seines Regierungsantrittes ist. Scheibani hat 855 (1451) das Licht der Welt erblickt.

Begum [1] (Madame Lämmchen) schon früh verloren [2] und lebte sammt seinem Bruder Sultan Mahmud unter der Vormundschaft Karadscha Begs, eines treuen Dieners ihres Grossvaters, der der verwaisten Prinzen sich auch am wärmsten annahm. Nach dem Tode Scheich Haidars sah Karadscha Beg sich genöthigt, mit den mittlerweile schon erwachsenen Prinzen vor den Feinden der Familie Ebulchairs nach dem unteren Laufe des Jaxartes zu flüchten, wo Scheïbani auch die zerstreueten Auls (Zeltengruppe) der grossväterlichen Horde um sich sammelte, und im Stillen Vorbereitungen traf, durch Erfüllung der heiligen Pflicht der Blutrache das gesunkene Ansehen seines Hauses zu heben, besonders aber, um an Bürge Sultan, der am oberen Laufe des genannten Flusses am Saume eines Waldes seinen Wohnsitz hatte, den schändlichen Verrath, den dieser gegen Ebulchair verübte, zu rächen. Solange seine Kräfte unzulänglich waren, heuchelte Scheïbani Freundschaft, doch mit der Zeit kam auch Rath, und während einer jener eisigen langen Winternächte, dieser wahren Schreckensbilder der ohnehin monoton düstern Steppe, überfiel er mit einem Häuflein beherzter Getreuen das Gehöfte seines Gegners, tödtete viele seiner Angehörigen, und Bürge selbst konnte trotz eines seltenen Beispieles der Treue [3] vom Tode sich nicht retten. Der junge

[1] Nicht Nuri Begum, wie die lithographirte Ausgabe des Ranzai es sels schreibt.
[2] Vor der Einnahme Samarkands (906) sagte Scheïbani zu seinem Hofdichter und Freund Mehemmed Salih, es wären schon 40 Jahre, dass er seinen Vater verloren habe. Letzterer starb also 876 (1471), und Scheïbani, der 855 (1451) geboren wurde, war demnach beim Tode seines Vaters 21 Jahre alt.
[3] Als man nämlich bei Anbruch des Tages Bürge, von dem man wusste, dass er verwundet wurde, aufsuchte, bemerkten die Leute Scheïbani's Blutspuren auf dem frisch gefallenen Schnee, welche tiefer und tiefer in den Wald hinein führten. Hier wurde endlich ein schwer verwundeter Krieger liegend gefunden; er wurde festgenommen, und als er um seinen Namen befragt wurde, gab er sich für Bürge Sultan zu erkennen. Vor Scheïbani gebracht, bemerkte letzterer, dass der Gefangene nicht Bürge Sultan, sondern dessen Diener Münge Bi sei, und an diesem gewendet frug er: „Warum hast du dich für Bürge Sultan ausgegeben?" — „Herr," antwortete der treue Diener, „ich bin mit Bürge zusammen aufgewachsen, habe

Held sah nach dem Gelingen dieses Hundstreiches sich bald
an der Spitze eines nicht unbedeutenden özbegischen Reiter-
haufens, mit dem er wol noch grössere Waffenthaten unternehmen durfte, und die, wie wir sehen werden, auch nicht
lange auf sich warten liessen.
 Unter solchen Verhältnissen konnte eine Berührung mit
den Timuriden Transoxaniens nicht lange vermieden werden.
Auf dem Throne zu Samarkand sass damals Sultan Ahmed,
der Sohn Ebussaide, und die Nordgrenze seines Reiches war
dem Statthalter Mezid Tarchan, dem Sohne Kischlik Chans
anvertraut. Diesem letzteren hatte Scheïbani zuerst seine
Dienste angeboten, einige Zeit stand er auch im Solde desselben, doch merkte Mezid gar bald, dass die Özbegenhäuptlinge
ihm über den Kopf zu wachsen drohen, und du er sich ihrer
um jeden Preis entledigen wollte, so schickte er sie zu Abdulali Tarchan, dem unumschränkten Vasallen Buchara's, der was
seinen Staat, seine Umgebung und Luxus betrifft, seinem fürstlichen Herrn nur wenig nachstand, und der die jungen Krieger
gefällig aufnahm und ihr Schwert auch bald bei den Einfällen
der Mongolen im Nordosten ganz gut verwerthete. In ähnlichen Diensten wurden die Enkel Ebulchairs auch gegenüber
den aufständischen Vasallen in der nördlichen Provinz Turkestan gebraucht, und sei es der heimathliche Boden, auf dem
die özbegischen Prinzen sich hier fühlten, oder das Bewusstsein der erlangten Stärke, genug, denn sie stellten sich diesmal mit dem gewöhnlichen Lohn der Waffenarbeit nicht zufrieden und mussten mit dem Besitze der Städte Otrar, Sabran
und Siganak vergütigt werden, welche Orte sozusagen auch
den Kern des später so grossen Scheïbani'schen Reiches
bildeten. Im Rücken durch zahlreiche Parteigänger und aben-

sein Brod und Salz gar oft gegessen, und als ich merkte, dass man ihm
nachspürt, wollte ich gerne als sein Sühnopfer eintreten und den für ihn
bestimmten tödtlichen Pfeil in meinem Herzen aufnehmen. So habe ich gehandelt, dein Wille ist nun in deiner Hand." Scheïbani war edel genug,
den biedern Mann reichlich zu belohnen und in Freiheit zu entlassen. Bürge
wurde aber später dennoch gefunden und hingerichtet.

tenerlustige Nomadensöhne gestützt, war ein anhaltendes Einverständniss zwischen dem wachsenden Scheïbani und den sinkenden Timurïden gar nicht zu denken, die Ursache des Zerwürfnisses war bald herausgefunden, und Sultan Ahmed war noch am Leben, als Scheïbani schon am Jaxartes sich unabhängig erklärte, den Statthalter Mezid Tarchan gewaltsam in sein Bündniss zog und vom früheren Söldling als gefährlichster Gegner des Hauses Timurs auftrat. War der unbändige, kriegerische Geist der jungen Nomadenfürsten schon an und für sich ein genug mächtiger Sporn zu ewigen Händeln und Streitigkeiten, so hatten andererseits die anarchischen Zustände und die Willkür der Vasallen in Transoxanien nicht wenig dazu beigetragen, um Scheïbani Mehemmed Chan, der anfangs als harmloser Raubritter auftrat, auf die Bahn der Ländereroberung zu bringen. Sein erstes grösseres Unternehmen war im Jahre 005 (1499) gegen Samarkand gerichtet. Wie uns der Autor der Scheïbaniade mittheilt, hatte Sultan Mahmud, der Bruder Scheïbanis, noch zur Zeit Baisonkar Mirza's einen Einfall bis nahe an Dizzak [1] unternommen und musste geschlagen sich zurückziehen. Scheïbani gab dem Heimkehrenden einen Verweis, warum er ihm den Plan nicht mitgetheilt habe, beschloss aber demungeachtet die Niederlage seines Bruders zu rächen, und ging sofort in Begleitung eines Hilfscorps von 1000 Dscheten über den Jaxartes. Verrath von Seite der letzteren nöthigte ihn jedoch zur schleunigen Rückkehr, und um die Eroberung des Landes im Sinne der mit Parabeln geschmückten Lehre seines geistigen Führers „nicht von der Mitte, sondern vom Saume zu beginnen," [2] erliess er ein Aufgebot

[1] Das heutige Dschizzak.
[2] Wie alle türkischen Krieger der Zeit, so hatte Scheïbani auch einen geistigen Leiter, dessen Rath er einzuholen pflegte und ihm in jeder Hinsicht blinden Gehorsam leistete. Dieser war der Scheich Manzur. Als Scheïbani noch im Dienste Abdulali's stand, äusserte er sich einst, von der Ambition ergriffen, folgendermassen: „Wie kommt es, dass Abdulali, der von gewöhnlicher Abstammung ist, der Herrschaft sich erfreuet (die Vasallen Sultan Ahmeds waren in der That solche) und ich, der ich von fürstlichem Geblüte bin, sein Diener sein muss?" Diese Aeusserung kam

an die Türkenfürsten der Umgebung, in welchem er sie, auf die günstige Lage aufmerksam machend, zum gänzlichen Umsturz der Timuridenherrschaft einlud. Morsch und zerrüttet, wie auch die Pfeiler der Timuridenmacht in Transoxanien auch immer waren, so gab es dennoch viele Turken, die an den Herrn in Samarkand in Treue hielten. Scheïbani musste erst diese alle auf seine Seite ziehen, uud als er die vornehmsten unter ihnen, als: Kütschüm Sultan, Bojundsch Chodschah Sultan,[1] Hamza Sultan und Mehdi Sultan für sich gewonnen hatte, machte er sich mit einem wohlgerüsteten Heere aufs neue auf den Weg und ging gerade auf Samarkand los.

Hier stand an der Spitze der Angelegenheiten, nachdem Baber sich nach Endidschan zurückgezogen hatte, dem Namen nach Sultanali, in der That aber regierte der schon erwähnte oberste Kadi Chodscha Ebul Mekarim,[2] dessen Ahnen, wie wir aus dem Scheïbani nameh erfahren, 400 Jahre hindurch die Scheïch ul Islame Samarkands waren. Ersterer sowol als letzterer waren jedoch des Regierens unfähig und noch weniger der Gefahr gewachsen, welche dem Lande durch das Herannahen des mächtigen Feindes drohete. Kein Wunder daher, wenn Scheïbani nach zehntägiger Belagerung, nachdem er einen Ausfall vor dem Thore Scheïchzade glücklich zurückgeschlagen hatte, durch das Thor Tschiharrah bis zum Lust-

---

dem erwähnten Scheïch Mansur zu Ohren, und als Scheïbani einst bei ihm auf Besuch war, liess er zum Abendmahle ein Tischtuch decken. Als man, abgespeist, das Tischtuch wieder abnahm, wendete sich der Scheïch zum Usbegenprinzen und sagte: „Siehst du, so wie man dieses Tischtuch nicht von der Mitte, sondern bei den Ecken angefasst und weggetragen hat, eben so musste die Eroberung des Reiches nicht von der Hauptstadt, sondern von den Grenzen beginnen." Es war zu dieser Zeit, bemerkt Seïd Rakim, dem diese Anekdote entnommen ist, dass Scheïbani nach Chiwa ging, dort vom Mangitstamme Hilfstruppen an sich zog und seine Eroberungen ernstlich begann.

[1] Diese beiden waren seine Onkel. Es scheint demnach, dass anfänglich nicht sämmtliche Mitglieder des Hauses Ebulchaïrs sich für die Sache Scheïbani's erklärten.

[2] Ebul Mekarim, d. h. der Ehrenreiche wie ihn die einheimischen Geschichtsquellen nennen, war bloss sein Titel, der eigentliche Name dieses herrschsüchtigen Prälaten war Chodscha Jahja.

schloss Bag-i-no¹ ohne Anstand vordringen konnte, und die
feindlichen Truppen erst aufsuchen musste. Nur gegen Mittag
hatte der Kampf seinen Anfang genommen. Scheïbani betheiligte
sich in eigener Person an demselben mit wahrer Todesverachtung,
das Schlachten wüthete auf beiden Seiten während
der ganzen Nacht; doch da am nächsten Morgen die Nachricht
sich verbreitete: Baki Tarchan, ein Sohn Abdulali Tarchans, bei
welch letzterem Scheïbani seine Laufbahn begonnen, käme aus
Bochara den Samarkandern zu Hilfe und hätte schon vor der
Festung Debusi sein Lager aufgeschlagen, mussten die Özbegen
die erlangten Vortheile wieder aufgeben und nach Cernirung
Samarkands in aller Eile nach Bochara ziehen. Das von allen
Hilfstruppen entblösste Bochara konnte nichts besseres thun, als
sofort capituliren. Scheïbani machte dieses sogleich zu seinem
Hauptquartier, liess seine Mutter sammt Familie in dem dortigen
Palaste zurück, und setzte hierauf seinen Marsch nach Karaköl fort.
Da dessen Einwohner die nach der ersten Eroberung zurückgelassene
Besatzung unter Anführung Dubai Sultans meuchlerisch
überfallen hatten, so mussten die Özbegen den Ort aufs neue
nehmen, und nachdem Karaköl mit aller Härte des tatarischen
Kriegsgesetzes bestraft wurde, konnte erst zur Belagerung Samarkands
energisch geschritten werden. Neun Monate lang widerstand
die mittlerweile gut befestigte Hauptstadt, sie hätte vielleicht
noch länger dem özbegischen Anprall widerstehen können,
wenn die plagende Hungersnoth, aber noch mehr die Uneinigkeit
zwischen dem herrschsüchtigen Chodscha Ebul Mekarim
und dem Fürsten Sultanali sich indess nicht in offene Feindschaft
zugespitzt hätte. Scheïbani, dem dieses Verhältniss nicht
unbekannt blieb, schrieb dem letztgenannten Schattenprinzen:
„ob ihm die Vormundschaft des Chodscha noch nicht zuwider

¹ Wie aus diesem ersichtlich ist, hat Bag-i-no und so auch die übrigen
Sommerpaläste sammt ihren ausgedehnten Gartenanlagen zum extravillanen
Theil der Stadt Samarkand gehört. Wenn dem so ist, muss der Zwischenraum
zwischen der Stadtmauer und Festung, denn ausser diesem gab es
noch eine Citadelle (Ark) grösser gewesen sein, wie aus den heutigen
Ruinen ersichtlich ist.

wäre. Er möge dem durch Gottes Gunst erhellten Sterne des
Hauses Ebulchair doch endlich huldigen und sein Heil auf dem
Wege der Freundschaft suchen." ¹ Um seinem freundschaftlichen Gebahren einen noch kräftigern Ausdruck zu verleihen,
verlangte er die Hand der Mutter Sultanali's, die auch ihre
Einwilligung gab, und da dieses alles im Geheimen abgemacht
wurde, so zog Scheibani Mehemmed Chan an einem Freitag
auf einer Seite in die belagerte Stadt, während auf der anderen
Chodscha Ebul Mekarim, der von den Vorgängen nichts wusste,
in der Moschee verweilte. Dieses geschah im Anfange des
Jahres 906 (1500). Die betroffene Stadt hatte sich in ihr Schicksal zu fügen. Die Heirath zwischen Zohra Begum, der Wittwe
Sultan Ahmeds und dem Özbegenfürsten wurde vollzogen, trotzdem letztere, wie uns Baber erzählt, kaum besser als ein gewöhnliches Kebsweib behandelt wurde, auch Sultanali starb
bald, wie es scheint eines gewaltsamen Todes, ² und da die
Herrschaft der habgierigen und wilden Steppenbewohner auf
Samarkand und der Umgebung wirklich zu schwer lastete, so
ist es wol zu begreifen, dass die Samarkander, um sich des
Joches zu entledigen, nach allen Seiten hin um Rettung suchten und schliesslich den strebsamen und edlen Baber Mirza zur
Befreiung der Residenz seiner Ahnen einluden. ³ Baber, dem,
wie schon bemerkt wurde, die Interessen seiner Familie am
meisten am Herzen lagen, trieb sich mit wenigen Getreuen

¹ Wie das Scheibaninameh (Mehemmed Salih) berichtet, hätte die
Mutter Sultanalis die Initiative ergriffen und durch einen Boten dem siegreichen Özbegen ihre Hand angetragen, was jedoch unglaublich scheint.

² Nach Aussage Babers wurde Sultanali ganz einfach umgebracht. Der
Autor der von Berezin edirten Scheibaniade jedoch behauptet, er wäre unglücklicherweise bei einem Spazierritte an den Ufern des Kohiks (Zerefschan)
ins Wasser gefallen und ertrunken.

³ Die bittere Feindseligkeit zwischen den einzelnen Mitgliedern des Hauses Timurs tritt am besten durch die Gleichgültigkeit zu Tage, mit welcher
Sultan Hussein Mirza, der damals am Zenith seines Jahres stand, die Vorgänge in Transoxanien ansahen. Wol war letzterer durch die Revolte seines
Sohnes Beddi-ez-zeman einerseits und das verwegene Auftreten Chosruschahs
in Hissar andererseits an einer Aktion zu Gunsten Samarkands verhindert;
doch wie eitel wäre das Bemühen Scheibani's gegen die vereinten Kräfte
dieser Einzelnen gewesen?

am oberen Laufe des Zerefschans herum, auch Chodscha Ebul-Mekarim befand sich in seinem Gefolge. Die Chokander brauchten nur in einer finsteren Nacht des Herbstes 906 (1500) sich den Thoren Samarkands zu nahen, als die Einwohner ihnen die Hände reichten, und Scheïbani verlor wieder die Stadt in derselben Weise, in welcher er sie genommen hatte. Da seine Özbegen zumeist auf der Ebene von Kanigul gelagert waren, so konnte von einer gemeinsamen Action gar keine Rede sein, gegen 400 fielen in der ersten Ueberrumpelung, und als Scheïbani den nächsten Morgen die Hoffnungslosigkeit seines Zustandes gewahrte, blieb ihm nichts anderes übrig, mit dem was noch zu retten war, sich eiligst auf Bochara zurückzuziehen. Baber blieb nun wieder im Besitze Samarkands. Seine Herrlichkeit dauerte jedoch nur bis zum Heranbruche des Frühlings, so lange nämlich, bis der rastlose Özbegenhäuptling gekräftigt, einen neuen Angriff zu versuchen sich in den Stand gesetzt sah. Kühne Überfälle, bei welchen auf beiden Seiten Wunder geleistet wurden, eröffneten den Reigen des Kampfes, bis es endlich an den Ufern des Zerefschans zwischen Bochara und Samarkand zur grossen Schlacht von Serpul kam, in welcher Baber trotz allen Anstrengungen total geschlagen wurde und mit schwerer Noth sich in die Festung Samarkands retten konnte. Baber schreibt sein Unglück der Raubsucht seiner mongolischen Hilfstruppen zu, doch scheint dieses nicht allein der Fall gewesen zu sein. Der Heldenmuth und die Geistesgegenwart, welche der Gründer des Mongoleureiches in Indien sammt seinen obersten Officieren in diesem denkwürdigen Treffen an den Tag legten, sind gewiss allen Lobes werth, doch gegenüber dem wilden Ungestüme und echt kriegerischen Geiste der Özbegen konnten die mit den Annehmlichkeiten des Lebens vertrauten Krieger Transoxaniens und Endidschans, trotzdem ihre Gesammtzahl nach der Aussage des Autors der Scheïbaniade 40,000 Mann betrug, so gut wie gar nichts ausrichten. Babers Verluste waren sehr bedeutend, das böse Omen, dass drei Ibrahime [1] in der Reihe seiner höheren Officiere gefallen

[1] Es waren dies: Ibrahim Terchan, Ibrahim Saru und Ibrahim Dschani.

waren, schwebte dem trotz aller Aufklärung dennoch vom
Aberglauben nicht freien Helden wie ein unheilschwangeres
Gespenst vor den Augen, und wenn er gleich in Samarkand
mit angewohnter Energie zur Fortsetzung des Kampfes Massregeln traf, so gelangte er doch zur traurigen Ueberzeugung,
dass die Sache seiner Dynastie in Transoxanien rettungslos
verloren sei. Scheïbani hatte nämlich seinen Sieg benutzt und
in heisser Verfolgung Samarkand sammt den Flüchtigen eng
eingeschlossen. Die Belagerung, vier Monate lang dauernd,
war die härteste in den Annalen der ehemaligen Hauptstadt
Timurs. Während die Belagerer in Hülle und Fülle in der
reichen Umgebung der schönen Hauptstadt sich weidlich nährten und sättigten, mussten die eingeschlossenen Tschagataier
in Ermangelung von Nahrungsmitteln zu Hunde- und Eselfleisch,
eine schreckliche Kost im Auge eines Mohammedaners, ja sogar zur Baumrinde ihre Zuflucht nehmen, und den Pferden
wurden statt Futter Hobelspäne vorgeworfen. Hierzu gesellte
sich noch die Anarchie und das Lockerwerden aller Bande des
Gehorsams, und als Baber sich schon halb verlassen zwischen
den öden Festungswerken sah, entfloh er auch selber um Mitternacht durch das Thor Scheïchzade aus der Festung, um
durch eine mit tausenden von Gefahren verbundene Flucht,
bei welcher seine ältere [1] Schwester Chanzade Begum in Gefangenschaft gerieth, die Scheïbani auch heirathete, sich wenigstens das trockene Leben zu retten.

So fiel Samarkand, und mit ihr auch die Herrschaft der

[1] „In einer stockfinstern Nacht in dem von Kanälen und Bächen durchschrittenen Terrain von Gross-Bogi bemerkte ich erst beim Anbruche des Morgens, dass ich meine Begleitung weit hinter mir zurückgelassen habe. Der Sattelgurt meines Pferdes war entzweigerissen, der Sattel umgestürzt, ich fiel kopfüber zur Erde und habe, trotzdem ich wieder aufgesessen bin, bis spät in der Nacht nicht wieder zur Besinnung kommen können. Die Welt sammt ihren jüngsten Begebenheiten schwebte mir wie ein Traum vor den Augen. Es war schon nahe an Mittag, als wir endlich bei Hauuti uns lagerten, ein Pferd schlachteten und unsern Reitthieren etwas Ruhe gönnten... Nur in Dizzak konnten wir uns an fettem Fleische, gutem Brode, schmackhaften Melonen und süssen Trauben laben." So spricht Baber von dieser Flucht in seinen Memoiren, Originaltext S. 117.

Timuriden. Rache schnaubend zogen die Özbegen alles plündernd in der Stadt umher, dessen Einwohner, die Strafe des Eroberers befürchtend, schon früher in der Flucht ihre Rettung suchten. Unter letzteren befand sich auch der Erzfeind Schelbani's, der temporäre Chef Chodscha Jahja. Um nicht erkannt zu werden, hatte der fromme Mann das im Auge eines Mohammedaners, meist verbrecherische Vergehen begangen, nämlich sich den Bart rasirt. Doch das half ihm nichts, er wurde entdeckt, gefangen genommen, und als ihn Scheïbani frug, wie er auf die schreckliche Idee kommen konnte, sich den Bart abzunehmen, antwortete er mit einem persischen Verse folgenden Inhaltes: „Wer in die von Gott erhellte Flamme spukt, wird sich den eigenen Bart verbrennen." [1] Die göttliche Flamme jedoch, nämlich Scheïbani, liess sich von dem witzigen Complimente nicht bethören, und der Chodscha musste nun für seine weltlichen Gelüste durch die Hände des Scharfrichters das Zeitliche segnen. Mit ähnlicher Strenge verfuhr der Sieger gegen alle Anhänger der früheren Dynastie, wodurch alles vom Schrecken gelähmt war, so dass Scheïbani, nachdem er mit seinem um Oratepe herum Revolte brütenden Bruder sich ausgesöhnt hatte, mit dem ihm zu Gebote stehenden verhältnissmässig geringzähligen Heere schon einen Übergang über den Oxus hätte unternehmen können. Die Enthaltsamkeit und Mässigung des özbegischen Eroberers war aber nicht minder bewunderungswürdig als seine Ausdauer und Tapferkeit. Schon gleich nach Besitznahme des Thrones in Samarkand lechzte ihm der Gaumen nach dem fruchtbaren Chorasan, doch damals sass noch in Herat der prachtvolle und mächtige Mirza Husein Baikara auf dem Throne, und da Scheïbani die Mittel und die Stärke des ihm gegenüber stehenden Mannes zur Genüge kannte, so wich er im Anfange jeder unmittelbaren Feindseligkeit aus, und seine Angriffe erstreckten sich nur auf jene Theile Chorasans, in denen die Herrschaft Mirza Huseïns ohnehin nur auf

[1] Der Vers lautet:
Tschiragira ki Jad ber furuzed
Her ankes luff kuned rischesch besuzed.

schwankendem Fusse stand. Solche waren erstens Belch, wo
der Prinz Bedi-ez-zeman die Fahne der Rebellion entfaltet hatte.
Zweitens die Besitzungen Chosruschahs,[1] des ehemaligen Vezires Sultan Ahmeds, der nach verrätherischer Beseitigung der
Söhne seines Wohlthäters, Hissar, Chatlan, Kunduz und Bedachschan an sich gerissen hatte, und nun von Scheïbani bekriegt werden musste. Bevor jedoch dieser Schritt unternommen werden sollte, musste der özbegische Eroberer sich im
Rücken sicher stellen, nämlich Chancke Sultan und Aladscha
Sultan, die mütterlicherseits mongolischen Anverwandten Babers
besiegen, die am rechten Ufer des Jaxartes, um Schahruchie
und Taschkend herum über eine bedeutende Streitkraft von
Mongolen und Kalmücken verfügten, und theils aus Neid, theils
aber um ihren unglücklichen Neffen zu rächen, den Özbegen
auf jegliche Weise in den Weg traten. Der erste Feldzug
musste noch im Jahre der Einnahme Samarkands unternommen
werden. Inmitten eines überaus strengen Winters brach Scheïbani mit seiner in Pelzen gehüllten Armee gegen Norden auf.
Sein Bruder Sultan Mahmud mit Timur Sultan bildeten die Vorhut, die aus 6000 der tapfersten Özbegen bestand, demungeachtet vor der grimmigen Kälte, wahrscheinlich aber vor
den noch mehr abgehärteten Mongolen an Erringung irgend
eines Vortheiles verhindert, unverrichteter Dinge zurückkehren
mussten. Scheïbani selbst sah bald seine vom wildem Kriegs-
feuer erhitzte Brust auf der eisigen Steppe erkalten und kehrte
nach Samarkand zurück. Die Mongolen waren bis Oratepe
ihm nachgerückt, und wenngleich im nächsten Frühling dieser
Ort wieder genommen, und mit Chancke wieder Frieden geschlossen wurde, so konnte dies blos als ein Waffenstillstand
betrachtet werden, denn Scheïbani war kaum in den Besitzungen Chosruschahs eingefallen, als die Mongolen ihm wieder den Handschuh hinwarfen und diesmal nicht die Grenzen
seines Landes, sondern Tenbel Sultan, seinen Statthalter in
Chokand anfielen.

[1] Siehe Note 1 S. 21 des vorhergehenden Abschnitts.
Vámbéry, Geschichte Bochara's. II.

Dass Tenbel, durch dessen Revolte Baber seines Reiches verlustig und von den Özbegischen Waffen um so leichter besiegt werden konnte, auf den Schutz Schelbani's vollen Anspruch hatte, ist selbstverständlich. Es waren aber auch andere Beweggründe, die den strebsamen Özbegenfürsten bewogen hatten, nun seine anderwärtigen Eroberungen zu unterbrechen und mit Zusammenraffung aller Kräfte gegen seine Feinde im Innern Turans zu ziehen. Chaneke, nicht minder tapfer und ruhmsüchtig als Schelbani selbst, lehnte sich auf sämmtliche Mongolen und Kalmüken, die vom Jaxartes bis zur Gobiwüste hausten, und es bedurfte nur eine Verständigung zwischen ersteren und den Timuriden in Chorasan, um sämmtliche Zukunftspläne der Özbegen auf ein für allemal zu vernichten. Dieses Umstandes bewusst, zog Schelbani 911 (1505) mit seiner ganzen Streitmacht zuerst gegen Schahruchie, welches er cerniren liess und dann stromaufwärts den Jaxartes bis nach Achsi, wo in einer Entfernung von fünf Meilen das vereinte Mongolenheer kampfbereit dastand. Das Bild, welches der Autor des Schelbanismeh von der Rüstung und von den Bestandtheilen der beiden Armeen entwirft, ist interessant und einzig in seiner Art, aber nicht minder merkwürdig ist der Bericht des zwei Tage lang anhaltenden blutigen Kampfes, einer der grössten, der je zwischen Mongolen und Türken geschlagen wurde und schliesslich doch zu Gunsten der Özbegen ausfiel. Chaneke und sein Bruder wurden gefangen genommen, und als sie vor Schelbani gebracht des sichern Todes gewärtig waren, überraschte sie der Sieger durch Beweise eines glänzenden Edelsinnes, tröstete sie in ihrem Unglücke, indem er passende Parabeln erzählte, und betheuerte schliesslich mit einem Schwur, ihnen und den Ihrigen kein Haar krümmen zu wollen. Nur die Übergabe der Festung Schahruchie, in welcher die Mutter der Mongolenprinzen commandirte, bat er sich aus, und als letztere, gerührt von der Grossmuth, mit welcher ihre Kinder behandelt wurden, hierin einwilligte, war der Friede hergestellt und Schelbani konnte nun, ohne Furcht im Rücken beunruhigt zu werden, seine Waffen gegen seine Feinde am linken Ufer des Oxus wenden. Hier hatten natürlich die Verhältnisse sich bedeutend geändert. Trotz des erbitterten Parteikampfes, welcher zwischen Chosruschah, dem Herrn von Hissar, Kunduz, Chatlan und Bedachschan und dem andern nach Unabhängigkeit strebenden Vasallen Sultan Husein Mirza's geherrscht hatte, so bildete sich dennoch in Folge der drohenden Gefahr eine Allianz gegen Scheïbani, die alle Hebel ins Werk setzte, ohne jedoch den kleinsten Erfolg bezwecken zu können. Während der Özbegenfürst nach Besiegung den Feldzug gegen Chosruschah eröffnet hatte, lehnt sich Tenbel, in dessen Interessen er eben einen hartnäckigen Kampf beendete, gegen ihn auf und nöthigt ihn abermals zu einem Feldzuge gegen die nordöstliche Grenze seines Reiches. Nachdem Tenbel sammt seinen sieben Geschwistern den Undank mit dem Leben bezahlen mussten, eilt Scheïbani über den Oxus und sein Erscheinen war hinreichend, um das vereinte Heer seiner Gegner in Chatlan, in welchem Baber die hervorragendste Persönlichkeit bildete, zu zersprengen. Sein Bruder Sultan Mahmud hatte indessen Kunduz genommen und starb daselbst an einer Krankheit. Auch gegen Tschin Sofi, den Herrn von Charezm, einen eifrigen Anhänger der Sache Sultan Husein Mirza's, wurden mittlerweile die Feindseligkeiten eröffnet. Die Vorhut leitete hier Scheïbani selbst. Nach ihm folgte der Prinz Obeïdulluh, der 14 Tage früher geheirathet hatte und nun aus den Armen seiner jungen Gemahlin sich ins Kampfgetümmel stürzte. Wie gewöhnlich war der Aufbruch inmitten des strengen Winters begonnen, um den Oxus nach Gutdünken überall überschreiten zu können. Özbegen standen nun Turkomanen gegenüber, denn diese waren der Hauptbestandtheil der Armee Tschin Sofi's, doch sie waren einander ganz gemessen, und da die Belagerung der Hauptfestung Charezm, zwischen dem heutigen Chiwa und Hezaresp gelegen, mit unbeschreiblicher Hartnäckigkeit sich in die Länge zog, so musste erst die gänzliche Vernichtung Chosruschah's bewerkstelligt werden, um hiedurch Tschin Sofi die Aussicht auf eine hilfreiche Hand aus jener Gegend zu benehmen. Chosruschah, der ehemals so mächtige

Fürst der oberen Oxusgegend, erhielt von den Generalen Scheïbani's eine Schlappe nach der andern, bis er endlich auf der Flucht erwischt und mit 700 seiner Getreuesten ermordet wird.[1] Sein abgeschlagenes Haupt wurde dem nunmehr unter Trümmern weilenden und von ausgehungerten Soldaten umgebenen Tachin Sofi überschickt, wodurch jedoch der Held sich nicht im mindesten einschüchtern liess. Sechs Monate lang hatte er allen Anstrengungen des Özbegenheeres muthig widerstanden, und doch hielt er noch fernere drei Monate aus, bis endlich auch die Citadelle mit Sturm genommen wurde und er inmitten der Ruinen von den Pfeilen seiner eigenen Leute den Tod erhielt. — Es waren kaum fünf Jahre nach der Einnahme Samarkands verflossen, als Scheïbani nach diesem letzten Erfolge sich im Besitze ganz Turans sah. Endidschan im Osten, Schahruchie und Taschkend im Norden, das gebirgige Hissar, Bedachschan und Belch im Süden, und schliesslich Chuhrezm im Westen hatten dem glänzenden Stern seines Waffenglückes gehuldigt; die ärmlichen, noch vor der Einnahme von Samarkand in Schafpelze gehüllten Özbegen waren vom Luxus und dem Reichthume Transoxaniens beladen, und der Machtruf der Nachkommen Ebulchairs war bis in die entferntesten Gegenden gedrungen.

Nun erst trat Scheïbani gegen den greisen Sultan Husein Mirza auf. Es sollte nun der endgiltige Kampf zwischen den Özbegen und dem Hause Timurs gefochten werden, und dass beide Parteien geharnischt und wohlgerüstet in die Arena traten, braucht kaum gesagt zu werden. Scheïbani hatte durch seine bisherigen Waffenthaten nicht nur sämmtliche kriegerische Elemente der Oxus- und Jaxartesländer unter seine Fahnen gelockt; es waren ausserdem die hervorragendsten Ordensgeistlichen in seinem Interesse thätig, und da das iranische Volk schon längst aufgehört hatte in den Oxusländern eine

---

[1] Mirchond erzählt, er wäre lebendig in die Hände Scheïbani's gefallen, erst an einem Eselschwanze gebunden in den Strassen Kunduz umhergeführt und dann hingerichtet worden. In Hinsicht des Charakters Chosruschahs sagt Mirchond: „Er war streng und gerecht als Regent, fromm als Mohammedaner, aber als Mensch undankbar und grausam."

Rolle zu spielen, so waren die verschiedensten Türkenstämme für den neuen Timur, der sie zu Raub und Beute führte, von desto glühenderer Begeisterung und schwellten mit Freuden seine Reihen. Was Sultan Huseïn Mirza betrifft, so hatte er im Bewusstsein der drohenden Gefahr seinen Söhnen und Anverwandten den Befehl ertheilt, sie mögen mit ihren Truppen um seinen Thron sich schaaren und dem hereinbrechenden Özbegenheere entgegenziehen. Es war ein starkes Contingent, welches aus Afganistan, Sistan, Chorasan, Fars und Dschordschan bei dieser Gelegenheit im Norden Herats sich zusammenstellte, doch es fehlte das Hauptbedingniss der Stärke, nämlich die Einigkeit, und noch hatten die Timuriden in kleinen Zänkereien mit einander zu thun, als Scheïbani bei Kerki den Oxus überschreitend 911 (1505) die Vorhut der Armee bei Meïmene aufs Haupt schlug. Mittlerweile ging Sultan Huseïn Mirza mit dem Tode ab; ein Glück für ihn, dass er den Sturz seiner Familie nicht erleben musste, aber desto grösser war das Unglück für seine in ewigem Zank und Hader mit einander lebenden Söhne, denn mit ihm ging der letzte Schatten der Willenseinheit und Autorität, folglich auch die Hoffnung auf Erfolg zu Grabe. Sein Nachfolger Bedi-ez-zeman Mirza hatte noch einen Familienrath zusammengebracht, an welchem auch Baber Mirza, damals schon Herr Kabuls, sammt seinem Vezir Dschihangir Antheil nahm; doch die gezwungene Eintracht hatte wenig Gutes bezweckt, denn Scheïbani, der bis zum rechten Ufer des Murgabs vorgedrungen war, rechnete mit solcher Sicherheit auf den gänzlichen Sieg, dass er ohne weiteres nach Herat einen Gesandten schickte und Bedi-ez-zeman zur freiwilligen Unterwerfung aufforderte, indem er auf die Achtung hinwies, welche der verstorbene Sultan Huseïn Mirza schon seinem Grossvater Ebulchair gezollt hatte. Der stolze Timuride gab dem Gesandten eine schnöde Antwort, worauf das Özbegenheer von Merw aus vorrückte und in der Ebene von Merwitschak [1] dem Heere der Timuriden eine Schlacht

[1] Heute Martschah genannt, am unteren Laufe des Murgabs, ein Tummelplatz der Sarik- und Salor-Turkomanen. Vor einigen Jahren war Mart-

anbot. Bei den Özbegen drängte sich alles in die Avantgarde und Helden wie Timur Sultan, Abdullah Chan, Mahmud Sultan und andere nahe Verwandte Scheibani's waren in der ersten Reihe der Kämpfenden. Bei den Timuriden war es nur der alte General Zulnun, der Muth zeigte, er greift an, wird aber sofort überwältigt und fällt. Dieses war genug, um die Panik allgemein zu machen. Seïd Abdullah Mirza rettet sich zu Kebek nach Meschhed, Abdulbaki und Emir Mehemmed Durunduk fliehen nach Sebzewar, während Hedi-ez-zeman selbst mit Muzaffar Huseïn Köreken nach Herat sich flüchten, konnten aber dort nur einige Stunden sich aufhalten, denn das Özbegenheer war ihnen hart auf der Ferse und der Nachfolger des mächtigen Sultan Huseïn Mirza musste mit Hinterlassung seiner Familie und seiner Schätze das Weite suchen. Herat öffnete freiwillig dem Sieger seine Thore, am 11. Moharrem des Jahres 913 (24. Mai 1507) hielt Scheibani daselbst seinen Einzug, und von edlerer Gesinnung wie die früheren Eroberer dieser Stadt, begnügte er sich mit einem Lösegelde von 100,000 Tenge und verschonte diesen gefeierten Sitz der Künste und Wissenschaften vor dem Besuche seiner beutegierigen Özbegen. Er selbst schlug seinen Wohnsitz ausserhalb der Stadt auf, wo ihm die Familienmitglieder seines flüchtigen Gegners vorgestellt wurden. Als er die Braut Muzaffar Huseïn Mirza's zu Gesicht bekam, verliebte er, damals 58 Jahre alt, sich dermassen in dieselbe, dass alle Versicherungen und Schwüre, sie sei schon die gesetzliche Frau des erwähnten Timuriden, seine Liebesgluth nicht dämpfen konnten und er sie schliesslich auch heirathete. Auch die Schätze, bestehend aus einer grossen Masse Gold- und Silbergeräthe, werthvollen Rubinen, Onixen, Perlen und Diamanten, wurden ins Lager gebracht. Im Uebrigen behandelten sie die Familie Bedi-ez-zemans mit Ehre und Auszeichnung, und alles was aus Furcht vor den

schah sowol als Pendschdeh noch an Herat tributpflichtig und war von Dschemschidi-Nomaden bewohnt, die mir, als ich unter ihnen wohnte, von den vielen dortigen Ruinen Wunderdinge erzählten.

Özbegen¹ sich in den Felsenschluchten des Badgizgebirges verkrochen hatte, kehrte bald zur friedlichen Beschäftigung zurück. Wenn Scheïbani auf dem Schlachtfelde von Serpul die Throne Transoxaniens eroberte, so hatte das Treffen von Merwitschak ihn in den Besitz ganz Chorasans gebracht. Vergebens rafften die vom Gemetzel entronnenen Timuriden ihre Kräfte zum äussersten Widerstande zusammen, die Özbegen fielen so wie einst das Mongolenheer mit Blitzesschnelle über das westliche Chorasan her und eine Festung nach der andern fiel in ihre Hände. In Meschhed hatte der Prinz Ebul Muhsin Mirza, als er von der Katastrophe bei Merwitschak hörte, bedeutende Truppenmassen aus Irak an sich gezogen, doch die Özbegen unter Anführung Mehemmed Timur Sultan und Obeïdullah Chans, ersterer ein Sohn, letzterer ein Neffe Scheïbani's, überraschten eines Morgens vor Dscham das Timuridenheer, als seine Officiere durch den nächtlichen Rausch ans Lager gefesselt waren. Ebul Muhsin Mirza sammt Umgebung wurden im ersten Anfalle niedergemetzelt und seine Armee in wilder Flucht geschlagen. Nicht minder günstig war das Waffenglück der Özbegen in Sebzewar, dem Grenzpunkt Chorasans gegen Westen, wohin Ibn Husein Mirza, der früher in Kain befehligte, mit den Trümmern des Timuridenheeres sich zurückgezogen hatte. Die Stadt wurde genommen, Ebul Muhsin gelang es wohl durch Flucht sich zu retten, doch die Prinzen Abdul Baki und Burunduk hatten in der Vertheidigung ihr Leben eingebüsst. Zwölf Prinzen aus dem Hause Timurs waren bis jetzt unter den Schwertern der Özbegen gefallen, doch Scheïbani hatte seinen Ehrgeiz noch nicht gesättigt. Seine Söhne in Chorasan zurücklassend, eilte er nach Einnahme

¹ Ausserhalb der Stadt Herat sollen die Özbegen, nach Aussage der persischen Historiker, ganz so gehandelt haben wie ihre Stammesgenossen, die Mongolen. Durch Martern und Foltern zwangen sie die armen Wehrlosen zur Hergabe der verborgenen Werthschaften, und den sie nur mitnehmen konnten, der wurde in die Gefangenschaft geführt.

Herats über den Oxus; in Bochara wurde er mit Feierlichkeiten empfangen, doch er war blos auf dem Durchzuge und beschleunigte seinen Marsch gegen das nördliche Jaxartesgebiet, um den Mongolen Mahmud Chan, einen Sohn Junis Chans, der während seiner Abwesenheit revoltirte,[1] zu bestrafen, und als die Ruhe dort wieder hergestellt wurde, ging er zurück nach Chorasan, um das Werk der Eroberung zu vollenden. Im Jahre 914 (1508) fiel auch die Provinz Dschordschan in seine Gewalt. Er hatte beinahe sämmtliche Ländereien, welche die Nachkommen Timurs besassen, unter seinen Scepter gebracht und die Verwaltung derselben wurde als Belohnung seinen besten Kriegern anvertraut. Herat wurde dem Dschan Wefa Bai, Merw dem Kobuz Naiman, Belch dem Chahrezm Sultan Schah, Hissar sammt Umgebung dem Mehdi Sultan und Hamza Sultan, Kunduz dem Ahmed Sultan, Taschkend dem Sujündsch Chodscha Chan, Achsi dem Dschani Beg, Endidschan dem Mahmud Schah Sultan, Chahrezm dem Kuschtschi Köpek und Turkestan dem Kötschküudschi Chan übergeben, während er die Statthalterschaft von Bochara und Karaköl früher seinem Bruder Sultan Mahmud und nach dessen Tode sammt der Perle des ganzen Reiches, nämlich mit Samarkand, Kesch und dem Distrikte von Mijankal seinem erstgeborenen Sohne und präsumtiven Nachfolger Mehemmed Timur Sultan anvertraute. — Dschengiz und Timur nachahmend wollte der Enkel Ebulchairs für sich nur die Stelle des Oberbefehlshabers der Armee behalten. Durch Waffengewalt ist er vom ehemaligen Flüchtling auf der Steppe zum Beherrscher

---

[1] Mahmud Chan, ein Sohn des während der Regierung Sultan Ahmeds gegen die Timuriden in Transoxanien sich erhebenden Junis Bega, wollte die Abwesenheit Scheibani's benutzen und drang mit seinen fünf Söhnen einerseits gegen Endidscban, andererseits gegen Samarkand vor, um sich der Herrschaft Transoxaniens zu bemächtigen. Als Scheibani sich ihm gegenüber stellte, war er mit bedeutenden Streitkräften bei Chodschend am diesseitigen Ufer des Jaxartes gelagert. Es kam zu einer erbitterten Schlacht, in welcher ein grosser Theil seiner Armee sammt den fünf Söhnen 914 (1508) in den Fluthen letztgenannten Flusses ihren Tod fanden. (Tarichi Seid Rakim, Blatt 118.)

so vieler Ländereien emporgekommen, mit den Waffen in der
Hand dachte er auf der Bahn der Welteroberung weiter vordringen zu können, und wer weiss, ob nicht aus ihm eine
Timur ähnliche Erscheinung geworden, wenn nicht eben zur
selben Zeit ein zweiter Kämpe auf dem Felde der Thaten
erschienen wäre, der nicht minder ehrgeizig, nicht minder
strebsam und tapfer als Schetbani, und der eben so eifrig
bemüht war, die Grenzen seines Reiches nach Osten auszudehnen, in welchem eben letzterer dasselbe gegen Westen
thun wollte.

Dieser Mann war Schah Ismail aus dem Hause des seines
heiligen Lebenswandels wegen unter den Türken Irans hochgeehrten Scheich Sefi's [1] aus Erdebil, dessen Grab noch heute
bei den Persern in hohem Andenken steht. Schah Ismail, der
schon als vierzehnjähriger Jüngling an die Spitze seiner Anhänger sich gestellt und seine Feinde zu Paaren getrieben
hatte, gelang es, beim Schimmer des religiösen Glanzes den
bescheidenen Derwischteppich seiner Familie zum herrlichen
Throne ganz Irans umzugestalten. Türke von Ursprung, denn
nur die Schmeichler hatten, um den religiösen Nimbus zu ver-
mehren, die Abstammung Sefi's von Musa dem siebenten Imam
abgeleitet, war Ismail von den sieben türkischen Horden,[2]
welche im Westen des kaspischen Meeres wohnten, halb ver-
göttert. Seine siegreichen Waffen führten ihn zur Herrschaft
des grössten Theiles von Iran und Arabistan, und was zum
besonders hohen Verdienste ihm angerechnet wurde, war der

[1] Malcolm in seiner Geschichte Persiens begeht den Fehler, den Namen
des Schrich Sefi mit dem bekannten Sektennamen Sufi zu identificiren. Der
Orden, an dessen Spitze Scheich Sefi stand, beruht auf ganz verschiedenen
Lehren und Tendenzen als jene, welche dem Sufismus zu Grunde liegen.
Nur die Osmanlis lesen Safevi, der Perser spricht dieses Wort immer Se-
fevi aus.

[2] Die türkischen Horden oder richtiger gesprochen Stämme, welche in
Transkaukasien, am südlichen Ufergebiete des kaspischen Meeres und im
Westen Chorasans sich aufhielten und theilweise auch noch jetzt dort wohnen, haben unter Anführung der Seldschukiden aus Mittelasien sich dort
niedergelassen. Die Namen ihrer Stämme waren: Ustadschlu, Schamlu, Ni-
kalu, Baharlu, Zilkadar, Kadschar und Efschar.

Eifer, mit welchem er, im traditionellen Geiste seiner Ahnen handelnd, für die Sache der schiitischen Glaubenssekte in die Schranken trat und das Jahrhunderte lang unterdrückte Parteigefühl für den vierten Chalifen Ali und seine unglücklichen Nachkommen zum öffentlichen Nationalcultus erhoben hatte. Der Schiismus, so alt wie der Islam selbst, hatte von jeher unter den Völkern Irans mehr Anhänger als in den übrigen Theilen der mohammedanischen Welt. Der Sektenhass, welcher ihm zu Grunde lag, war der Schmerzausdruck des verdrängten und tief beleidigten iranischen Nationalgefühles gegenüber der Willkür der semitischen Eroberer, und wenn es gleich jenseits des Euphrates sowohl als über dem Oxus hie und da heimliche Schiiten gab, wie z. B. der erwähnte Baisonkur Mirza und wie aus der Revolte des Scherik bin Scheich ul Mehdi während der arabischen Occupation in Bochara zur Genüge ersichtlich ist, so war es doch stets Persien selbst, das ob seiner starren Anhängigkeit an diese Sekte von den Sunniten d. h. den strengen Befolgern der Tradition verdächtigt und angefeindet wurde. Solange nun diese Sekte im Dunkel der Verborgenheit blieb, hatten ihre Widersacher sich begnügt, sie mit Controversen und Verspottungen zu bekämpfen; doch als die Sefiden diese Lehre auf ihre Fahnen schrieben und mit denselben zum wesentlichen Nachtheile der sunnitischen Fürsten auftraten, da brach das Feuer auch unter letzteren los und beide Parteien schärften von nun an in gleicher Weise die Religion zur giftigen Waffe ihrer weltlichen Vortheile. Im Westen Asiens hatte dieser Sektenkampf schon im Kriege zwischen Uzun Husan und dem Eroberer Constantinopels die Gemüther aufs heftigste entflammt und das Schlachtgeschrei der Türken Irans soll schon damals Ja Alil (O Ali) gelautet haben. Im Osten jedoch glimmte die Flamme lange unter der Asche und erstreckte sich blos auf den edlen Wettkampf im geistigen Leben, denn wie aus einem Zeitgemälde vom Hofe Sultan Hussein Mirza's ersichtlich ist, haben die persisch-sunnitischen Literaten Herats und Transoxaniens darauf hingearbeitet, um zu beweisen, dass iranische Cultur und Gelehrsamkeit nicht nur den Anhängern

der schiïtischen Sekte eigen sei. Später, nämlich zur Zeit Uzun
Hasans, der wie bekannt mit den Timuriden in Chorasan auf
freundlichem Fusse lebte, begann diese Frage in Mittelasien,
namentlich in Bochara schon desshalb in den Vordergrund zu
treten, weil man den Tod Ebusaïds als ein Martyrthum für
die gerechte Sache der Sunniten betrachtete. In dem Masse,
wie die Fahnenträger des Schiïsmus sich in Iran ausbreiteten,
im selben Masse wuchs der Hass und die Erbitterung der Mittelasiaten gegen diese Ketzer, und Sultan Husein Mirza war noch
am Leben, als die Herater Gelehrten im Vereine mit der Ulema-
welt Bocharas und Samarkands die Schiïten als Nichtmoham-
medaner brandmarkten, ihren öffentlichen Verkauf als Sklaven
zugaben ¹ und das Ehebündniss mit ihnen für mekruh² d. h.
abscheulich erklärten.

In diesem Verhältnisse standen diese beiden Sekten sich
einander gegenüber, als Scheïbani Mehemmed Chan nach den
Erfolgen in Chorasan in seinem Eroberungszuge an den Grenzen
Iraks anlangte und die Berührung mit Schah Ismail unvermeidlich wurde. — „Wer des Schwertes Griff erfasst, der sucht
keinen Vorwand mehr," sagen die Türken, auch Scheïbani
hätte dies befolgen können, doch da er mit dem Heiligen-
schimmer des Religionskriegers grössere Begeisterung zu er-
wecken hoffte, trat er dem tapferen Sofiden gegenüber zuerst
als bekehrender Mulla auf und schrieb ihm im Jahre 914

---

¹ Nach dem Grundsatze „Kulli Islam hurre = Jeder Mohammedaner
ist frei" konnten die Schiïten nur dann erst regelrecht auf den Sklaven-
märkten Centralasiens angelassen werden, als die Mollawelt Mittelasiens die
Bekenner der schiïtischen Sekte aus dem Verband des Islams hinausstiessen.
Dieses geschah zu der erwähnten Zeit, und der Haupturheber dieses für
Iran so verhängnissvollen Fetwa's soll der berühmte Rechtsgelehrte Molla
Schems-ed-din Herati gewesen sein.

² Mekruh = verächtlich, abscheulich ist ein Mittelding zwischen haram
= unerlaubt und helal = erlaubt. Nach den Satzungen des Islams ist das
Heirathen einer Nichtmohammedanerin keine Sünde, denn selbst unter den
Sultanen der Türkei haben einige griechische und serbische Prinzessinnen
geheirathet. In der ostislamitischen Welt war dieses jedoch ausser Gebrauch,
und die dortigen Gelehrten immer fanatischer, als ihre Collegen im Westen,
haben diese That für mekruh erklärt.

(1508) folgenderweise: „O König von Iran! Da es zu meinem erlanchten Wissen gelangt, dass du die ruchlose Schïa-Sekte verbreitest und hierin nur blinde Leidenschaft und teuflische Einflüsterungen befolgst — so sei denn gewarnt. Entsage dieser frevelhaften Sekte und kehre zurück in die Versammlung der Sunniten, denn fürwahr die Flamme der Revolte und der Bosheit, die du angezündet hast, wird dich selbst verzehren. Ich sage es dir noch einmal, du befindest dich auf einem Irrwege, kehre zurück auf die gerade Strasse des Glaubens, damit du nicht für immer dem Teufel anheimfällst. — Sollten aber diese meine Worte bei dir kein Gehör finden, so wisse, dass ich mit zahllosen Heeren in Irak einfallen und mit dem blanken Schwerte in der Hand deine Festung Isfahan, ihre Zinnen mögen noch so hoch sein, nehmen und der Erde gleich machen werde. Ja, meine Züchtigung soll so schrecklich sein, dass die Einwohner Iraks sich derselben noch am Tage der Auferstehung erinnern werden."[1] — Schah Ismail blieb, wie es scheint, die Antwort auf dieses Schreiben schuldig, und Scheïbani, der hierin das Zeichen der Schwäche erblickte, entfaltete um so mehr Thätigkeit zur Erweiterung der Grenzen seines ohnehin schon grossen Reiches. Im Süden Chorasans waren raublustige Özbegenhorden bis über Kandahar vorgedrungen, und nur als ein ähnlicher Zug auch nach Kirman ausgerüstet wurde, traf ein Gesandter von Seite Schah Ismails ein, um den Eroberer zum Einhalt zu ermahnen. Scheïbani antwortete aufs neue mit Drohungen und schickte dem Sefiden ein Keschkul (Bettelsack) sammt Bettelstab[2] mit folgender Botschaft: „Empfange diese Geschenke, die ein Zeichen deines väterlichen Erbtheiles sind. Was mich betrifft, so habe ich von Dschengiz, meinem glorreichen Ahnen, das Schwert und die Herrschaft geerbt. Wenn du mit deinem Bettlerstand nicht zufrieden bist, so schreibe dir die Folgen deiner Schritte selber zu." — Wie Chondemir erzählt, soll

[1] Nach Tarichi Seïd Hakim Blatt 110.
[2] Keschkul, eine halbe Kokosnuss-Schale, in welchen die Almosen gesammelt werden, und Asa, der Wanderstab, gehören zu den Insignien des Derwischthums.

Schah Ismail hierauf erwidert haben: „Wolan, wenn ich ein Derwisch bin, so will ich zum Grabe des heiligen Imam Riza nach Meschhed pilgern und wir werden uns dort begegnen." Schah Ismail stand jedenfalls schon gerüstet da, und als Scheïbani, durch die Revolte der auf steilen Felsennestern hausenden Firuzkuhi[1] von seinem Marsche gegen Süden abgehalten, eben zur Bestrafung der letztern nutzlose Anstrengungen machte, wurde ihm die Nachricht hinterbracht, dass Schah Ismail mit einem gewaltigen Heere gegen Meschhed im Anzuge sei. Zu seinem grossen Aerger und Schrecken langte zu gleicher Zeit aus Transoxanien die Nachricht ein, sein Sohn Mehemmed Timur wäre auf dem Marsche gegen die Kirgisen am Jaxartes von Bojunsiz Hasan überfallen und fürchterlich geschlagen worden. Also auf drei Seiten war der tapfere Arm und das umsichtsvolle Auge Scheïbani's auf einmal in Anspruch genommen! Nebstdem waren seine Truppen von den langen Märschen abgemüdet und erschöpft, und während er in Merw sich entscheiden sollte, ob er über den Oxus ziehen oder am Rand der Wüste seinen Gegner erwarten soll, hatte letzterer, die özbegischen Besatzungen von Damgan, Sebzewar und Nischabur vor sich hertreibend, in Eilmärschen schon Meschhed erreicht und mit seinen Gefahr bringenden Colonnen sich immer mehr und mehr herangedrängt. Da Scheïbani unter solchen Umständen von nirgends her Truppenverstärkungen an sich ziehen konnte, so blieb ihm nichts anderes übrig, als hinter den Mauern der Festung Merw Schutz zu suchen in der Hoffnung, dass unterdess sein Entsatz durch eintreffende Hilfe bewerkstelligt werde. Doch Schah Ismail war kein römischer Cunctator. Bemerkend dass durch Anwendung von Gewalt der Belagerte Zeit gewinnen könnte, nahm er zur List seine Zuflucht und sandte dem Scheïbani folgendes Schreiben: „Du hattest mir früher das Versprechen gegeben, mich in Azerbaidschan zu besuchen, doch da du nicht Wort gehalten hast,

---

[1] Ueber den iranischen Stamm der Firuzkuhi siehe meine Skizzen aus Mittelasien S. 261. Sie blieben also ihrem alten Charakter als Raubervolk von jeher treu.

bin ich nun selber nach Chorasan gekommen. Demungeachtet geruhtest du mich nicht zu empfangen und hast deinem Gaste vor der Nase die Thüre zugeschlagen. Da du nun wie es scheint im Winkel der Verborgenheit verbleiben willst und auch ich in Folge gewisser Vorfälle in Iran und Azerbaidschan zur Rückkehr genöthigt bin, so habe ich jetzt das Aufbrechen meines Lagers beschlossen und unsere Zusammenkunft den ferneren Fügungen des Schicksals anheimgestellt." Dem Worte folgte die That, und kaum war die Armee des schlauen Perserkönigs abgezogen, als das zusammengeschmolzene und abgemattete Heer der Özbegen, von Schelbani in eigener Person angeführt, den Zurückziehenden in den Rücken fiel, diese über den Murgab verfolgte, und nur dann erst bemerkten die Özbegen, dass sie das Opfer einer List geworden, als hinter ihnen die Brücke schon abgebrochen war und bei Mahmudabad 17,000 Perser den verhängnissvollen Kreis geschlossen hatten. Das Gemetzel, das nun folgte, war entsetzlich. Die Özbegen, selbst ihre Feinde gestehen dies, wehrten sich trotz des sichern Verderbens mit wahrem Heldenmuth, mehr als die Hälfte von ihnen lag schon todt auf dem Boden, als Schelbani mit einigen Getreuen, die dichten Reihen der Perser durchbrechend, einem verlassenen Gehöfte zueilte, um zwischen dessen Mauern den Todeskampf desto länger auszufechten. Er wurde bald umringt, sammt den Seinigen erschlagen, und in dieser Ruine war es, dass später sein mit vielen Wunden bedeckter Körper unter einem grossen Haufen von Leichen gefunden wurde.

Schelbani war einundsechzig Jahre alt, als er den Heldentod fand.[1] Schah Ismail liess die Hirnschale seines Feindes in Gold fassen und gebrauchte sie als Weinbecher; nach einer andern Version soll er dieselbe an Sultan Bajazid nach Constantinopel geschickt haben, da zwischen letzterem und dem Herrscher von Transoxanien ein politisches Einverständniss

[1] Nach Aussage eines Chronogrammes im Tarichi Seid Hakim war es ein Freitag, an welchem er, um den Martyrtod noch besser zu besiegeln, starb. Nähere Angaben über Tag und Monat fehlen jedoch.

geherrscht hatte.¹ Auch die rechte Hand wurde dem Leichname Scheïbani's abgenommen und an Aka Rustem, den Herrn Mazendrans und eifrigen Parteigänger der Özbegen, mit den ironischen Worten zugeschickt: „Du behauptest immer, an Scheïbani dich anklammern zu wollen, doch da bei seiner Lebenszeit dies unmöglich war, so schickt Schah Ismail dir nun, damit du deinen Wunsch erreichest, die Hand deines Gönners." Dies erzählen die persischen Geschichtsschreiber. Nach Aussage der Mittelasiaten wurden seine sterblichen Ueberreste in dem von ihm erbauten prächtigen Collegium zu Samarkand noch im Jahre 916 (1510), folglich in seinem Sterbejahre beigesetzt, und sein Grab steht noch heute als die Ruhestätte eines Schehid (Martyr) in allgemeiner Achtung.

Scheïbani Mehemmed Chan war in der That ein aussergewöhnlicher Mann, dessen merkwürdige Laufbahn auch schon deshalb näher betrachtet zu werden verdient, weil sie sozusagen jenen Wendepunkt bildet, durch welchen das historisch berühmte Transoxanien in dem politisch unbedeutenden Chanate von Bochara umgestaltet wurde. Es sind in diesen Betrachtungen namentlich drei Momente hervorzuheben. Erstens war Scheïbani der letzte jener Weltstürmer, die auf die rauhe Macht der centralasiatischen Steppenbewohner gestützt auftraten und ein Reich, das weit über den Oxus hinaus sich erstreckte, gründen konnten, denn nach ihm hatte das Glück keinen Krieger mehr, seine Ambition und Fähigkeiten mögen noch so gross gewesen sein, in dieser Hinsicht begünstigt.

¹ Hammer behauptet im 32. Abschnitte seiner Geschichte des ottomanischen Reiches, dass die diplomatischen Relationen zwischen der Pforte und Transoxanien erst gegen das Ende der Regierungszeit Sultan Suleiman, des Gesetzgebers, begonnen hätten, was an und für sich ein Irrthum ist; denn hatte Scheïbani nicht mit Sultan Bajezid, dem Herrn von Konstantinopel, geliebäugelt, so würde Schah Ismail dem letztern gewiss nicht den Schädel seines Feindes, wodurch er das sunnitische Oberhaupt des westlichen Asiens ärgern wollte, zugeschickt. Schon zwischen Ebusaid und Mohammed, dem Eroberer, muss ein Einverständniss existirt haben. Dass Hammer im obenerwähnten Abschnitte, und Senkowsky in seiner Table généalogique sehr fehlerhafte und verworrene Daten geben, ist beim mangelhaften Zustande damaliger Geschichtsquellen gar nicht zu verwundern.

Durch die Consolidirung der Verhältnisse in Iran wurde dem Einflusse Bochara's und Samerkands gegen Westen zu ein kräftiger, unübersteigbarer Damm erhoben. Zweitens haben die ethnographischen Umwälzungen Mittel- und Westasiens von nun an für immer aufgehört, da die Özbegen jener letzte Volksstamm waren, welcher aus der *officina gentium* des turanischen Hochlandes gegen Südwest sich herabwälzte. Drittens wurde durch den Verfall und gänzlichen Untergang der Timuriden ohnehin jenes Band zerrissen, durch welches die Mohammedaner jenseits des Oxus und Jaxartes von ihren Glaubensbrüdern im Westen Asiens, wenngleich nicht stark, doch immerhin gebunden waren. Dieser Bruch wurde natürlich durch den schiitischen Religionseifer der Sefiden, die sozusagen einen Keil in den Körper des Islams hineintrieben, noch besser erweitert, und da Scheïbani eben zur Zeit als diese hierarchisch-sociale Revolution sich vollzog, mit seinen Nomaden von der nordischen Steppe ins Land brach, so musste die Absonderung Transoxaniens um so vollkommener werden, und die Wassergrenze des Oxus wurde allmälig, wie sie es im grauen Alterthume war, die Grenze zwischen iranischem und turanischem Leben.

Was die Individualität Scheïbani's anbelangt, so war er keinesfalls jener muthwillige Barbar, als welchen ihn seine iranischen Feinde darstellten. Abgesehen von einer grossen Achtung, ja kindlichen Unterwürfigkeit, die er den Religionsgelehrten der Zeit bezeigte, war er auch selber den Musen ergeben und führte auf allen seinen Feldzügen eine kleine Handbibliothek mit sich. So wie Timur mit den Gelehrten Damaskus' und Aleppo's sich in theologische Discussionen einliess, so hatte der Özbegische Eroberer mit Kazi Ichtijar und Mehemmed Jusuf den ersten Exegeten Herats über gewisse Koranstellen disputirt, und aus Babers ironischer Bemerkung, dass Scheïbani dumme geschmacklose Verse schrieb und solche von der Kanzel herab vorlesen liess, leuchtet doch der Umstand hervor, dass der Mann des Schwertes, den Bildungsbegriffen seiner Zeit vollkommen entsprechend, auch mit der Feder sich in solcher Weise hervorthat, wie wenige seinesgleichen, denn seine Gedichte bekunden trotz der sarkastischen Bemerkung seines Erzfeindes, ein seltenes poetisches Talent und gründliche Kenntniss der türkischen, persischen und arabischen Sprache.[1] Viele Gelehrte, die nach dem Tode Sultan Husein Mirza brod- und schutzlos wurden, nahm er in seine Dienste auf und besoldete sie reichlich; in Bochara, Samarkand und Taschkend liess er Moscheen und Collegien erbauen, ja sogar auf seinen Feldzügen war er von Gelehrten umgeben, die oft den grössten Einfluss auf ihn ausübten,[2] und wenn gleich der Name Özbeg bei seinem Auftritte, und in der spätern Zeit, ja noch heute von den Iraniern gleichbedeutend mit dem Ausdrucke der Rohheit und Barbarei gehalten wird, auf die Person Scheïbani's hat dies keinen Bezug, denn er stand in Bildung so hoch, wie viele Prinzen aus dem Hause Timurs.

[1] Der Autor des Scheïbani-nameh bringt einige Gedichte von der Feder Scheïbani's, die, was Sprache und Conception betrifft, zu den besten Erzeugnissen der osttürkischen Literaten gerechnet werden können.

[2] Als die Aufforderung zur Uebergabe der Stadt, welche Molla Binai, der Hofpoet Scheïbani's, überbrachte, den Gelehrten Herats eingehändigt wurde, begaben sich letztere behufs der Unterhandlung ins Lager der Özbegen, und nur ihrem Einflusse war es zu verdanken, dass der Sieger sich mit einem Lösegelde begnügte, ja mit ihnen in Betreff der Summe sich in Unterhandlungen einliess.

XIV.

Die Scheïbaniden.

916 (1510) — 1006 (1507).

Als die Schreckensnachricht der Katastrophe bei Merw in Transoxanien anlangte und die Mitglieder des Hauses Scheïbani's einerseits ihre Unfähigkeit zum sofortigen Widerstande, andererseits aber die drohende Stellung der ihrer Herrschaft verlustigen Timuriden gewahr wurden, konnten sie vorderhand wol nichts besseres thun, als mit Schah Ismail, der mit seiner siegreichen Armee gegen den Oxus marschirte, Frieden zu schliessen. Die Özbegen mussten das linke Ufergebiet des Oxus abtreten, und der Fluss sollte laut Uebereinkommen so wie in uralten Zeiten die Grenzlinie zwischen Iran und Turan bilden. Der Friede war jedoch von nur sehr kurzer Dauer. Baber Mirza, den die brennende Vaterlandsliebe, trotz dem Besitz des reizenden Kabuls, an die heimathlichen Uferländer des Oxus und Jaxartes hinzog, hatte kaum die Nachricht vom Ende seines ehemaligen Gegners vernommen, als er mit Schah Ismail sich verband, von diesem auch bald Hilfe zur Rückeroberung des väterlichen Thrones erhielt und im Jahre 917 (1511) mit einem Heere, bestehend aus Persern, flüchtigen Mittelasiaten, Bedachschanern und Afganen, über den Oxus zog, und ohne auf besondere Gegenwehr zu stossen, sich Samarkands bemächtigte.¹ Dieser unerwartete Erfolg war aber dies-

---

¹ Es ist zu bedauern, dass der Bericht dieses letzten Versuches, den Baber zur Rückeroberung Samarkands machte, in seinen Memoiren fehlt. Die Abschnitte des Baberschen Buches sind mit der betreffenden Jahrzahl

mal nicht so sehr der Genialität Babers, als dem Zerwürfnisse zuzuschreiben, welches in der Familie Scheïbani's herrschte. Nach dem Tode des letztern hatte eine Fraction der Özbegen Mehemmed Timur Sultan, dem Sohne des Eroberers, gehuldigt, während eine andere, und das war die überwiegende Majorität, nach allturanischer Sitte nur in den grauen Haaren das Zeichen der Achtung erblickend, den mit der Verwaltung Turkestans betrauten Sohn Ebulchaïrs Kötschkundschi Sultan, von den Persern Ködschüm[1] Sultan genannt, an der Spitze des Volkes sehen wollten. Ersterer hatte nur einige Tage den Thron seines Vaters eingenommen,[2] und als er wie es scheint durch gewaltsamen Tod aus dem Wege geräumt wurde, versammelten sich die Befehlshaber der Armee um den greisen Kötschkundschi am untern Laufe des Jaxartes, um daselbst über die zu ergreifenden Maasregeln sich zu berathschlagen. Kötschkündschi wurde nun einstimmig zum Nachfolger Scheïbani's ernannt, doch da die Wucht der Jahre ihn vom Felde der Thaten abhielt, so wurde er auf demselben von einem andern Mitgliede der Familie vertreten, der hinsichtlich des Feldherrntalents, Ehrgeizes und der Tapferkeit dem Gründer der Dynastie nur wenig nachstand. Dieses war Obeïdullah Chan, der Sohn Mahmud Sultans,[3] der Eroberer des westlichen Chorasans, der in den Feldzügen seines Onkels unter den Waffen aufwuchs und unstreitig der tüchtigste aller Özbegenprinzen war.

Obeïdullah musste das Werk Scheïbani's aufs neue beginnen, und dabei war der Geist der Einigkeit unter den Özbegen gebrochen. Nachdem der heilige Scheïch Ahmed zum Heil des Unternehmens seine segenbringende Fatiha ihm auf

bethielt, und da vom Jahre 914 (1508) bis 925 (1519) eine Lücke existirt, so müssen wir den Hergang des Kampfes nur nach fremden Quellen erzählen.

[1] Die wörtliche Bedeutung von Kötschkündschi ist Nomade, Herumzieher, und Kulschüm scheint hiervon eine Abkürzung zu sein.
[2] Scheïbani hatte ausser diesen noch zwei andere Söhne, nämlich Chorrem Sultan und Sujündsch Mehemmed Sultan, und es bleibt immerhin auffallend, warum diese beiden in der Thronfolge unbeachtet blieben.
[3] Mahmud Sultan war, wie bekannt, der jüngere Bruder Scheïbani's, der, wie wir sahen, nach der Einnahme Kunduz' an einer Krankheit starb.

den Weg mitgegeben, zieht er mit einem aus 5000 Mann bestehenden kühnen Reiterhaufen über den Jaxartes und den Wüstenweg am linken Ufer des Flusses einschlagend, fiel er im Norden des Chanates von Bochara ein, als Baber von der Bewegung seines Feindes auch nicht die kleinste Ahndung hatte. Das Özbegenlager befand sich an den Ufern des Sees Melik im Bezirke von Chairabad,[1] doch die Vorposten waren schon weit über Bochara vorgeschoben. Als Baber, wie es heisst, mit einem 70,000[2] Mann starken Heere heranrückte, hatte Obeïdullah, um seine Kräfte zu concentriren, seine Vorposten eingezogen. Dieses wurde von den Bocharaern als ein Zeichen des Rückzuges angesehen, und da die freudige Nachricht auch Baber sofort hinterbracht wurde, so hatte letzterer seinen Marsch beschleunigt und bot seinem Gegner am Ufer letztgenannten Sees die Schlacht an. Obeïdullah nahm sie an. Emir Sehedscha-ed-din und Urus Mirza griffen mit je 1000 Mann das Centrum der Baber'schen Armee an; die übrigen Özbegen folgen mit gewohntem Ungestüme und Todesverachtung, und trotzdem das kleine Häuflein beinahe ganz umringt war, so hatte es dennoch eine solche Verwirrung in die Reihen des überzähligen Feindes geworfen, dass die Bestürzung und bald darauf die Flucht allgemein wurde. Baber soll durch persönliche Betheiligung am Kampfe sich der äussersten Gefahr ausgesetzt haben und nur dann gewichen sein, nachdem die Fahnen Obeïdullahs ihn schon umflatterten. Er schien es zu ahnden, dass er nun den endgiltigen Kampf um den väterlichen Thron gefochten hatte, denn als er vom Schlachtfelde sich zurückzog, konnte er in Samarkand nur solange verweilen, bis er seine Schätze, seine Familie und Angehörigen zusammengerafft hatte, um in eiliger Flucht sich in die Festung Hissar zu werfen.

[1] Chairabad ist nordlich, eine kleine Station von Bochara entfernt. Den See Melik habe ich während meiner Reise in Bochara nicht zu Gesicht bekommen, doch die Wüste Melik habe ich an einem Endpunkte durchzogen. (Siehe in meinem Reisebuche Seite 161.)

[2] Ich folge hier der Aussage Seïd Rakims, doch scheint mir die Zahl in Anbetracht der geringen Streitkraft, mit welcher Obeïdullah den Kampf aufzunehmen wagte, etwas übertrieben zu sein.

Im Ganzen hatte seine Herrschaft sechs Monate lang gedauert, und nie mehr war es ihm wieder vergönnt, die von ihm so hoch gepriesene Residenz seiner Ahnen wieder zu sehen. Obeïdullah, der nun im Jahre 018 (1512) ohne Widerstand in Samarkand einzog, übergab den Thron daselbst seinem Onkel Kötschkündschi Sultan, er selbst aber behielt sich die Herrschaft über Bochara, um seine Kriegsvorbereitungen zu vollenden, denn mit Besiegung Babers waren die Interessen der Özbegen noch lange nicht gesichert, da der eigentlich mächtige Gegner auf dem anderen Ufer des Oxus geharnischt und gerüstet jede Bewegung der Nachkommen Scheïbani's beobachtete.

Schah Ismail hatte nämlich kaum von der Niederlage Babers Nachricht erhalten, als er, um einem neuen Einfall der Özbegen in Chorasan vorzubeugen, an Nedschm Sani,[1] den Statthalter dieser Provinz, den Befehl ergehen liess, Baber aufs kräftigste zu unterstützen und eilend in Transoxanien einzufallen. In der That vereinigte sich bald darauf die persische Armee bei Termez mit Baber und beide griffen zusammen Karschi an, welches bald in ihre Hände fiel. Nedschm Sani, von schiitischer Parteiwuth beseelt, war grausam genug, die ganze Besatzung sammt den Einwohnern, unter welchen sich auch der berühmte Dichter Molla Binai befand, über die Klinge springen zu lassen, eine That, die den edelgesinnten ritterlichen Baber derartig empörte,[2] dass er lieber jeder Hoffnung auf Rückeroberung Transoxaniens entsagend, aus der Allianz mit Persien austrat und den zu früh übermüthigen General der Seïiden allein seinen Weg nach Bochara fortsetzen liess. Seine wohlverdiente Strafe liess auch nicht lange auf sich warten. Die Özbegen liessen ihn unbehelligt ins Innere des Landes vordringen, eine Festung nach der andern fiel in seine Hände, und als er endlich vor Gidschdowan mit seinem müden und

---

[1] Nedschm sani heisst auf arabisch der zweite Stern. Der eigentliche Name dieses Mannes war Mir Jar Mehemmed.

[2] Trotzdem der Commandant Karschi's ein Vetter Obeïdullahs war, so konnte Baber alle Seele es nicht mit ansehen, wie die Perser an dem nahen Verwandten seines Todfeindes Grausamkeit verübten.

ausgehungerten Heere ankam, waren einige kühne Reiterhaufen hinreichend, um den stolzen Vezir des Perserkönigs in einer Schlacht, in welcher er selbst sammt seinen höchsten Officieren das Leben verlor, total zu schlagen. Um die Pracht und den Reichthum dieses Mannes anschaulich zu machen, erzählt der persische Geschichtschreiber, man habe in seiner Küche täglich 100 Schafe, eine Unzahl von Hühnern, Enten und Gänsen, nebst 40 Centnern Zimmet, Safran und andern Gewürzen gebraucht, und sein ganzes Tafelgeschirr war aus Gold und dem feinsten chinesischen Porzellan. — Der Sieg der Özbegen war daher jedenfalls ein glänzender, und Schah Ismail, der durch diesen Feldzug Chorasan im vorhinein schützen wollte, hatte eben das Gegentheil bezweckt, denn Obeïdullah überschritt nun im Vereine mit Dschani Beg, einem Sohn Chodscha Sultans,[1] folglich mit seinem Grossonkel, den Oxus bei Tschihardschui im Jahre 919 (1513) und nachdem er bei Murgab mit dem von Samarkand aus über Kerki hierhergedrungenen Timur Sultan sich vereinigt hatte, griffen sie beide Meschhed an. Auch über Termez drangen özbegische Truppenabtheilungen bis nach Belch vor; ihren Weg überall mit Ruin und Verwüstung bezeichnend, und noch waren kaum einige Monate seit ihrem Siege bei Gidschdowan verflossen, als die Özbegen unter Anführung Obeïdullahs schon wieder Herren jener Ländereien wurden, zu deren Besitz ihnen das Schwert Scheïbani's verholfen hatte.

Als Schah Ismail in dieser Weise die Frucht seiner Siege so plötzlich dem Winde preisgegeben sah, musste er aufs neue seine Waffen gegen Chorasan wenden, trotzdem er schon damals des Angriffes Sultan Selims gewärtig war und seine Augen mit unverkennbarer Bangigkeit gegen die westlichen Grenzen seines Reiches gerichtet waren. Auf die Nachricht seines Heranrückens zogen wol die Özbegen sich über den Oxus zurück,

---

[1] Chodscha Sultan, der zweite Sohn Ebulchair Chans, hatte zwei Söhne, nämlich Dschani Beg und Rajab Sultan; von den Kindern des letztern kam keiner zur Regierung, während mit den Nachkommen des ersteren die Herrscherreihe der Scheïbaniden in Transoxanien geschlossen wurde.

doch die Weise, in welcher diese leicht berittenen Söhne der
Wüste, die nur auf Raubzüge und nicht auf Ländereroberungen
ausgingen, sich von nun an den Grenzen Persiens näherten,
wurde eben eine schreckliche Plage und verhängnissvolles Elend
für die Nordostgrenzen des unglücklichen iranischen Landes.
Ob zwischen Özbegen und Osmanlis eine zur gemeinsamen
Action führende Verständigung stattgefunden hatte, ist trotzdem
uns die hierauf bezüglichen Daten fehlen, doch kaum zu
bezweifeln, denn kaum hatten die Herren von Constantinopel
ihre Fahnen gegen die aufkeimende Macht der Sefiden entfaltet
und dem Nordrande Irans hierdurch die nöthige Schutzwehr
entzogen, als die Özbegen schon im Sattel sassen, um
über die gelben Fluthen des Oxus in das hartgeprüfte Chorasan
einzufallen. So sehen wir, dass Obeïdullah allein sechs verschiedene
grössere Einfälle in Iran unternommen, die ausser
der argen Zerstörung und Entvölkerung des Nachbarlandes den
Oxusländern selbst gar nichts frommten. Es ist ein trauriges
langweiliges Bild, doch können wir nicht umhin, dasselbe in
kurzen Umrissen darzustellen. Der erste Einfall wurde, wie
schon erwähnt, gleich im Anfange zurückgeschlagen. Der
zweite, den die Özbegen in einer günstigeren Zeit unternommen,
als nämlich Schah Ismail in der unglücklichen Schlacht
von Tschaldirim geschlagen und geschwächt wurde, war nach
Aussage der persischen Historiker mit bedeutendem Mitteln in
Scene gesetzt. Obeïdullah hatte mit Erlaubniss seines Onkels
mit 30,000 Özbegen den Oxus überschritten, ohne jedoch einen
der Grossartigkeit des Unternehmens entsprechenden Erfolg zu
ernten, denn nach zehntägiger fruchtloser Belagerung Herats
musste er sich zurückziehen. Das Ungestüm des Özbegenheeres
brach an der Energie Sam Mirza's und Durmisch Mirza's, der
Befehlshaber Chorasans, zusammen, ihre Wuth konnten diesmal
nur die Saaten der Umgebung fühlen, die sämmtlich zerstört
wurden. Der dritte Einfall fand nach dem Tode Schah
Ismails im Jahre 931 (1524) statt. Der wilde kriegerische
Scheïbanide stürzte sich diesmal über Tschihardschui auf Merw,
während Ebusaid, der Sohn Kötschkündschi's, über Kerki vor

Herat erschien. Letzterer konnte wenig ausrichten, doch Obeïdullah brachte nicht nur Merw und Meschhed in seine Gewalt, sondern dehnte seinen Raubzug bis nach Astarabad aus, welche Stadt eingenommen und seinem Sohne Abdulaziz anvertraut wurde. Lange konnte natürlich letzterer sich nicht behaupten, denn Obeïdullah war noch auf seinem Wege nach Belch in Damgan, als Schah Tamasp, der Sohn und Nachfolger Ismails, zum Schutze der bedrohten Provinz herbeieilte und die Özbegen von allen Seiten zurück in die Heimat jagte. Man hatte in Transoxanien sich diesmal stark verrechnet, wenn man den Tod Schah Ismails und die darauf folgenden Wirren im Innern Irans für trübes Wasser ansah, in dem es sich leicht würde fischen lassen. Tamasp, obwol nur ein Jüngling als er auf den Thron kam, war fest entschlossen, dem Uebel der Özbegischen Einfälle entgegenzusteuern. Obeïdullah wusste dies ganz gut und schilderte demgemäss mit schrecklichen Farben die Macht, mit welcher der junge Perserkönig über den Oxus zu ziehen gedenke. Ob Tamasp dieses in der That beabsichtigte, ist gar nicht zu glauben; doch Kötschkündschi Chan that, als wenn er seinem Gegner zuvorkommen wollte, und so machte ein Heer aus allen möglichen Stämmen und Zweigen des turanischen Hochlandes unter Anführung Obeïdullahs im Jahre 935 (1528) nun den vierten Einfall in Chorasan, an welchem sich von Seite der Özbegen fast alle hervorragenden Prinzen, als: Horak Sultan aus Taschkend, Kötschkundschi mit seinem Sohne Ebusaid aus Samarkand, Hamza Sultan aus Hissar und Kisten Kara Sultan aus Belch sich betheiligten. Die an grelle Farben gewöhnten persischen Geschichtschreiber erzählen: Nie soll zuvor ein solch ungeheurer Haufe von Tataren den Oxus auf einmal überschritten haben; doch vergessen sie hinzuzufügen, dass nie zuvor Kanonendonner und Flintenschüsse in diesen Gegenden wiederhallten, denn Tamasp hatte in diesem Kriege gegen 6000 Feuerwaffen mitgenommen, und Turans be-

---

[1] Die persische Geschichtsquelle Ranzat es sefa giebt ihre Zahl auf 200,000 an und citirt alle möglichen Länder und Völkerschaften, die an diesem Heerzug sich betheiligt haben sollen.

rühmte Pfeilschützen standen nun zum erstenmal der rohe Kraft lähmenden Erfindung des Westens gegenüber! Es waren jedenfalls zwei bedeutende Armeen, die hier gegen einander geführt wurden und die Erbitterung des Kampfes war durch den Umstand noch mehr erhöht, dass die Hauptschlacht zwischen Dscham und Zorabad[1] eben am 9. Moharrem,[2] also am Vorabende jenes Tages, an welchem die Schiiten das tragische Ende Huseïns bei Kerbela mit wilder Zerknirschung feiern, ihren Anfang nahm. Kaum vermochten die ersten Strahlen der aufgehenden Sonne die dichten Pfeile der Schützen zu durchdringen, es war ein erneutes Bild der altklassischen Kämpfe zwischen Efrasiab und Rustem, und in den Schleier der dicken Staubwolke gehüllt, soll Tainasp von den anfangs siegreichen Özbegen beinahe umringt worden sein. Das persische Heer, die Taktik der Türken nachahmend, hatte sich mit seinen Wagen verschanzt und in vorderster Reihe seine Schützen aufgestellt. Die Özbegen stürmten von beiden Flügeln heran, hatten auch schon hier die Linien durchbrochen, als das Gros der persischen Armee vom Centrum hervorbrechend sie im Rücken nahm und in wilde Flucht schlug. Fünfzigtausend Özbegen und zwanzigtausend Iraner sollen am Platze geblieben sein,[3] und noch

[1] Es ist dies die grosse Ebene, welche die heutige Grenze zwischen Afganistan und Iran, resp. zwischen Herat und Chorasan, bildet. Dscham, der erste Ort auf persischem Boden, wenn man von Herat kommt, ist heutzutage ein armseliges Dorf, dessen Einwohner aus Furcht vor den Turkomanen kaum aufathmen können. Nach dem Berichte, welcher Baber von dieser Schlacht in Indien zukam, wurde sie nicht zwischen Dscham und Zorabad, sondern zwischen Dscham und Chargird geschlagen. Das özbegische Heer war, so wie Baber hörte, 300,000 Mann stark, und die Perser, hier Turkomanen genannt, nur 40—50,000 Mann.

[2] Dieser Abend ist bei den Schiiten der heiligste im ganzen Jahre. Man peinigt sich durch Fasten, quält den Körper auf jegliche Weise, nur um die Seele desto empfänglicher für die Trauer des nächsten Tages, des schrecklichen ruzi aschura zu machen.

[3] Nach dem Baber'schen Berichte wären in dieser Schlacht neun özbegische Sultane und darunter Kutschkündschi selbst, sammt seinem Sohne Ebusaid und Obeïd Chan in die Hände der Perser gefallen, so zwar, dass von letzteren nur Ebusaid am Leben war. Diese Angabe ist ganz falsch, denn wie aus dem weitern Inhalt dieses Abschnittes ersichtlich ist, haben alle drei nach einander den Thron in Transoxanien noch in den fernern

sollte die angebliche Blutrache für den Tod Scheibani's ihre
volle Sühne nicht erhalten haben! 938 (1531), als eben Tamasp
im Westen mit Sultan Suleīman die Hände vollauf beschäftigt
hatte, fiel er zum fünftenmale mit verschiedenen Heeresabtheilungen in Iran ein. Er selbst ging auf Herat, sein Sohn
Abdulaziz auf Meschhed, Kanüschoglan (der Schilfjunge), von
dem Wunder der Tapferkeit erzählt wurden, auf Astarabad
und Chankeldi Batur auf Sebzewar los. Anderthalb Jahre lang
war Chorasan, Sistan und ein Theil Iraks ihren Verwüstungen
ausgesetzt; doch kaum war der Friede zwischen dem Perserkönig
und dem Kaiser der Ottomanen hergestellt und ersterer in
den Stand gesetzt, seine Blicke dem stark heimgesuchten Chorasan zuzuwenden, als die Özbegen, wie gewöhnlich mit Beute
und Sklaven beladen, den Rückweg antraten.

Um diese Zeit, nämlich im Jahre 940 (1533) bestieg
Obeïdullah endlich den Thron Transoxaniens, nachdem der
greise Kötschkündschi, der sein Leben am liebsten in Gesellschaft der Ascelen und Derwische zugebracht hatte, 937 (1530).
mit dem Tode abgegangen und sein Sohn Ebusaïd Chan
ihm auf dem Throne gefolgt war. Ob lezterer, der drei Jahre
regierte, und wie es heisst, plötzlich starb, von Obeïdullah
nicht heimlich aus dem Wege geräumt wurde, ist wohl sehr
zu bezweifeln. Obeïdullah hatte übrigens nach seinem Regie-
rungsantritte in derselben Weise fortgefahren, mit Kriegen die
Nachbarländer heimzusuchen, wie früher. Im Jahre 942 (1535)
unternahm er den sechsten Einfall in Chorasan, bei welcher
Gelegenheit er nach Aussage einheimischer Quellen die Festung
Herat endlich den Händen Sam Mirza's entrissen haben soll,
ohne dieselbe jedoch längere Zeit behalten zu können.[1] Es
war dies sein letzter Feldzug in Chorasan, denn nach einem
fruchtlosen Versuche, Chahrezm unter die Herrschaft Bochara's

Jahren eingenommen, und selbst der älteste unter ihnen, nämlich Kotsch-
kundschi, starb nur zwei Jahre nach dieser Katastrophe.

[1] Das Ranzat es sefa behauptet das Gegentheil, denn nach Aussage
dieser Geschichtsquelle hatten die Uzbegen in Folge des energischen Widerstandes Sam Mirza's sich zurückziehen müssen.

zurückzubringen, starb Obeïdullah 946 (1539) im sechsundfünfzigsten Jahre seines Lebens und im sechsten seiner Regierung, und wurde in Bochara in der Kapelle eines von ihm erbauten Collegiums beerdigt. Da die Herrschaft Transoxaniens bis jetzt so zu sagen unter den Kindern Kötschkündschi's und Scheïbani's getheilt war, so brach nach dem Tode Obeïdullahs unter den Özbegen Uneinigkeit aus. Während die Partei der ersteren Familie A b d u l l a h, den Sohn Kötschkündschi's, auf den Thron erhoben und nach dessen im sechsten Monate erfolgten Tode seinen Bruder Abdullatif[1] zum Chan machten, hatte die andere mächtigere Partei A b d u l a z i z , dem Sohn Obeïdullahs 948 (1541) ihre Huldigung dargebracht. Wie lange die Rivalität zwischen beiden lezteren bestanden, und ob die Herrschaft untereinander friedlich, ist uns nicht bekannt, aus den kurzen und verworrenen Nachrichten jener Zeit wird nur so viel klar, dass Abdulaziz bis zum Jahre 958 (1551) den Thron inne hatte, während dieser Zeit mit Persien in Frieden lebend, nur einen Krieg gegen Belch führte, und im ganzen von verschiedenem Charakter wie sein Vater, die pietistische Richtung der einflussreichen Mollawelt begünstigend, mehr Sorgfalt auf Erbauung von Moscheen, Klöstern und sonstigen frommen Stiftungen, als auf weltliche Angelegenheiten verwendete, was einerseits dem durch fortwährende Kriege erschöpften Lande wohl that, andererseits aber dieses der Raublust der unbeschäftigten Nomaden im Norden preisgab. Nach seinem Tode sollte Mehemmed Jar Sultan[2], ein Sohn des Mehemmed Sujundsch Sultan, der in Taschkend sich aufhielt, auf dem Throne folgen, doch da ihn auf seinem Wege nach Bochara der Tod

---

[1] Deguignes, in seiner Geschichte der Hunnen und Türken, III. Band, S. 472 (deutsche Uebersetzung), verwechselt diesen Abdullah mit dem später folgenden grossen Abdullah, und da er schon nach ersterem Abdulmumin folgen lässt, so übersieht er mehr als ein halbes Jahrhundert in der Geschichte Bochara's.

[2] Nach einer andern Version hätte dieser Mehemmed Rehim geheissen, doch ist dies nicht richtig, denn Mehemmed Rehim, der mittlere Sohn Obeïdullah Chans und Vater Burhan Chans, war zu dieser Zeit nicht mehr am Leben.

ereilt hatte, oder nach einer andern Version in Samarkand
961 (1553) ermordet wurde, so wurde Burhan Chan, ein
Enkel Obeïdullahs, trotz dem Widerwillen Vieler auf den Sitz
des Chanates erhoben, und hatte auch bald durch sein Wüstlingsleben und tolle Streiche, denn er soll ganze Tage hindurch nur selten nüchtern gewesen sein, den Abscheu und die
Verachtung aller Welt sich zugezogen. Inmitten der Wirren,
die diese liederliche Regierung schuf, tauchte Borak Chan,[1]
ein Sohn des durch Scheïbani besiegten Mahmud Chans aus der
nordöstlichen Steppe Mittelasiens empor, und überschwemmte
mit seinen rauhen Söldlingen, zumeist aus Kalmücken und
Kirgisen bestehend, die blühendsten Theile Transoxaniens. Von
Otrar bis nach Bochara stiess man auf Ruinen und wilde Verwüstung, und nichts vermag das Elend zu schildern, in welches
das Land durch die Grausamkeit und Barbarei dieser Tyrannen
versetzt wurde.

In diesen Momenten des Drangsals war es, dass Abdullah
Chan, der Sohn Iskender Chans[2] und Urenkel Ebulchaïrs,
ein Mann, der mit Recht der grösste der Scheïbaniden genannt
zu werden verdient, auftrat. 940 (1533) geboren, schien Abdullah väterlicherseits nicht besonders geistreichen Ahnen entsprungen zu sein, denn sein Urgrossvater führte den Spitznamen Tiutek = Tölpel, sein Grossvater Dschani Beg war blödsinnig,[3] und auch sein Vater soll kein besonderes Kirchenlicht
gewesen sein, denn als Hauptvorzüge werden demselben an-

[1] Sein eigentlicher Name war Noruz Ahmed.
[2] Sein Vater, Dschani Beg (siehe Note 1 S. 70), hatte zwölf Söhne,
nämlich: Ibet Mohammed Sultan, Kisten Kara Sultan, der lange Zeit in
Belch regierte, Pajende Mehemmed Sultan, Rustem Sultan, Iskender Chan,
Isfendiar Sultan, Suleiman Sultan, Pir Mehemmed Sultan, Schah Mehemmed
Sultan, Jar Mehemmed Sultan, Dschan Mehemmed Sultan und Nur Mehemmed Sultan.
[3] Abulgazi erzählt, er habe seinen schwangern Frauen erlaubt, Schmalz
ins Feuer zu giessen, um aus dem Züngeln der Flamme zu errathen, ob sie
von einem Knaben oder Mädchen entbunden werden. Dieser Aberglaube
wird noch heute in Mittelasien practicirt und findet übrigens sein Seitenstück
im Bleigiessen unserer Jungfrauen, die an Weihnachtsabend aus den Gestalten des ins Wasser gegossenen flüssigen Bleies errathen wollen, ob sie
im Laufe des Jahres unter die Haube kommen oder nicht.

gerühmt, dass er erstens sein fünfmaliges Gebet pünktlich verrichtete,[1] und dass er zweitens ein geschickter Falkenjäger gewesen sei. Dem ungeachtet soll der hochverehrte Chodschaki Kasani schon im Säugling die zukünftige Grösse des Mannes erkannt haben, und als Iskender Chan das Kind vorhielt, um es segnen zu lassen, soll er in freudiger Erregtheit ausgerufen haben: „Dieses Kind trägt das Abzeichen eines hellen Glücksterns und wird ein gar mächtiger Herrscher werden." Um den Segen einflussreicher zu machen, zog der heilige Mann seinen kameelhaarenen Gürtel aus und band ihn dem Kinde um die Lenden. Selbst Einzelnheiten seiner zukünftigen Laufbahn prophezeite ihm der Chodscha, und seine Erziehung wurde auch demgemäss den Koriphäen der Zeit, deren es, wie Seid Rakim hervorhebt, unter Obeīdullah so viele gab, anvertraut. Er war 22 Jahre alt, als er vom Eifer für die Interessen seiner Familie beseelt, um den Gewaltthaten Dorak Chans, der eben damals Bochara erobert hatte, mit einem kleinen Häuflein den Kampf aufnahm. Anfangs musste er in die unbedeutende Festung Turab, unweit Bochara, die Vaterstadt des prophetischen Siebmachers zur Zeit Tschagatai's, sich zurückziehen, dessen Einwohner ihm jedoch nur kalte Theilnahmlosigkeit zeigten. Er rügt ihr Betragen, verspricht Privilegien im Falle seines Erfolges, worauf 300 Fussgänger sich ihm anschliessen. Während er sich hier zum Widerstande rüstete, langt die Nachricht von dem 963 (1555) erfolgten Tode Boraks ein; Abdullah eilt sofort auf Bochara, bemächtigt sich der Stadt und der Umgebung, und sieht sich nun plötzlich in Stand gesetzt, mit Burhan Chan den Krieg zu beginnen, den er auch besiegt und hinrichten lässt,[2] und so die Eindringlinge vertreibend in kurzer Zeit die Herrschaft der Scheïbaniden über Transoxanien aufs neue gesichert. So wie Scheïbani und auch

[1] Er hat ausserdem noch eine gewisse Nafile gebetet. Nafile heisst man nämlich jene Gebete oder Rikaat (Genuflexionen), mit denen der pietistische Mohammedaner als Beigabe des canonischen Gebets seinem Herrgott einen Gefallen zu erweisen glaubt.

[2] Er wurde durch einen gewissen Mirzaki Kuschtschi (Vogelsteller) meuchlings ermordet.

Obeidullah, trotzdem sie faktische Herren des Landes waren, den Sitz des Chanates Andern überliessen und mit der Waffe in der Hand ihre kriegerische Laufbahn fortsetzten — ebenso that auch Abdullah, indem er seinen Vater Iskender in Samarkand auf den Thron erhob, sich selbst aber an die Spitze der Armee stellte, um die alten Grenzen des Reiches unter Scheibani wieder herzustellen. Es ist in diesen Bestrebungen, dass der grösste Theil der Lebenszeit Abdullahs verfloss, und nicht nur war ihm das Glück auf dem Felde der Eroberungen viel günstiger als allen seinen Vorgängern, sondern es gelang ihm auch das Meiste zum Aufblühen der Oxus- und Jaxartesländer beizutragen, und er verdient, wie wir später sehen werden, mit vollem Recht „der Wohlthäter seines Volkes" genannt zu werden.

Unter ihm war es, dass die Grenzen des Chanates von Bochara im Norden weit über die bewohnten Gegenden der Provinzen Turkestans hinausgerückt wurden. Nach dem Tode Boraks war die Ruhe in jener Gegend wohl wenig gestört, im Jahre 975 (1567) machte aber Baba Chan, ein Sohn des letzteren, wieder einen verheerenden Einfall in Transoxanien, drang bis Samarkand vor, wo er sich Chosru Sultans, des damaligen Fürstens, bemächtigte, denselben mit vielen Vornehmen der Stadt sammt den vorhandenen Schätzen mit sich schleppte. Abdullah, der eben damals mit seiner Armee in Chorasan verweilte, musste sich die Sache gefallen lassen, einige Jahre darauf, nämlich 083 (1577), wurde jedoch Baba Chan zur Rechenschaft gezogen und mit seinem Heere über den Jaxartes in wilder Flucht zurückgeworfen, worauf ein Friede nur für kurze Dauer geschlossen wird, denn drei Jahre später erneuert Baba Chan seine räuberischen Einfälle und Abdullah muss aufs neue gegen ihn zu Felde ziehen. Bei Ak kötel (weisser Berg) im Bezirke von Zamin, folglich nahe an Samarkand, kam es zur entscheidenden Schlacht, in welcher Baba Chan aufs Haupt geschlagen[1] wurde und Abdullah verfolgte ihn weit in die

---

[1] Baba Chan, der Sohn Borak Chans, war der letzte aus jener Dynastie mongolischen Ursprunges, deren Oberhaupter von Kaidu angefangen, folg-

Steppe bis zum Ulugtag (grosser Berg), wo er eine Denksäule
errichten liess, derjenigen gegenüber, die auf Befehl Timurs
zur Zeit des Feldzuges gegen Tochtamisch erhoben wurde, und
so wie der Welteroberer aus der grünen Stadt seine Thaten
im Steine aufzeichnete, ebenso hatte Abdullah auf dieser Säule
seine kriegerischen Erfolge verewigen wollen. Im Osten
wurde nicht nur ganz Fergana, sondern auch Kaschgar und
Choten der Herrschaft der Scheibaniden unterworfen, und im
Süden, wo bekanntlich einerseits die Familie Babers, andererseits die Sefiden nach dem Besitze Belchs lüsternd eine aggressive Politik befolgten, gewann die Macht der Özbegen eine
grössere Ausdehnung, als zur Zeit des ersten Scheibaniden.
Belch wurde befestigt, Tocharistan und Bedachschan mit Transoxanien einverleibt, und wieder bildeten die hellgrünen Fluthen des Murgabs die Grenzlinie Turans. Auch im Westen
konnten trotz dem vereinten Auftreten der Iranier und Chahrezmier die Waffen Abdallahs siegreich vordringen. Asterabad
wurde überrumpelt und genommen; der Fürst Gilans, ein Verbündeter Sultan Murads III., musste in Constantinopel Zuflucht
suchen, und auch hier waren die Grenzen des Reiches der Scheibaniden so weit vorgerückt wie nie zuvor. Anfänglich waren
es wol eher Streifzüge oder Alamane, wie die Turkomanen

lich von 665 (1266) bis 986 (1578) immer im Schatten der anarchischen
Zustände in Transoxanien einfielen, um daselbst das Recht eines gewissen
Familienzweiges gegenüber den Regenten aus dem Hause Tschagatai, oder
die Sache der Dschengiziden im Allgemeinen zur Geltung zu bringen. In
Timurs Kriegen gegen die Dschbeten wurde ihre Macht auf längere Zeit gebrochen, unter seinen Nachkommen jedoch erholten sie sich wieder, indem
sie die Kalmücken und Kirgisen für ihre Sache gewannen, und während der
Regierung Eburaids hatten sie um Taschkend herum schon ein solches Ansehen erlangt, dass ein Sohn des letzteren, nämlich Omar Scheich, von dem
damaligen Fürsten Junis Beg eine Tochter zur Frau sich nahm, von welcher
Ehe der berühmte Baber entsprungen ist. Während der Wirren der Schei-
banischen Epoche hatten sie sich auch Chokands bemächtigt, und letzterer
musste, wie schon erzählt wurde, gegen Mahmud Chan, einen Sohn Junis
Chans, Krieg führen. Nachdem Mahmud den Waffen Scheibani's erlegen
war, versuchte sein Sohn Burak, und nach diesem wieder sein Sohn
Haba Chan, natürlich vergebens, das gesunkene Ansehen ihrer Familie herzustellen.

es heute nennen, die von Abdullah nach Iran unternommen wurden, denn Tamasp, der zum grossen Aerger der Özbegen mit Sultan Suleiman 069 (1561) Frieden gemacht hatte, war stark genug, die östliche Provinz seines Reiches zu schützen, und eine grössere Action war selbstverständlich ausser dem Bereiche der Möglichkeit. Nach dem Tode Tamasps jedoch, als durch die Regierung seiner liederlichen Söhne Iran, besonders über Chorasan in die wildeste Anarchie verfiel, da strömten Özbegische Reiterhaufen unablässig nach dem Nordrand des letztgenannten Landes, und 074 (1366) lief selbst Mohammed Mirza, der Sohn Tamasps, als er sich eben mit 15,000 Mann nach Herat begeben wollte, in Gefahr, einer plündernden Özbegenschaar in die Hände zu fallen, und nur mit schwerer Noth konnte er sich in die Festung Turbet-i-Hakderi werfen, um durch einen verzweifelten Kampf der Gefangenschaft zu entgehen. Später hatten die erbitterten Kriege um das Erbfolgerecht und die Rivalität der Landesgrossen in Persien dem Ehrgeiz Abdullahs noch mehr die Strassen geebnet, und als Schah Abbas, genannt der Grosse, mit seinem Rivalen Mohammed Chudabendeh im Kampfe begriffen war, fiel die wichtige Festung Herat nach neunmonatlicher Belagerung in die Hände der Özbegen. Ali Kuli Chan Schamlu, der persische Statthalter Chorasans, sammt vielen andern Grossen wurden hingerichtet, eine Masse von Einwohnern in Gefangenschaft nach Buchara geschleppt und der nordöstliche Theil der Provinz Chorasan mit den schrecklichsten Verwüstungen heimgesucht.

Es war bei dieser Gelegenheit, dass die Hüter des Grabmales Iman Riza's, die zugleich Verwalter der zahlreichen Pfründen, als Felder, Gärten, Weingärten und sonstiger Güter des hochverehrten Aliden sind,[1] in einem Briefe zu Abdullah

[1] Imam Riza ist der reichste Heilige in Persien, denn nicht nur gehören ganze Bazare und Strassen in dem seinen bedeutenden Handels wegen berühmten Meschheds, sondern er hat auch ausserhalb der Stadt und auch an andern Orten Chorasans Felder, Weingarten und Kervanseraile. Von diesen wird erstens die Küche seiner Hoheit besorgt, aus welcher jeder Pilger drei Tage nach einander unentgeltlich seine Portion Pilau (Reisspeise) mit Fleisch

mit der Frage sich wendeten: wie es mit seinen religiösen
Ideen übereinstimme, das Gut des Imam Riza zu zerstören
und hierdurch den Lebensunterhalt so vieler tausend frommen
Pilger, worunter auch Sunniten sich befinden, zu vernichten?
Die im Lager bei Abdullah anwesenden Molla's aus Transoxanien antworten hierauf in einer starken Controverse auf
den Schiïsmus im Allgemeinen, indem sie anführen, dass nach
ihrer Ueberzeugung und Grundsätzen die Anhänger der Schiïa-
Secte ärger wären als die Ungläubigen, deren Vertilgung Gott
selbst angeordnet habe. Ist es die Pflicht eines jeden Moslimen, die Ungläubigen zu bekriegen, wie soll er erst gegen
jene auftreten, die vom rechten Wege abgelenkt, trotz der
Verwandtschaft mit dem Heiligen, der in ihrer Mitte ruht, der
schmählichen Sünde anheimgefallen sind? Was den Vorwurf
hinsichtlich der zerstörten Felder und Gärten Imam Riza's betrifft, so wüssten sie wohl, dass diese fromme Stiftungen seien
und zum Grabe Imam Riza's gehören. Doch ist es fraglich,
wer mehr Anspruch auf den Genuss derselben habe, ob die
für Gottes gerechte Sache kämpfenden und aller Nahrungsmittel
entblösst stehenden Rechtgläubigen, oder jene, die gegen Allah
freveln, sündigen und die ersten Männer des Glaubens[1] be-
schimpfen? u. s. w. Hierauf blieben natürlich die schiïtischen
Mollahs nicht lange die Antwort schuldig. Sie hatten den guten
Tact in erster Reihe eine Art kirchlichen Areopag in Vorschlag
zu bringen, der aus gleicher Anzahl von Gelehrten sunnitischer
und schiïtischer Secte bestehend, entscheiden möge, ob man
den Schiïten desshalb Unglauben zur Schuld legen kann, weil

und Brod beziehen kann. Seine Hoheit, so wird der Imam gewöhnlich genannt, und man spricht von ihm als wenn er noch am Leben wäre, hat
ferner ein Gratisbad, eine Seifenfabrik, mehrere hundert Zellen und sonstige Commoditäten zum Gebrauche der Pilger, von denen nur die Wohl-
habenden an seinem Grabe eine freiwillige Gabe entrichten, den Armen
gegenüber übt der Imam, „Sultan el gureba = Fürst der Fremden" genannt,
unentgeltliche Gastfreundschaft.

[1] Die drei ersten Chaliffen, Ebubekr, Omar und Osman, werden von
den Schiïten als ruchlose Usurpatoren erklärt und ihr Name in Begleitung
aller möglichen Flüche ausgesprochen. –

sie die ersten drei Chalifen für Usurpatoren erklären und denselben gegenüber Ali's Erbfolgerecht in Schutz nehmen. Schiïsmus ist eben so alt wie der Islam selbst, und wären die Befolger dieser Secte so verpönt, warum hat sich Imam Riza eben inmitten derselben niedergelassen, und warum ist er nicht nach Transoxanien gegangen? u. s. w. Diese Disputation führte eben so wenig zu Erfolg, als das 150 Jahre später durch Nadir Schah in Bagdad angeregte Concilium schiitischer und sunnitischer Gelehrten,[1] und während die beiden Parteien sich hier vergebens bemühten, einen Streit mit der Feder zu schlichten, den ein mehrere Jahrhunderte langer Kampf nicht brechen konnte, rückte der jugendliche Schah Abbas mit einer Armee uns Kazwin heran und Abdullah zieht sich über Merw nach Bochara zurück. Abbas hatte, wie Malcolm in seiner Geschichte Persiens richtig bemerkt, mit dieser Diversion gegen Chorasan eher die Befestigung seines eigenen Ansehens, als die gänzliche Vertreibung und Besiegung der Özbegen erzielen wollen, denn er hatte in Meschhed sich nur eine kurze Zeit aufgehalten und war sofort nach Georgien geeilt, wo die Osmanen ihn mit Feindseligkeiten bedrohten und ihm bald darauf auch eine Niederlage beibrachten. Wie schon häufig der Fall war, so hatte der sieggekrönte Schlag der ottomanischen Waffen im Westen auch jetzt seinen Wiederhall im fernen Osten gefunden, denn Abdullah hatte kaum die Nachricht erhalten, als er im Jahre 000 (1582) einen zweiten Versuch zur Eroberung Meschheds machte, und seinem Sohn Abdulmumin Chan, dem Statthalter von Belch, die Vorhut der Armee anvertraute. Abdulmumin, ein ebenso wilder Krieger als grausamer und ehrgeiziger Mensch, war mit seinem Oheim Din Mehemmed und mit einer grossen Streitkraft, der sich Kul Baba Kökeltasch, der treue Diener Abdullahs und Statthalter von Herat, ange-

---

[1] Nadir, den die Perser der Neuzeit für einen verkappten Sunniten erklären, war scharfsichtig genug, die Gefahr zu durchblicken, welche durch dieses Schisma den Islam im Allgemeinen bedroht; er wollte eine Einigung zu Stande bringen und hat in Bagdad eine Art kirchlichen Concils zusammengerufen, das aber in Folge der Gereiztheit beider Parteien zu gar nichts führte.

schlossen hatte, vom Thatendurste getrieben, schnell vorausgeeilt und im ersten Anfalle Nischabur zu bezwingen gesucht. Bei einem Vorpostengefechte wurden einige Özbegen gefangen und wieder in Freiheit gelassen, damit sie ihrem jungen Kriegsherrn berichten mögen, dass Nischabur nur ein Theil Meschheds wäre, und wenn letztere gefallen, wird erstere wohl freiwillig sich ergeben. Nach diesem Vorfalle war es, dass Abdulmumin sich mit aller Kraft auf Meschhed warf, zu deren Einnahme er die grössten Opfer und Mühseligkeit nicht schonte. Wol hatte der Festungscommandant Ummet Chan Usladschlu alles Mögliche angewandt, um den Angriff energisch zurückzuschlagen, doch war der Schrecken zu allgemein, und da aus der Umgebung gar Viele sich ins Innere der Stadt geflüchtet hatten, die Stadt aber nicht hinlänglich verproviantirt war, so fanden die Özbegen in dem Würgengel der Hungersnoth gar bald einen gewaltigen Helfer, der ihnen diesen heiligen Ort der Schiiten sammt seinen Schätzen, Bau- und Kunstdenkmälern und reichgefüllten Bazaren schon beim ersten Sturm in die Hände lieferte. Als die Krieger Abdulmumins von mehreren Seiten in die Stadt eindrangen, hatten sich die Einwohner beider Geschlechter sammt den zahlreichen Gelehrten und Frommen gegen den Vorhof des Grabes Imam Rizn's zurückgezogen in der Hoffnung, im Schutze des Heiligthums unversehrt zu bleiben, doch die Özbegen rannten in blinder Wuth des Mordens und Plunderus alles nieder, und selbst die angeblichen Nachkommen Imam Riza's, die am Grabe ihres Ahnen sich anklammerten, wurden erbarmungslos niedergemetzelt. Es wird erzählt, Abdulmumin habe vom Hofe Mir Alischir aus ganz ruhig zugesehen, wie seine rauhen Krieger Kinder und Greise, Volk und Gelehrten haufenweise hinschlachteten, und selbst das Geröchel und Todesgestöhn von Tausenden vermochte nicht sein Mitleid zu rühren. Nicht nur die öffentlichen Strassen, sondern die heiligsten Räume der Moschee und des Grabmales waren mit Blut besudelt, und in der allgemeinen Plünderung, welcher die Stadt preisgegeben wurde, hatte eben die Ruhestätte des Aliden am meisten gelitten. Die

reichen und kostbaren Spenden frommer Wallfahrer,[1] die drei
Jahrhunderte hindurch hier aufbewahrt wurden, fielen in die
Hände des Eroberers. Darunter waren massive und colossale
Gold- und Silberleuchter, ganze Rüstungen aus edlem Metalle,
die werthvollsten Solitäre und reich verzierte Agraffen und
sonstige Schmuckgegenstände, und das kostbarste von allem
war die herrliche Bibliothek, die berühmten Koranexemplare,
Kunstwerke der Kalligraphie und Geschenke früherer Sultane
— alles, alles wurde verschleppt, zertrümmert und vernichtet.
Selbst die Todten mussten die Rache des sunnitischen Siegers
fühlen, denn die Gebeine Tamasps wurden aus der in der unmittelbaren Nähe Imam Riza's sich befindenden Gruft heraus-
geholt, verbrannt und unter Flüchen und Verwünschungen im
Winde ausgestreuet. Um durch diesen letzten Akt noch einen
andern sunnitischen Gegner der Sofiden zu erfreuen, schickte
Abdulmumin seinen Kammerer Mehemmed Kuli nach Constantinopel an Sultan Murad III. mit einem Schreiben, in welchem der Özbegenprinz in überschwänglich bombastischem Style
seine Siege in Chorasan schildert, und nachdem er eben die
Vernichtung der Asche Tamasps hervorgehoben, theilt er ferner
mit, dass, um die gottlose Rotte der schiitischen Ketzer gänzlich zu vertilgen, er nächstens auch gegen Irak aufbrechen
wird, und bittet sich hierzu die Mitwirkung des Sultans aus.
Dieser Plan der Özbegen wurde aus zwei Ursachen zu Wasser.
Erstens haben die Ottomanen ihren Glaubensgenossen im fernen
Osten nicht nur keine Hilfe versprochen, sondern eben das
Gegentheil gethan, nämlich den Persern Unterstützung zuge-
sagt, weil ihnen die Siege Abdullahs schon zu viel waren und
sein ferneres Waffenglück sie selbst hätte bedrohen können.
Zweitens hatte Schah Abbas, der während der Zerstörung

[1] Um sich wenn gleich nur einen schwachen Begriff von den Reichthümern und Kleinodien zu machen, welche zu jener Zeit das Grabmal Imam
Riza's aufbewahrt haben muss, bitte ich den Leser, S. 142 meiner „Wanderungen und Erlebnisse in Persien. Pesth 1867," durchzuschauen. Kum steht
in Wichtigkeit weit hinter Meschhed zurück, und es muss besonders hervorgehoben werden, dass unter den Timuriden zur Verherrlichung des Grabmales Imam Riza's sehr viel beigetragen wurde.

Meschheds in Teheran ans Krankenlager gefesselt darniederlag, sich allmälig wieder erholt und zur Abwehr die möglichsten Massregeln getroffen. Doch für den Augenblick war Abdullah der unangefochtene Sieger und ein grosser Theil Chorasans sammt den Städten Herat, Meschhed, Sarachs, Merw, Chaf, Dscham, Fuscheng und Gurian ging in seinen Besitz über und blieb auch in dessen Händen bis nahe an seinen Tod.

Mit der Eroberung Chorasans hatte die Regierung Abdullah Chans den Glanzpunkt ihrer Grösse erreicht, und es ist um so mehr zu bewundern, dass trotz der langen kriegerischen Laufbahn und ununterbrochenen Kette von Siegen ausserhalb Transoxaniens seine selbständige Regierung im Innern des Landes erst um diese Zeit ihren Anfang genommen hat. Wir haben bemerkt, dass er gleich nach seinem erfolgreichen Auftreten seinem Vater Iskender Chan die Zügel der Regierung übergab, doch schien dieser den Sitz der Herrschaft nicht lange inne gehabt zu haben, denn obwol er erst im Jahre 991 (1583) mit dem Tode abging, so begegnen wir dennoch während des inzwischen fallenden Zeitraumes mehreren Regenten, die mit dem üblichen Attribute der Chutbe u Sikke (öffentliches Gebet und Münzprägte), folglich in voller Unabhängigkeit in Samarkand auf dem Throne sassen. Zu diesen gehören Chosru Sultan, der 975 (1567) als Baba Chan von Taschkend aus in Transoxanien einbrach, in einer Schlacht geschlagen, gefangen genommen und hingerichtet wurde. Auf ihn folgte Sultan Said, ein Sohn Ebusaids und Enkel Kötschküudschi's, der fünf Jahre lang regierte, den Gelehrten Schutz angedeihen liess, besonders aber zur Verschönerung Samarkands vieles beitrug. Er starb 980 (1572) und sein Bruder Dschuwanmerd Ali Bahadur nahm seinen Sitz ein. Es war unter diesem, dass Abdullah Chan in die Regierungsangelegenheiten Samarkands sich einmischte und zwar aus folgender Ursache: Dschuwanmerd hatte zwei Söhne, Ebulchair Sultan und Mozaffar Sultan, die in wildem Bruderkampfe mit einander lebten, und als ersterer Baba Chan sich zur Hilfe ins Land gerufen von letzterem, der an Abdullah sich anlehnte, aber demungeachtet geschlagen wurde und der Vater dieser liebenswürdigen Kinder eben des Besiegten sich annahm — so musste Abdullah, um das Uebel von der Wurzel auf zu heilen, erst des Alten und dann der zwei Jungen sich entledigen. Dschuwanmerd und Mozaffar wurden in Samarkand gefangen genommen und hingerichtet, ein ähnliches Loos wurde später Ebulchair zu Theil, und im Jahre 986 (1578) war es, dass Abdullah der Doppelherrschaft in Transoxanien ein Ende gemacht, in Bochara sich als unumschränkten Herrn ganz Turans huldigen liess.[1] Warum Abdullah diesen Schritt nicht früher gethan und was ihn zur Politik der Nachgiebigkeit bewogen hat, ist wol schwer zu unterscheiden. Sieger im Norden, im Osten und Westen Transoxaniens, Herr beinahe des ganzen Chorasans und Tabaristans, hätte er das kleine auf sich selbst angewiesene Samarkand wol auch erobern können. Es muss daher nicht so sehr Schwäche, als vielmehr Rücksicht für seine nächsten Anverwandten und der Abscheu vor Familienzwistigkeiten gewesen sein, die Abdullah, den sonst unerbittlichen, ja grausamen Gegner, zu dieser Politik bestimmt hatten. So finden wir ihn auch gegenüber seinem Bruder Pir Mehemmed Chan in gleicher Weise verfahren. Letzterer, der nach Kisten Kara Sultan dem Sohne Dschani Begs die Regierung Belchs antrat, blieb bis 974 (1566) in vollem Besitze der unabhängigen Fürstenwürde, und als er im genannten Jahre starb, wäre Abdullah gerne bereit gewesen, Din Mehemmed Chan, den Sohn des Verstorbenen, als rechtmässigen Erben anzuerkennen, wenn nicht sein eigener Sohn Abdulmumin, von dessen rauhem und böswilligem Gemüthe wir schon gesprochen, um den Besitz der Provinzen diesseits des Oxus in ihn gedrungen wäre. Da Abdulmumin bei der Besitznahme seiner Herrschaft in der Person Din Mehemmeds auf Widerstand stiess, so liess er ihn

---

[1] Nur noch ein Rivale stand in dieser Zeit ihm auf dem Felde gegenüber, nämlich Abdul Sultan, ein Sohn Abdullatifs, der in Zamin die Fahne der Revolte ausgesteckt hatte. Abdullah schlug ihn in einer offenen Schlacht, worauf er sich in die gebirgige Gegend Hissars flüchtete, und nicht eher ruhte, bis er, gefangen, im Jahre 988 (1580) hingerichtet wurde.

nach Einnahme des Ortes sammt den ersten Officieren hinrichten, eine Handlung, über die sein Vater sehr aufgebracht war. Abdulmumins Betragen bildete übrigens gar häufig jene düstere Wolke, die den Lebenshorizont des sonst glücklichen Scheïbaniden verdunkelte. Als einzigen Sohn hatte ihn Abdullah innigst geliebt, und da er seinen masslosen Ehrgeiz kannte, so erlaubte er ihm noch als Thronfolger den Titel Chan, welchen ausschliesslich nur die türkischen Herrscher[1] selbst annehmen, zu führen. Den Vater nannte man Ulug Chan, der grosse Fürst, und den Sohn Kitschik Chan, der kleine Fürst; doch hiermit begnügte sich letzterer nicht und schon in den ersten Jahren seiner Regierung treffen wir ihn mit seinen unbändigen raubgierigen Reiterhorden in gebirgigen sowol als in ebenen Gegenden, im Norden sowol als im Süden und im Westen. Da das ewig rastlose Kriegführen des Sohnes die Politik des Vaters in Chorasan aufs kräftigste unterstützte, so wollte Abdullah nicht hemmend in den Weg treten, ja er fühlte sich sogar verherrlicht in der Heldennatur seines Kindes, doch Abdulmumin war bald durch das Waffenglück betäubt, er fing mit seinem Vater zu rivalisiren an und trat auch später in offener Feindschaft gegen ihn auf. Die erste Ursache des Zerwürfnisses war Abdulmumins Verlangen, sämmtliche cisoxanische Besitzungen des Scheïbanidenreiches unter seinem Scepter vereinigt zu sehen, und namentlich wollte er aus Herat den greisen Kul Baba Kökeltasch, den treuen Diener und alten Waffengefährten Abdullahs, dessen Schwert zur Grösse seines Vaters so viel beigetragen, verdrängen. Abdullah hatte selbstverständlich dieses Ansuchen rundweg abgeschlagen, und als Abdulmumin nach Besiegung des chahrezmischen Prinzen Nur Mehemmed Chan[2] über 20,000 Reiter unter seinen Fahnen

[1] Ich sage ausdrücklich türkische Herrscher, weil in Persien der Titel Chan auch von den Landesgrossen gebraucht wird. In der Türkei nehmen ihn nur die Sultane an.
[2] Nur Mohammed, ein Bastard des Ebu-Sultan, Fürsten von Charezm, der, nachdem Obeïdullah gestorben, wieder zum Besitze Merws, seines väterlichen Erbtheils, gelangt war, hatte aus Furcht vor den Özbegen mit Schah Abbas ein Bündniss geschlossen. Demungeachtet wurde er von Ab-

gesammelt, gegen Kul Baba Kökeltasch gewaltthätig auftrat, erhielt letzterer den Befehl, jede Rücksicht bei Seite zu legen und dem rebellischen Prinzen wie jedem andern Feinde Widerstand zu leisten. Dieses war genug, um den eigensinnigen Sohn zur Revolte gegen den eigenen Vater zu bewegen. Im Jahre 1004 (1505), als Abdullah am obern Laufe des Oxus den Jagdvergnügungen nachging, traf Schah Mehemmed, einer der Vornehmen im Dienste Abdulmumins, mit der Nachricht ein, dass sein Herr in feindlicher Absicht mit einem Streifcorps herannahe. Vor Zorn und Schrecken war Abdullah beinahe ausser sich und brach in aller Eile nach Bochara auf; auch Abdulmumin schien seinen Schritt bereut zu haben und zog sich nach Belch zurück. Später jedoch kam es zu blutigen Gefechten zwischen beiden und tief gekränkt über die Undankbarkeit seines Kindes hatte der mächtige Schelbanide noch die betrübende Wahrnehmung zu machen, dass erstens seine langen und schwierigen Kriege im Norden seines Reiches nicht zum gewünschten Ziele führten, denn es wurde ihm die Nachricht hinterbracht, einer seiner besten Generale sei von einer starken Kalmükenhorde total geschlagen worden, und zweitens, dass die Perser, der Feind, den er so oft geschlagen, nun die Frucht seiner jahrelangen Kämpfe im Westen bald vernichtet haben werden.

Von der Allianz, die zwischen den Fürsten Chahrezms und den Königen Irans existirte, haben wir schon gesprochen. Es war dies eine ganz natürliche Folge der aggressiven Politik, welche die Schelbaneiden gegenüber Chahrezm befolgten, denn obwol die herrschende Klasse beider Länder Özbegen waren, so hatte das kleine Ländchen am untern Laufe des Oxus dennoch von dem grössern, mächtigern und einflussreichern Bochara gar oft und schwer zu leiden. Die Chane des Hauses Schelbani wollten mit aller Gewalt eine gänzliche Einverleibung bewerkstelligen, und so oft sie es nur konnten, überrumpelten sie die Städte Hezaresp, Chiwuk (das heutige Chiwa), Ket,

dulmumin überwältigt. Er flüchtete sich dann zu Schah Abbas, doch da er sich auch mit diesem zerwarf, so wurde er gefangen genommen und starb auf der Festung Istachr.

Wezir und Ürgendsch. Natürlich dauerte ihre Macht nur so lange, bis sie im Lande waren, und als schliesslich Abdullah Chan durch unerhörte Repressalien und Grausamkeiten den regierenden Fürsten Hadschim Chan Schah Abbas in die Arme trieb, da musste die Herrschaft Bochara's über Chorasan auch ihrem Ende zueilen, denn Schah Abbas hatte in den turkomanischen Unterthanen Chahrezms solche Hilfstruppen gefunden, die den Özbegen Transoxaniens ganz ebenbürtig waren und mit denen er auch noch zur Lebenszeit Abdullahs, nämlich im Jahre 1004 (1505), ausser den festen Orten Meschhed, Merw und Herat, beinahe ganz Chorasan zurückerobert hatte. Dieses Fehlschlagen seiner Plane, vereint mit dem Kummer seines tiefbetrübten väterlichen Herzens hatte bei Abdullah einen Trübsinn verursacht und er starb nach einer kurzen Krankheit den zweiten Redscheb des Jahres 1000 (6. Februar 1507) im 66. Jahre seines Lebens in Bochara, nachdem er während mehr als 40 Jahren theils als Regent, theils als selbstständiger Herrscher in Transoxanien regiert hatte, einen Namen hinterlassend, der noch heute auf der Zunge jedes Bocharaers lebt.

So wie der Perser der Neuzeit die prächtigen Kervanseraile, Brücken, Cisternen, kunstvoll durch Felsenschluchten gehauene Strassen und sonstige zum allgemeinen Wohle errichteten Bauten, die aus der Vergangenheit übrig geblieben oder schon halb in Ruinen verfallen sind, immer nur Schah Abbas dem Grossen zuschreibt, eben so ist in dem Auge des heutigen Bocharaers jedes Baumonument der früheren Jahrhunderte durch den Kunstsinn und Freigiebigkeit Abdullah Chans entstanden. Die Sage berichtet: man habe den Baumeister Abdullah Chans befragt, wie stark denn die Zahl der Bauten wäre, die er auf Befehl seines Herrn aufgeführt. Er antwortete, 1001 wäre die Zahl der Collegien, Moscheen, Bäder, Spitäler, Kervanseraile, Cisternen und Brücken, obwol damals kaum die Hälfte seiner Regierungszeit vorüber war. Es ist allerdings zu bewundern, dass Abdullah bei den fortwährenden Kriegen, die er führte, so viel Zeit fand, mit den innern Angelegenheiten des Landes sich zu beschäftigen, denn wie übertrieben auch immer das Lob der Fürstentugend sein mag, mit dem die Einwohner Bochara's und Samarkands ihn speciell überhäufen, so viel ist sicher, dass Handel, Ackerbau und Wissenschaften in ihm einen mächtigen und beflissenen Gönner fanden und dass keiner der Scheïbaniden um das Aufblühen der Cultur und um das Glück seines Volkes so ernstlich bestrebt war, wie Abdullah Chan. Von seinen reichdotirten Collegien sind noch heute mehrere im Genusse der Studenten, die von ihm errichteten Lustgärten (Tschiharbag) in Bochara, Samarkand, Kermineh und Meschhed [1] mit ihren schattigen, prächtigen Alleen sind noch immer die meist besuchten Orte während der heissen Jahreszeit. Vom Bazare Bochara's ist jener Theil der best conservirte, den Abdullah 090 (1582) erbauen liess; so ist auch die schöne Brücke über den Zerefschan bei Kermineh, die mit vier Thürmen versehen war, heute beinahe der einzige feste Verbindungspunkt der beiden Ufer, denn andere Brücken, die er erbauen liess, haben theils die Menschen, theils die Elemente zerstört. Alle Strassen in Transoxanien waren unter ihm mit Meilenzeigern (tasch) versehen, die Communication durch gut geregelte Postverbindung (Jam) unterhalten und der sichere Handel und Wandel hatten unter allen Schichten der Bevölkerung einen schon längst nicht gesehenen Wohlstand verbreitet.[2] Kein Wunder daher, wenn der Ruf seiner Regierung in die weite Ferne gedrungen war. Aus China[3] kamen Gesandte mit reichen Geschenken und Freundschaftsbezeugungen an, Sultan Murad III. aus Constantinopel hatte um seine Allianz angesucht und der Chan von der Krim hatte ihm zu seinen Siegen Gratulationsgesandt-

[1] Die Özbegen scheinen in Meschhed sich ganz zu Hause gefühlt zu haben, denn Abdullah Chan liess daselbst einen öffentlichen Lustgarten anlegen, der im Jahre 1004 (1595) vollendet wurde. Auch einen Kerwanserai liess er bauen, der noch heute den Namen Kerwanserai Özbeg führt.

[2] Das grösste Unglück, welches Transoxanien während der Herrschaft Abdullah Chans heimsuchte, war eine Pest im Jahre 999 (1590), die erst viele Menschen und dann fast alle Hausthiere hinraffte.

[3] Tarichi Mekim Chani, dem ich dieses entnehme, schreibt der Fürst von Mongul, doch scheint dies ein orthographischer Fehler statt Tangut zu sein, unter welchem Namen China den Mittelasiaten damals bekannt war.

schaften geschickt. Ja seine Regierungszeit kann mit Recht als
der letzte Strahl jenes Glanzes betrachtet werden, welcher vom
Throne Transoxaniens zu verschiedenenmalen geleuchtet hatte.
Mit welcher Eile der unwürdige Sohn den Thron seines
verstorbenen Vaters eingenommen und mit welchen Thaten er
seine Regierung inaugurirte, ist aus dem, was über Abdulmumin gesagt wurde, wol leicht erklärlich. Sein erster Schritt
war ein Rachezug gegen den greisen und in Folge seiner
Wohlthaten von aller Welt hochgeehrten Kul Baba Kökeltasch,
den verdienstreichen Diener seiner Familie, den er in Herat
gefangen nahm und mit doppelten Halseisen und schwer gefesselt an Händen und Füssen zu Fuss nach sich folgen liess.
So hielt er in Bochara seinen Einzug, wo viele aus Furcht
und nur wenige aus Neigung ihm huldigten, und nachdem er
sowol dort als in Samarkand die reichen Schätze seines Vaters
in Beschlag genommen hatte, machte er sich auf, um persönlich alle jene Orte zu besuchen, wo nur irgend ein treuer
Diener seines Vaters mit der Regierung betraut war, um
denselben nun mit dem Henkerbeile für die Treue zu belohnen.
So handelte er in Oratepe, Chodschend und Taschkend, in
welch letzterem Orte der greise Kökeltasch sammt seinen
nächsten Verwandten hingerichtet wurde. Von hier eilte er
nach Endidschan und Achsi, um sich der Person seines Vetters
Özbeg Chans,[1] der daselbst schon mehrere Jahre hindurch die
Stelle eines Statthalters vertrat, zu bemächtigen. Özbeg leistete
Widerstand, doch da er schon in den ersten Tagen der Belagerung mit dem Tode abging, so konnte Abdulmumin nach
verichteter Sache auch bald seinen Rückweg antreten. Da er
aus seinen blutdürstigen Planen auch nicht im mindesten ein
Geheimniss machte, so verbreitete sich bald die Nachricht: er
werde nicht eher ruhen, bis nicht sämmtliche Diener und Anhänger seines Vaters durch den Tod aus dem Wege geräumt
sein werden. Letztere hatten die Gefahr deutlich genug ge-
wittert, und um dem Tyrannen sein ruchloses Vorhaben zu

[1] Özbeg Chan war ein Brudersohn Abdallah Chans.

vereiteln, beschlossen sie ihn selbst aus dem Wege zu räumen. An der Spitze der Verschworenen stand ein gewisser Abdulwasi Bi, ein alter Krieger von kazakischer Abkunft, der durch seine Aeusserung: „Worte sind hier nutzlos, nur Thaten können helfen", die Ermordung Abdulmumins zum Vorschlag brachte, und nachdem er in geheimer Versammlung den Muth seiner Gefährten dadurch belauschte, indem er seine Hand auf ihre nackte Brust gelegt hatte, sollte das Loos den Vollstrecker des Attentates bezeichnen. Es war im Monate Juli, und da Abdulmumin wegen der heissen Jahreszeit bei Nacht reiste, so lauerten die Verschworenen auf seinem Rückwege nach Samarkand in einem Passe zwischen Oratepe und Zamin ihm auf. Ein grosser Theil der Armee war schon vorbeimarschirt, und als der Chan, von Fackel- und Lampenträgern geleitet, an jener Stelle anlangte, wo höchstens zwei Reiter neben einander Platz hatten, da trafen ihn mehrere Pfeile auf einmal und er fiel lautlos zu Boden. In einem Nu sprang der vom Loos bestimmte herbei, hieb dem Fürsten den Kopf ab, tödtete auch den ihm nachfolgenden Rathgeber und dieses alles mit solcher Schnelligkeit, dass die That nur dann erst bekannt wurde, als die Nachzügler beim Heranbruch des Morgens über die Leichen gestolpert und den Körper des enthaupteten Fürsten an den Kleidern erkannt hatten.

So endete nach sechsmonatlicher Regierung der eben so befähigte[1] als wilde, eigensinnige und tyrannische Abdulmumin Chan, und da ausser ihm von Abdullah kein männlicher Sprosse übrig geblieben war, auch die Dynastie der Scheibaniden, nachdem dieselbe geradezu hundert Jahre lang den Herrscher-

---

[1] Er hatte sich namentlich um die Wiederaufbauung Belchs verdienstlich gemacht. Sein Vorgänger, Kisten Kara Sultan, heisst es, habe sich nur mit der Citadelle abgegeben, von welcher erzählt wird, dass sie zur Zeit Ebu Muslims aufgebaut, zweiundzwanzig mal verwüstet, und eben von ersterem wieder in guten Stand gesetzt wurde. Abdulmumin hat seine Sorgfalt auch auf die Stadt ausgedehnt. Als er Belch in Besitz nahm, war es eine halbe Ruine, und sechs Monate später war schon vieles aufgebaut. Die herrlichen, mit Kaschi (emaillirten Ziegeln) bedeckten Kuppeln, das schöne Portal des Schlossthores, der Bazar Rabadschaubaz und das Grabmal Ali's werden ihm angeschrieben. (Tarichim-Mekl Chani.)

sitz in Transoxanien eingenommen hatte. Die allgemeine Verwirrung, welche nun folgte, ist wol leicht erdenklich. Da Abdulmumin thatsächlich alle männlichen Mitglieder der Familie ausgerottet hatte, so konnte selbst mit der besten Absicht kein Thronfolger gefunden werden. Wol hiess es, die Frau Abdullahs hätte einen zweiten in Mädchenkleidern und langen Haaren aufgewachsenen Sohn vorgezeigt, der von einer Partei auch zum Fürsten ernannt wurde; doch war das Land in zu verschiedene Fractionen getheilt, als dass dieses im Bereiche der Thatsachen aufgenommen werden konnte. Es wollten einige den zweijährigen Sohn Abdulmumins, andere den greisen und vom Opium bethörten Pir Mehemmed Chan, den einzigen am Leben gebliebenen Bruder Abdullahs, wieder andere den Schwager des letzteren, und während diese in wilder Parteiwuth sich gegenseitig bekämpften und alle mit Verwüstung heimsuchten, fanden die an den Grenzen lauernden Feinde die beste Gelegenheit, die durch Abdullah ihrem Besitze entrissenen Ländereien wieder zurückzuerobern; zuerst trat Schah Abbas auf. Ermuntert vom günstigen Prognosticon seines Sterndeuters und unterstützt durch die racheschnaubenden Waffen von 40,000 Schiiten nahm er Sebzewar und Meschhed gleich im ersten Anfalle, später auch Herat, nachdem er die dort concentrirten Özbegen in einer mörderischen Schlacht total geschlagen hatte. Im Norden brach Tökel Chan, der Fürst der Kazaken,[1] mit einer aus Mongolen, Kalmüken und Kirgisen bestehenden Heerde aus Tuschkend ins Land und drang bis Samarkand vor. Den

[1] Tokel Sultan, unter dem die Kazaken (bei uns irrigerweise Kirgisen genannt) zuerst als selbständiger Volksstamm in Transoxanien auftraten, ist derselbe, den Lewchine in seiner „Description des hordes et des steppes Kirghitz-Kazaks" S. 141 als Tevkel Sultan anfuhrt. Die Kazaken scheinen schon früher eine drohende Stellung im nördlichen Steppengebiete des Jaxartes eingenommen zu haben, denn schon im Jahre 941 (1534) wurde Iwan dem Schrecklichen durch einen Gesandten, Danila Gubine, berichtet: „Et les Kazaks, Sire, sont dit-on très forts, et l'on dit, Sire, qu'ils ont fait la guerre a Techkène (Tachkend) et les fils du roi de Techkène, dit on, se sont battus avec eux deux fois et les Kazaks les ont battus." (Lewchine, S. 140.) Tokel, der zu dem Czar Fedor nach Moskau mehrere Gesandtschaften schickte, war der mächtigste unter den Sultanen der Kazaken.

Anstrengungen Jschim Bi's, der in letztgenanntem Orte das Commando führte, gelang es wol, den Eindringling, der vier Prinzen[1] aus dem Hause Schelbani's und viele andere Anhänger dieser Dynastie hinrichten liess, zurückzuwerfen; doch die Ruhe, welche durch das Aussterben Schelbani's gestört wurde, war weit entfernt hergestellt zu werden. Bevor wir nun zur neuen, ihrer Zahl nach der neunten Herrscherfamilie Transoxaniens übergehen, wird es nicht schaden, den Leser mit dem Culturleben einigermassen bekannt zu machen, welches die vielbewegte Epoche der Scheïbaniden kennzeichnet; eine Epoche, während welcher der Process der Absonderung der ostislamitischen Welt vom westlichen Islam sich vollzog und jenes Bild geschaffen wurde, in welchem der Mohammedanismus von der Ostgrenze Irans bis nach China uns heute vorliegt. Von der eigentlichen Cultur, wie wir solche unter den Timuriden gesehen, konnte unter den Scheïbaniden selbstverständlich keine Rede sein. Die rauhen Krieger, die mit dem Jada taschi[2] (Zauberstein) Elemente bezähmen, Krankheiten heilen und Schlachten zum Sieg bringen wollten, hatten ihre grösste Aufmerksamkeit auf die Religion und auf die Männer der Religion gerichtet. So wie zur Zeit der mongolischen Occupation einige hervorragende Molla's in dem ärmlich scheinenden Gewande geistiger Superiorität die eigentlichen Herren des Landes waren und der Willkür toller Despoten

[1] Diese waren Iletzere Sultan und Pir Mehemmed Sultan, die Söhne Ozbeg Chans, ferner Mehemmed Kuli Sultan, der Sohn Suleiman Sultans und Enkel Dschani Begs, nnd schliesslich ein Sohn Pajende Mohammed Sultans.

[2] Es war dies unter andern in der Schlacht bei Dscham, wo die Ozbegen nach Aufgang der Sonne, wie uns Baber in seinen Memoiren (S. 450) erzählt, ihre Zauberer mit dem wunderwirkenden Steine operiren liessen, um dadurch die Perser in Verwirrung zu bringen. Trotz den drei Jahrhunderte langen Bestrebungen des mohammedanischen Fanatismus steht dieser Stein noch heute in grossem Ansehen bei den Nomaden Mittelasiens. Der Serdar (Chef) einer Razzia bei den Turkomanen oder der Anführer einer kirghisischen Barantl trägt ihn noch heute sorgfältig im Sacke, und beim tödtlichen Biss einer Schlange oder eines Scorpiones wird er höher als die Fatiha (Segensformel aus dem Koran) geschätzt. Weiteres über den Jada taschi siehe S. 428 in Quatremère's Geschichte der Mongolen Persiens.

gar oft ein mächtiges Veto entgegendonnerten; ebenso war dieses
mit wenig Ausnahmen auch bei den Scheibauiden der Fall.
Diesen Männern göttlicher Wissenschaft war nicht nur das Volk
blind ergeben, sondern selbst die Fürsten buhlten um ihre
Gunst, denn sei es die Macht des Aberglaubens oder die Furcht
vor dem Einflusse auf die Massen, es bleibt jedenfalls eine
überraschende Erscheinung, wie selbst die mächtigsten Fürsten
dieser Dynastie es nicht scheueten, den hochgefeierten Molla's
gegenüber eine nicht nur achtungsvolle, sondern höchst unter-
gebene Stellung einzunehmen. Es waren namentlich folgende
zwei Männer, die hochgefeiert und vom Nimbus der Heiligkeit
noch während ihrer Lebenszeit umstrahlt waren. Machdum
Aazam, beim eigentlichen Namen Mowlana Chodschaki Kasani
genannt, ein geistiger Schüler des berühmten Asceten Chodschah Ahrars zur Zeit der Timuriden, der in seinem frommen
Lebenswandel es weit über die Facultät des Wunderwirkens
gebracht haben soll und von den Fürsten seiner Zeit mit einer
an Furcht grenzenden Achtung behandelt wurde. Er starb am
21. Moharrem 949 (1542) zu Samarkand, und sein Grab in
dem eine Stunde weit entfernten Dehbid¹ ist noch heute ein
stark besuchter Wallfahrtsort. Kasim Scheïch Azizan,
ein Schüler Chudadads, also ebenso wie erstgenannter nicht
etwa hoher Gelehrsamkeit, sondern aussergewöhnlicher Frömmigkeit wegen berühmt, und wie sehr dieser Mann geachtet
wurde, ist aus folgender Anekdote am besten ersichtlich:
Scheïch Azizan, der in Kermineh wohnte, erhielt die Nachricht,
dass Abdullah Chan, der eben damals mit Dschuwanmerd Ali
aus Samarkand in Feindseligkeit stand, an einem gewissen
Tage ihn zu besuchen gedenke. Der Scheïch, der dem Fürsten
freundlich gesinnt war, geht zum Empfange eine kleine Strecke
ausserhalb der Stadt ihm entgegen. Er sieht auch bald einen
langen Zug, an dessen Spitze ein baarhäuptiger Mann zu Fuss
mit einem Strick um den Hals, dessen Ende in der Hand eines
Reiters sich befindet, einhergeht. Wie gross war das Staunen

¹ Ueber Dehbid siehe meine Reise in Mittelasien S. 173. Deutsche Originalausgabe.

des Scheïch, als er in der Person des Fussgängers den mächtigen Abdullah, den Fürsten so vieler Länder erkannte, der um sein bussfertiges Aussehen befragt antwortete: „Ich habe es mir als Busse auferlegt, von Chan Rabat bis zum Chankah (Kloster) des Scheïch in dieser Art zu gehen." Scheïch Azizan war von diesem Akte tief gerührt, mit eigenen Händen hob er den Fürsten aufs Pferd, warf ihm seinen eigenen Mantel um und so gingen sie nach Kermineh. Abdullah Chan wollte natürlich mit diesem Akte seltener Unterthänigkeit die Hilfe des Scheïch in seinem Vorhaben gegen Samarkand erlangen; er erhielt sie, nahm letzigenannten Ort und drei Jahre darauf, nämlich 989 (1581), ging Scheïch Azizan mit dem Tode ab.

Unter diesen Verhältnissen konnten es natürlich nur streng theologische Wissenschaften sein, die allgemeine Pflege fanden. Auf diesem Felde thaten sich besonders hervor: Mowlana Isam-ed-din, der Sohn Arabschahs, der anfangs am Hofe Sultan Huseïn Mirza's in Herat lebte und später nach Bochara ging, wurde namentlich von Obeïdullah Chan ausgezeichnet. Dieser Fürst, bekannt wegen seines wildkriegerischen Charakters, war der Poesie nicht unhold und versuchte selbst Verse zu schreiben. Im Zweifel ob der richtigen Bedeutung eines arabischen Quatrains bat er eines Tages den gelehrten Isamed-din um die nöthige Erklärung, worauf dieser in der kurzen Zeit von einigen Stunden zu jedem Verse des fraglichen Quatrains 050 Erklärungen gab. So berichtet sein Panegyriker Seïd Hakim. Er starb 043 (1536) in Samarkand, und die bekanntesten seiner Werke sind: Randglossen zu Tefsir-i-Kazi und zu Dschami's exegetischen Arbeiten. Mowlana Sadik, ein gelehrter Exeget aus Samarkand, der zweimal nach Mekka pilgerte, mehrere werthvolle Commentare über theologische Bücher und Glossen zu schwereren poetischen Compositionen schrieb. In seinen spätern Jahren lebte er in Kabul am Hofe Hekim Schahs, wo auch sein Tod 1000 (1507) erfolgte. Nicht minder hochgeschätzt waren Molla Zia-ed-din, ein gelehrter Theolog, der 073 (1565) starb, und der Chodscha Dschelal Dschuibari, ein Schüler des Machdum Auzams, der nicht

nur als Ascet, sondern auch als Exeget und gelehrter Theolog
hochgefeiert war. Zu den gefeierten Poëten der Zeit konnten
von nun an, wo türkisch die meist beliebte Mundart wurde,
nur Türken gehören, und unter diesen zeichnete sich am meisten der özbegische Prinz Mehemmed Salih aus, dessen
Vater durch die Timuriden der Herrschaft über Chahrezm verlustig wurde und der früh in die Dienste Scheïbani's trat. Er
ist der Autor des Scheïbani-namch (Scheïbaniade), eines meisterhaft geschriebenen Epos, durch welches er sich selbst über
Newai erhebt.[1] — Von den übrigen Dichtern dieses Zeitabschnittes, die zumeist nur Versschmiede und Chronogrammfabrikanten waren, erwähnt die Geschichte des Emir Ali
Kiatib und Molla Mirek, der Hofpoeten unter den ersten
Scheïbaniden. Ferner Molla Muschfiki, der die zahlreichen
Bauten Abdullahs mit Chronogrammen versah, auch Ghazelen,
Kasiden und einige Epigramme hinterliess und 994 (1583) starb.
Kazi Pujende aus Zamin, ein besonderer Meister des Wortes,
von dessen Arbeiten ein achtzehnstrophiges Lobgedicht auf den
Vezir Kul Baba Kökeltasch erwähnt wird, in welchem kein
einziger punktirter Buchstabe vorkommt, was so viel sagen
will, als wenn irgend Jemand in irgend einer europäischen
Sprache mit Vermeidung der Buchstaben b, ch, f, j, k, n, p,
sch, t, tsch, z ein Gedicht schreiben wollte.[2] Schliesslich Schirin Chodscha, ein Dichter zur Zeit Obeïdullahs und Chair
Hafiz, ein beliebter Sänger und Musiker am Hofe Abdullahs,
der 981 (1573) starb. Abgesehen von den gemeinnützigen Bestrebungen Abdullah Chans waren auch die Baumonumente
aus dem Zeitalter der Scheïbaniden in engstem Zusammenhange
mit dieser theologisch-sufischen Richtung des herrschenden Zeitgeistes. Am meisten wurden Moscheen, Klöster, Collegien,

[1] Ich hoffe, dieses schöne Gedicht bald in Text und Uebersetzung veröffentlichen zu können. Flügel im Kataloge der Handschriften der k. Bibliothek zu Wien, II. Band, S. 323, erwähnt desselben, doch ist ihm der Name des Autors unbekannt geblieben.

[2] Man nennt diese Gedichte Bi nokat = punktlos, und das Merkwürdige dabei ist, dass die Orientalen Zeit und Geduld haben, ganze Bücher in dieser Weise zu schreiben.

Lesehallen und Mausoleen über verstorbene Heilige erbaut. Unter diesen werden genannt: eine Moschee, die der Vezir Aleïke Kökeltasch 034 (1527) in Samarkand erbauen liess, in welcher auf Kosten Kötschkündechi Chans eine Kanzel aus weissem Marmor erhoben wurde. Das noch heute gut erhaltene Collegium Abdullah Chans mit einem hohen Portale, das eine aus glasirten Ziegeln gebildete Koraninschrift trägt, wo die einzelnen Buchstaben grösser als zwei Fuss sind, und daher von weiter Ferne lesbar ist. Die Renovirung der Mesdschidi Mognk, eines ehemaligen Parsitempels, und die Erbauung des Klosters am Grabe Chodscha Buha-ed-dins, eine kleine Stunde weit von Bochara, durch Abdulaziz Chan. Schliesslich ein Collegium durch Ebusaid in Samarkand und ein anderes durch den steinreichen Mir Arab in Bochara, welch letzteres noch heute für die bestdotirte Schule Mittelasiens gehalten wird.

Wie kleinlich und armselig ist vorliegendes Bild, wenn verglichen mit dem mächtigen Aufschwung, den Wohlstand und Bildung eben in derselben Zeit unter den Sefiden in Persien nahm, oder mit den edlen Bestrebungen eines andern Fürsten turanischer Abkunft, nämlich des Timuriden Ekber Schah in Indien, der bald mit der Lehre Christi, bald mit dem Brahmismus kokettirend das grosse Kaiserreich am Indus und Ganges fünfzig Jahre hindurch in Glanz und Herrlichkeit regierte! [1]

[1] Ekber Schah, der Enkel Babers, der 1556 im Alter von vierzehn Jahren den Thron bestieg, hatte, wie der gelehrte Colonel H. Yule in seinem ausgezeichneten Werke „Cathay and the way thither", II. Band, S. 531, zur Genüge beweist, schon früh den Wunsch ausgesprochen, das Christenthum näher zu kennen. Im Jahre 1578 empfing er den portugiesischen Gesandten Cabral aus Goa, und da er hörte, dass eben damals ein ausgezeichneter Priester in Beugalen sich aufhielt, schickte er um diesen und liess mit mohammedanischen Mullas eine öffentliche Disputation veranstalten. Dass er 1580 den Befehl ertheilte, Moscheen und Minarete niederzureissen, wie die Jesuiten berichten, ist wol erdichtet, doch dass 1594 eine Abtheilung christlicher Missionäre auf sein eigenes Verlangen in seinem Land erschienen, ist kaum zu bezweifeln.

XV.

Die ersten Aschtarchaniden.

1006 (1597)—1099 (1680).

Ein Rückblick auf die Vergangenheit von mehr als drei Jahrhunderten wird uns einigen Aufschluss über den Ursprung der Dynastie der Aschtarchaniden geben, die nach der Familie Scheïbani's den Herrschersitz in Transoxanien einnahm und solchen beinahe zweihundert Jahre lang inne hatte. Emir Timur hatte kaum die Nachkommen Tschagatai's vom Throne zu Samarkand vertrieben und der mongolischen Occupation ein Ende gemacht, als er durch einen Sprössling aus dem Hause Dschüdschi's zur Verrichtung ähnlicher Dienste ins Mongolenreich an der Wolga gerufen wurde. Tochtamisch hatte in der Kampfeswuth der Rivalität mit Urus Chan und seinen Söhnen an die gefährlichen Folgen seiner Hilfsmittel gewiss nicht gedacht. Timurs Waffen kämpften erst für, dann aber gegen ihn, und das Ende davon war, dass Tochtamisch nach mannigfaltigen Schicksalsfällen ermordet,[1] die Nachkommen Urus Chans ihrer Macht und ihres Ansehens verlustig wurden und dass die Mitglieder des Fürstenhauses Dschüdschi's, nachdem die Timur'sche Intervention die ohnehin lockern Bande der Einheit gänzlich zerrissen hatte, nach allen Richtungen hin sich zerstreueten. Zu den Prinzen, die in Folge dieser Umwälzungen an der Spitze ihrer Horden eine weltgeschichtliche Rolle gespielt

[1] Tochtamisch ward, wie die russischen Chroniken berichten, auf Befehl Schadi Begs, des Nachfolgers Kutluk Timurs, nicht fern von Tümen in Sibirien erschlagen. Hammer, Geschichte der goldenen Horde, S. 360.

hatten, gehört Kutluk Timur,[1] der als Verbündeter des Kaisers von Samarkand durch seinen Sieg über Tochtamisch und das vereinte Polenheer mit diesem bei Kiew 802 (1399) berühmt geworden war, dessen Nachkommen aber später am unteren Laufe der Wolga im Chanate von Astrachan oder Aschtarchan[2] sich zurückziehen mussten, erst unbekannt, im Laufe der Zeit aber von den Nomaden jener Gegend zu Fürsten erwählt wurden. Dieser Zweig der Dschengiziden, von seinem Wohnsitze die Aschtarchaniden genannt, lebte zwei Jahrhunderte hindurch in stiller Zurückgezogenheit, bis endlich Uneinigkeit, oder was wahrscheinlicher ist, die wachsende Macht des russischen Grossfürstenthums zur Aufsuchung einer neuen Heimath sie nöthigte und Jar Mehemmed Chan[3] sammt seinem Sohne Dschani Chan nach Transoxanien auswanderten. Der Scheibanide Iskender Chan, der zu dieser Zeit in Samarkand regierte, nahm die Flüchtlinge sehr freundlich auf. Die Scheibaniden waren immer stolz auf ihre Dschengizische Abkunft, und um an den fremden Verwandten die Gastfreundschaft in vollstem Masse zu üben,

[1] Ueber seine Abstammung variiren die Daten in den mir zu Gebote stehenden Hilfsquellen folgendermassen. Nach dem Autor des Tarichi Mekim Chani wäre seine Genealogie folgende: Ischengiz, Dschudschi, Urus, Bugu Sultan und Kutluk Timur. In Abulgasi S. 100 (Textausgabe) lesen wir Dschengis, Dschudschi, Tokai Timur, Uz Timur, Abaj, Tumgan und Kutluk Timur, während Hammer in seiner Stammtafel des Ulus Dschudschi's, wo der Nachkommen der vierzehn Söhne des letztern Erwähnung geschieht, von beiden in solchem Masse abweicht, dass bei ihm die eigentliche Abstammung Kutluk Timurs gar nicht zu erkennen ist.

[2] Nach der heutigen Schreibart dieses Wortes könnte man Astrachan von Aschdar (آشدار) Chan ableiten, was auf persischen Ursprung hindeuten würde, doch wird die Richtigkeit der alten Ableitung von Hadschi Tarchan um so mehr ins Licht gestellt, wenn wir bemerken, dass die mittelasiatischen Handschriften dieses Wort immer mit Schin und Te schreiben.

[3] Auch in der Abstammung Jar Mehemmed Chans ist zwischen dem Autor der Tarichi Mekim Chani und Abulgasi ein wesentlicher Unterschied. Ersterer schreibt Kutluk Timur, Bahadir Chan, Mehemmed Chan, Hawak, Nagischlan (statt Mangischlak) und Jar Mehemmed; letzterer hingegen, dessen Angabe wahrscheinlich die richtige ist, schreibt: Kutluk Timur, All Timur, Timur Kutluk, Timur Sultan, Mehemmed Chan, Dschurak, Mangischlak, Mehemmed Sultan und Dschan, richtiger Dschani Sultan, wo zwischen beiden letzteren Jar Mehemmed Chan ausgelassen wurde.

gab er Dschani Chan seine Tochter Zehra Chanim, eine Schwester des berühmten Abdullah Chan, zur Gemahlin. Jar Mehemmed, seines hohen Alters wegen Kari (der greise) Jar Mehemmed genannt, starb bald nach seiner Uebersiedlung in Transoxanien. Dschani Chan jedoch betheiligte sich lange an den Kriegen Abdullahs, der die Dienste seines Schwagers auch würdigte und den ältesten seiner Neffen, der sich besonders in den Kämpfen Abdulmumins gegen Persien hervorthat (Dschani Chan hatte drei Söhne: Din Mehemmed, Weli Mehemmed und Baki Mehemmed) mit der Statthalterschaft von Nischabur betraut hatte.

Als Abdulmumin bei Zamin ermordet und das Land der Anarchie verfallen war, trugen einige der einflussreichen Landesgrossen die Krone dem alten Dschani Chan an. Er schlug jedoch die Ehre aus und sagte: „Wol bin ich ein Dschengizide von Abstammung, doch würde die Herrschaft über Transoxanien eher einem solchen geziemen, der zugleich auch mit den Scheïbaniden verwandt ist." Da er mit diesen Worten auf seine Söhne deutete, so wurde der älteste unter diesen, Din Mehemmed, zum Chan ausgerufen, und seine Rückkehr aus Chorasan wurde mit Ungeduld erwartet. Wie wir im vorhergehenden Abschnitte schon angedeutet, hatten sich eben zu dieser Zeit in letztgenannter Provinz solche Dinge zugetragen, denen zufolge Din Mehemmed Chan selbst mit dem besten Willen vom Felde der Thätigkeit sich nicht entfernen konnte. Schah Abbas, der durch den Tod Abdullahs und Abdulmumins von seinen gefährlichsten Gegnern sich befreit sah, hatte die Özbegen aus allen festen Punkten Chorasans verjagt und ihnen bald darauf in einer Hauptschlacht eine fürchterliche Niederlage beigebracht. Din Mehemmed Chan fiel in dieser Schlacht, nach einer andern Version auf der Flucht,[1] sein ganzes Lager

[1] Während das Ranzat es sefa seinen Tod in der Schlacht vor Herat mit einer solchen Ausführlichkeit erzählt, dass an dem ganzen Vorgang kaum etwas zu bezweifeln bleibt, berichtet das Tarichi Mekim Chani, wie Din Mehemmed nach dem unglücklichen Ausgange der Schlacht unter den Karai-Nomaden bei Andchoi umherirrend, durch seinen fürstlichen Anzug erkannt, todtgeschlagen wurde, und der eigentliche Thatbestand ist um so

und Schätze wurden von dem Sieger erbeutet und so schrecklich war die allgemeine Bestürzung der fliehenden Özbegen, dass selbst die Frau Din Mehemmed Chans nur durch die Aufopferung und den Muth eines treuen Dieners, Namens Chaki Jasaul, sich retten konnte. Dieser hatte seine Herrin eiligst auf ein Pferd gesetzt, die beiden Prinzen Imamkuli und Nezr Mehemmed in einen vom Sattel herunterhängenden Reisesack gesteckt und in wilder Flucht davon gejagt. Bei dieser Gelegenheit ereignete es sich, dass eine Flintenkugel eben jenen Theil des Reisesackes trifft, in welchem Nezr Mehemmed verborgen war. Er wurde am Fusse verletzt und blieb davon sein Leben lang hinkend. — Bochara hatte demzufolge in dieser Katastrophe seinen neu gewählten Fürsten eingebüsst, doch da es den Brüdern des letzteren gelang, über den Oxus sich zu retten, so wurde der ältere von diesen, nämlich Baki Mehemmed Chan 1007 (1598) in Transoxanien auf den Thron gesetzt, während der jüngere, Weli Mehemmed Chan, mit Belch und dem diesseitigen Oxusgebiete belehnt wurde. Nur der Eintracht, die zwischen diesen beiden Brüdern herrschte, ist es zuzuschreiben, dass die Verhältnisse in den Oxusländern früher, als vorauszusehen war, sich zu klären begannen und dass das Land von der Zerstückelung, mit welcher es theils durch die wachsende Macht Schah Abbas', theils durch die widerspenstigen Landesgrossen bedroht war, gerettet werden konnte. In Transoxanien selbst war nach Vertreibung des Kazakenfürsten Tökel Chans die Ruhe wol bald hergestellt, doch im cisoxanischen Gebiete hatten die Gründer der neuen Dynastie in dem Ehrgeiz des grossen Sefidenkönigs einen weit gefährlicheren Gegner gefunden. Belch mit der Provinz Tocharistan und dem angrenzenden Bedachschan, das seit dem Zeitalter der Samaniden einen integrirenden Theil Bochara's gebildet, hatte in den Augen der Özbegen nun um so grössern Werth, da erstens viele ihrer Stammgenossen am diesseitigen Ufer des Flusses,

schwerer herauszufinden, da es eben diese Mordthat der Karal gewesen sein soll, in Folge deren Baki Mehemmed Chan später einen Rachefeldzug gegen die Karal's unternahm.

nämlich in Kunduz, Aktsche, Schiborgan und Andchud[1] ansässig waren, und zweitens musste das angebliche Grab Ali's,[2] dieses hochverehrten Heiligen der islamitischen Kriegerwelt, vor schiitischer Eroberung geschützt werden. Da die Aufmerksamkeit Abbas' zu dieser Zeit noch auf das Innere sowol als auf die nordwestlichen Grenzen seines Reiches gerichtet war, so hatte nach der Einnahme Herats auf Belch persischerseits für diesesmal nur indirecter Einfluss stattgefunden. Mehemmed Ibrahim, ein Scheibanide von Abstammung und Günstling Schah Abbas', der durch persische Hilfe in den Besitz Belchs kam, hatte durch seine ausgelassene Lebensweise die Belcher, deren Gefühle sonst stark zu Iran sich neigten, in solchem Masse aufgebracht, dass sie trotz des Widerwillens gegen die özbegische Herrschaft dem von Bochara aus heranziehenden Weli Mehemmed die Hand reichten und zur Eroberung dieser „Mutter der Städte," wie Belch genannt wurde, verhalfen. Nachdem letztgenannter die Citadelle genommen hatte, wurde der im Stich gelassene Günstling hingerichtet, und nur seinen ersten Officieren gelang es, nach Isfahan sich zu retten, wohin sie zur Versöhnung des Perserkönigs jenen kostbaren Diamant mitbrachten, der seiner Zeit durch Abdulmumin aus dem Grab-

[1] Dieses ist das heutige Andchoi oder Andchuj. Nach der Lautlehre der türkischen Sprache ist die Verwechslung des Endlautes j mit t sehr häufig. Andachud oder Andachut ist ein mongolisches Wort in der Bedeutung von vereintes Glück.
[2] Die Geschichte dieses vermeintlichen Grabes Ali's ist nach dem Tarichi Seid Rahim folgende: Zur Zeit Sultan Husein Mirza Baikara's hatte ein Gelehrter in geschichtlichen Werken die Entdeckung gemacht, dass das Grab Ali Ibn Ebu Talibs während der Regierung Sandschars des Seldschukiden in dem Dorfe Chodscha Cheiran unweit Belch entdeckt worden sei. Man stellte hierauf Nachgrabungen an und man stiess auf ein Gebäude, an welchem eine Steinplatte mit folgender Inschrift gefunden wurde: „Dieses ist das Grab des Löwen Gottes, des Bruders des Propheten, nämlich Ali Gottesgünstlings." Als diese Nachricht dem genannten Timuridenfürsten hinterbracht wurde, begab er sich in Begleitung eines grossen Gefolges dahin und verrichtete im Jahre 885 (1480) das erste Wallfahrtsgebet bei dem neu entdeckten Grabe. Es wurden daselbst mit der Zeit prachtvolle Bauten erhoben, von denen zwar im heutigen Mezari Scherif nur wenige Spuren übrig sind, die Richtigkeit der Entdeckung jedoch wird von den Mittelasiaten nicht im mindesten bezweifelt.

male Imam Riza's genommen wurde. Der Edelstein wurde unter feierlichen Ceremonien zurück ins Schmuckkästchen des Chorasaner Heiligen gelegt, die Özbegen nach Kazwin internirt, Delch aber gab keinen Anlass zu ferneren Reibungen. Viel ernster war der Zusammenstoss mit den Persern im Jahre 1011 (1602), als Baki Mehemmed Chan, um den Tod seines Bruders zu rächen, der, wie es hiess, auf der Flucht vom Stamme Karai umgebracht wurde, gegen letztgenannte, die in Kunduz wohnten, zu Felde zog. Die Karai oder Kara-Turkomanen[1] bewohnen noch jetzt den erwähnten Theil Centralasiens und leben, was merkwürdig genug ist, auch jetzt noch in steter Feindschaft mit den benachbarten Özbegen und Turkomanen, und wenn gleich die Ermordung Din Mehemmeds nicht unbedingt ihnen zur Schuld gelegt werden kann, so war ihre unzweifelbare Freundschaft mit den schiitischen Persern eine genügende Ursache dazu, dass Baki Mehemmed Chan im Vereine mit seinem Bruder sie angriff und alle, die ihnen in die Hände fielen, erbarmungslos niedermetzeln liess. Ein Theil der Waffenfähigen hatte sich in die Festung Kunduz zurückgezogen und hier hartnäckigen Widerstand geleistet. Nur nachdem ganze Theile der Mauer durch angelegte Minen sammt Hunderten der Besatzung in die Luft gesprengt wurden, konnte die Citadelle mit Sturm genommen werden und keiner der Gefangenen wurde am Leben gelassen. In diesem Kriege war es, dass der Karastamm der Turkomanen gebrochen wurde, und seit jener Zeit hat er sich nie wieder erholen können.

Durch diese grausame Rachethat hatte, wie vorauszusehen war, der Herrscher von Bochara am meisten Schah Abbas gereizt, der nun im Interesse seiner Verbündeten von Merw mit einem Heere gegen Aktscha aufbricht, um erst den einen Aschtarchaniden in Belch zu züchtigen und dann über den Oxus nach Bochara zu ziehen. Das kampflustige Özbegenheer liess jedoch nicht lange auf sich warten. Die Perser waren schon

---

[1] Ueber die Kara-Turkomanen, die, was Physiognomie und Statur betrifft, am meisten den Jomuten ähnlich sind, siehe meine „Reise in Mittelasien" S. 245.

bis zu dem in der Nähe Belchs sich befindlichen Grabmale Baba Abdals vorgedrungen, als eine Epidemie mehr als die Hälfte von ihnen aufs Krankenlager geworfen, und als sie in diesem Zustande von beiden Seiten angegriffen wurden, konnte die blutige Niederlage nicht ausbleiben, und mit schwerer Mühe konnte Schah Abbas in Begleitung einiger Tausende sich retten.[1] — Dieses war auch der einzige Krieg von Belang, den Baki Mehemmed Chan während seiner Regierung geführt hatte. Die Empörung seines Neffen Bedi-ez-zeman, der 1011 (1602) ins gebirgige Karategin sich zurückgezogen hatte, endete nach Einnahme des festen Ortes Mcadscha; ebenso wurde auch die Revolte Mehemmed Zemans, des Statthalters von Bedachschan, dessen Vater den rebellischen Bedi-ez-zeman hinrichten liess, noch im Keime erstickt, und die Regierungszeit dieses Fürsten kann eine verhältnissmässig ruhige genannt werden. Er sass nur sieben Jahre lang auf dem Thron, denn 1014 erkrankte er, was kaum bekannt warde, als die Kazaken mit ihren Einfällen das Land heimsuchten und arge Verwüstungen anrichteten. In der allgemeinen Bestürzung waren alle Augen auf den hochgeehrten Heiligen Scheich Alem Azizan gerichtet, von dessen Wunderkraft der Fürst seine Genesung erhalten sollte. In diesen Minen göttlicher Gelehrsamkeit suchten die Bocharaer, so wie sie dies noch heute thun, ihr weltliches Wissen, und da der Scheich dem Kranken die frische Luft des Oxus verschrieb, so wurde Baki Mehemmed Chan auf einer Sänfte zu Schiff und mehrere Tage hindurch auf dem Strome spazieren geführt. Der fromme Mann hatte jedoch eine schlechte Diagnose gemacht, denn der Patient starb bald darauf gegen Ende Redscheba 1014 (1605).

Weli Mehemmed Chan, der, um seinen kranken Bruder zu besuchen, aus Belch herbeigekommen war, folgte nun in

[1] In den persischen Chroniken wird übrigens aus dem unglücklichen Ausgange dieses Feldzuges gar kein Hehl gemacht. Das Raozat es sefa sagt, dass die ungewöhnlich grosse Hitze und der Durst die persische Armee sehr hart mitgenommen hatten und dass es schwer war, den plötzlich von allen Seiten der Wüste hervortauchenden Nomaden zu widerstehen.

der Regierung, nachdem er die beiden Söhne des verstorbenen Bruders, die gegen ihn aufgetreten waren, bei Termez in einer Schlacht geschlagen hatte. Weli Mehemmed war ein gutmüthiger Fürst, was seinen Charakter betrifft; da er aber dem Weine und der Wollust zu sehr ergeben war, so hatte die Zügellosigkeit und Tyrannei seiner Beamten schon im Anfang alle Gemüther ihm entfremdet. Von seinem Vezir Schahbeg Kökeltasch, den er in Belch als Gouverneur zurückliess, erzählt man: er habe Verbrechern durch vorgespannte Ochsen den Kopf vom Nacken reissen lassen; andere wurden in heissem Oele gesotten, wieder andern wurde mit dem Wollkamme die Haut vom Kopf bis zu Fuss abgekratzt. Derartige Gräuelthaten, vereint mit der ungerechten Hinrichtung der drei Vezire[1] des letzten Regenten, hatten bald eine mächtige Gegenpartei, an deren Spitze obenerwähnte zwei Prinzen standen, ins Leben gerufen, die Imamkuli Chan zu ihrem Fürsten wählte und Weli Mehemmed Chan, der eben um Karschi herum jagte, des Thrones verlustig erklärte. Ohne Soldaten und sonstige Hilfsmittel konnte letzterer an eine Rückkehr nach Bochara um so weniger denken, da er hörte, dass sein Rival den Thron schon eingenommen und dass sein Vezir nach Erleidung aller jener Torturen, die er bei andern anzuwenden pflegte, verendete. Es blieb ihm nichts anderes übrig, als nach Persien sich zu flüchten und bei Schah Abbas, dem alten Feinde seiner Familie, Zuflucht zu suchen. Dass der grosse Sefide diesen Bruderzwist möglichst auszubeuten bemüht war und den flüchtigen Aschtarcheniden aufs herzlichste aufnahm, braucht kaum gesagt zu werden. Schah Abbas ging auf drei Stunden Weges von Isfahan aus bis Dowletabad seinem Gaste entgegen und erfreute ihn mit einer brüderlichen Umarmung. Gegen zwanzigtausend Musketiere bildeten dem Einziehenden Spalier, alle Häuser und

---

[1] Rostum Argun, Schah Kitschik und Hadschi Naiman, so hiessen diese Vezire, standen noch zur Zeit Abdullah Chans in Ansehen. Unter der Regierung Baki Mehemmed Chans wurden sie im Range des Emir ul umera (das osmanische Beglerbeg in der ehemaligen Bedeutung) erhoben. (Nach dem Tarichi Seid Hakim.)

Laden im Bazar, die er vorbeipassirte, waren mit kostbaren Teppichen geschmückt, Dichter feierten mit Kasiden seinen Einzug, und es ist gar nicht zu wundern, wenn der özbegische Fürst beim Anblicke dieser Herrlichkeit das Traumgebilde seiner wiedererlangten Herrschaft vor sich sah. Dass es Abbas an der Eroberung und Einverleibung Transoxaniens besonders gelegen war, wäre wol schwer anzunehmen; er dachte durch ein gutes Einverständniss mit dem Herrscher von Transoxanien die so oft heimgesuchte Nordgrenze Irans zu schützen, und schickte nicht lange darauf Veli Mehemmed, von 80,000 Persern [1] begleitet, gegen den Oxus zurück. Wir werden bei dieser Gelegenheit wieder auf den grenzenlosen Einfluss der hohen Geistlichkeit in Bochara aufmerksam gemacht. Bei schweren Krankheiten hat man bei ihnen äsculapische Hilfe eingeholt, beim Herannahen eines gefürchteten Feindes sollten sie nun strategischen Beistand leisten. Imamkuli war nämlich ausser sich vor Schrecken, als er von der grossen Zahl seiner Feinde hörte und wendete sich um Rath an einen Nachkommen des Machdum Aazam, den Chodschah Mehemmed Emin. Diesen frommen Mann genirt jedoch die geringe Zahl der Streiter, über welche Imamkuli verfügte, nicht im mindesten. In der heiligen Begeisterung betheiligt er sich selbst am Kampfe, hängt Bogen und Köcher auf dem Priesterrock um, schiesst den ersten Pfeil ab und nachdem er eine Handvoll Staub gegen den Feind geschleudert, wovon alles verdunkelt wurde, gab er das Zeichen zum allgemeinen Angriff. Ein wilder Kampf entspann sich nun, und wie mein Gewährsmann im vollen Ernste erzählt, hatte diese Dunkelheit die kämpfenden Özbegen mit einer Schutzmauer umhüllt und das feindliche Lager beim See von Maglan ganz unfähig zur Vertheidigung gemacht. Was den historischen Verlauf dieses Krieges anbelangt, so hatte

---

[1] Ich folge hier der Aussage des Tarichi Mekim Chani, wenngleich die Zahl mir jedenfalls übertrieben scheint. Das Rauzat es sefa lässt Weli Mehemmed Chan aufs neue in den Besitz Bochara's gelangen, verschweigt aber sowol die Zahl der persischen Truppen als auch die Niederlage des Berchittern Schah Abbas!

Imamkuli im Anfange seinem Gegner aus Furcht die Hauptstadt überlassen, doch in der Schlacht, die am letztgenannten Orte¹ am Anfang Redscheb 1020 (1011) stattfand, blieb der Sieg auf seiner Seite. Weli Mehemmed fiel lebendig in die Hand und wurde nach sechsjähriger Regierung auf Befehl des begeisterten Schetchs gleich an Ort und Stelle enthauptet.

Nach diesem trat endlich ein längerer Zeitabschnitt der Ruhe und des friedlichen Lebens zwischen Persien und Transoxanien ein. Schah Abbas hatte durch die glänzenden Erfolge seiner Waffen gegenüber der Pforte allen seinen Nachbarn, folglich auch den Özbegen, solchen Respect eingeflösst, dass selbst die üblichen kleinen Raubanfälle lange Zeit unterblieben, da obendrein die Turkomanen, welche zu dieser Zeit schon von der wüsten Gegend bei Andchoi bis zur Ostküste des kaspischen Meeres, dem ganzen Norden Irans entlang sozusagen einen Cordon bildeten, entweder im Solde des Schahs oder seiner Verbündeten standen. Nur einen kleinen Feldzug hatte Imamkuli gegen die räuberischen Kazaken und Kalmüken im Norden Turkestans unternommen, den wir hier auch eines merkwürdigen, die islamitische Hypocrisie so klar ins Licht stellenden Umstandes halber erwähnen. Eine grosse Horde genannter Nomaden war nämlich 1021 (1612), alles plündernd und verwüstend, bis nach Samarkand vorgedrungen und hat dafür von Imamkuli auch eine würdige Züchtigung erhalten. Um derartigen Calamitäten vorzubeugen, übergab er die Grenzstadt Taschkend, die wie es scheint am Raub ihr Scherflein hatte, seinem eigenen Sohne Iskender; doch kaum war dieser einige Zeit daselbst, als er während eines Aufruhres von den rebellischen Einwohnern getödtet wurde. Auf die Todesnachricht seines Kindes bricht der wuthentflammte Imamkuli sogleich nach Taschkend auf und schwört, seine Rache nicht

¹ Das Ranzat es sefa spricht vom Ufer eines Flusses (rud), an welchem das persische Heer lagerte. Von einer grossen entscheidenden Schlacht wird keine Erwähnung gethan. Auch in der Zeitangabe ist ein wesentlicher Unterschied, denn die persische Geschichtsquelle nennt den 11. Muharrem als den Tag, an welchem die Gefechte ihren Anfang genommen hatten.

cher gestillt zu sehen, bis das Blut der aufrührerischen Taschkender bis zum Steigbügel seines Pferdes reichen werde. Taschkend war aber ein fester Ort, der nur nach längerem Kampfe bezwungen werden konnte. Schliesslich wurde die Festung dennoch genommen. Es folgte nun ein fürchterliches Gemetzel, von welchem nur noch die Greise und Kinder verschont geblieben waren; doch da Imamkuli in Erinnerung seines Schwures den fliessenden Blutbach nur bis zum Knöchel seines Pferdes reichen sah, wollte er, um die Sünde des Eidbruches nicht zu begehen, auch die letztgenannten hinschlachten lassen. Zum Glück legten die Ulema's sich ins Mittel. Um ihren frommen Fürsten vom Schwurbruche, die Kinder und Greise hingegen vom Henkerbeile zu befreien, wurde eine Grube gegraben, und nachdem in derselben das Blut der Getödteten sich gesammelt, ritt Imamkuli hinein. Das Blut reichte bis zum Steigbügel und seine gewissenhafte Majestät befahl, dem Morden Einhalt zu thun.

Und ist es nicht merkwürdig, dass trotz all diesen verworrenen Begriffen von Moral, Religion und Humanität eben Imamkuli jener einzige Fürst Transoxaniens war, der sein Land ohne Eroberungen und Kriege glücklich, reich und blühend gemacht hat! Er wird als echtes Prototyp islamitischer Fürsten geschildert, der dem Religionsgesetze im vollsten Masse Achtung verschaffen konnte, unter dessen 36 Jahre langer Regierung die öffentlichen Strassen der grössten Sicherheit sich erfreuten, der am liebsten in Gesellschaft der Frommen und der dichterischen Schöngeister sich befand und der, das Fürstenkleid oft mit dem Derwischmantel vertauschend, in Begleitung seines Vezirs Nezr Diwanbegi und seines Lieblings Abdulwasi in der Stadt umherging, um von allem unterrichtet zu sein. Von den Gelehrten der Zeit pflegte er den meisten Umgang mit Molla Jusuf Karabagi und schätzte unter den Dichtern Molla Turabi und Molla Nachli besonders hoch, welch letzterem er einmal eine Kaside mit Gold abwiegen liess. Von ihm selbst sind mehrere gelungene Gedichte zurückgeblieben, und von seinen vielen Incognito-Abenteuern ist folgendes wol der Mittheilung werth: Der junge Molla eines Collegiums war in ein reizendes Wesen rasend verliebt, doch er war arm, und da der Gegenstand seiner Zärtlichkeit einen schlagenden Beweis seiner Flamme in Form eines Kleides für die nächsten Feiertage verlangte, so kannte des Molla's Schmerz und Trübsinn keine Grenzen, und in Verzweiflung über seine Armuth brachte das mohammedanische Princip: „Das Gut der Ungläubigen gehört den Rechtgläubigen an," ihn auf den Gedanken, durch nächtlichen Einbruch in den Laden eines indischen Juwelenhändlers in den Besitz der so sehr bedürftigen Mittel zu gelangen. Dictum factum. Der Molla geht in Begleitung zweier treuer Diener in den Bazar, dringt durch die der gepriesenen Sicherheit wegen nur schwach verschlossene Thür ins Gewölb, und schon war er mit einem Schmuckkästchen im Freien, als der geweckte Hindu Feuerlärm machte und den Molla eben am Kragen erwischte, als der mit einer Fackel in der Hand herumpatrouillirende Wächter herbeikam. Schnell schlug der Molla letzterem die Fackel aus der Hand und von der Finsterniss geborgen, sprach er: „Ach, Nezr Diwanbegi, du hast einen schlechten Spass gemacht." Es kam hierauf die Antwort: „Majestät, nicht ich, sondern Abdulwasi Kurdschi war es," und da das Incognito Imamkuli's in Begleitung genannter Persönlichkeiten kein Geheimniss war, meinte der erschrockene Wächter seinem Fürsten einen Spass verdorben zu haben und lief eilends davon. Was nun folgte, ist leicht erklärlich. Da der bestohlene Hindu bei der Gerechtigkeit des Fürsten über die Pflichtvergessenheit des Wächters Klage führte, so wurde letzterer gerufen. Dieser meinte anfangs wegen seines Pflichteifers büssen zu müssen, doch die Sache klärte sich bald auf, und als der Molla, dem gerichtlichen Aufrufe den Diebstahl zurückzugeben Folge leistend, vor dem Fürsten erschien, wurde er noch obendrein beschenkt und in Gnaden entlassen.

1 „Mal-i-Kiaffrin hest ber m'uminin helal" lautet das fragliche Sprichwort im Persischen, und wird, trotzdem der Koran das Gut der steuerpflichtigen Ungläubigen für unantastbar erklärt, dennoch häufig in Anwendung gebracht.

In Ermangelung von politischen Begebenheiten hat der Geschichtschreiber der Aschtarchaniden die Regierungszeit Imamkuli's mit derartigen Episoden und Geschichtchen geschmückt, von denen wir einige dem Leser schon deshalb nicht vorenthalten wollen, weil in denselben der Zeitgeist des damaligen Mittelasiens sich so klar widerspiegelt. Es wird unter anderm so manch Interessantes über die diplomatischen Relationen zwischen dem Mongolenreich in Indien und dem Chanate von Bochara mitgetheilt. Imamkuli hatte nach seiner Rückkehr aus Taschkend an Dschihangir, den Kaiser von Indien, eine Gesandtschaft abgeschickt, um demselben seine Thronbesteigung officiell anzuzeigen. Der Nachkomme Babers, der schon damals die ganze nördliche Hälfte der indischen Halbinsel unter seinem Scepter vereinigt hatte, empfing den Gesandten seines özbegischen Fürstenbruders recht freundlich, machte sogar gewisse scherzhafte Bemerkungen, und da Dschihangir, der Welteroberer in der Wortbedeutung, eben damals in den Fesseln seiner reizenden Gemahlin Nurdschihan (das Weltlicht) schmachtend, nur an Amor dachte, so nahm er nicht Anstand, sich um die Schönen Imamkuli's zu erkundigen. Durch diese die mohammedanische Etikette zumeist verletzende Indiscretion¹ fühlte der Gesandte sich beleidigt und erwiederte: „Mein Fürst ist von irdischen Leidenschaften befreit, er hat sich nie um weltliche Dinge bekümmert." Dschihangir lächelte hierzu und bemerkte: „Wo hat denn dein Fürst die Welt gesehen, dass er an ihr Ekel bekommen?" Dieses Gespräch wurde vom heimkehrenden Gesandten getreu berichtet und Imamkuli fühlte sich gekränkt durch dasselbe. Einige Zeit darauf schickte Dschihangir zur Erwiederung der Höflichkeit einen äusserst geschickten Arzt als Gesandten nach Bochara. Unter den vielen werthvollen Geschenken, welche letzterer überbrachte, befand sich

---

¹ Es kann in den Augen eines Muhammedaners nichts Schimpflicheres geben, als wenn Jemand, mit dem er nicht auf besonders freundschaftlichem Fusse steht, um das Befinden seiner Frau sich erkundigt. Selbst dann ist es anstandsverletzend, das Wort Frau oder Weib zu gebrauchen, man spricht immer per deinige, deine Hausleute, dein Gesinde u. s. w.

ein scharlachrothes, mit Edelsteinen und Diamanten besäetes
Zelt, das nach Schätzung den einjährigen Tribut Hindostans
ausgemacht haben soll. Und dennoch liess Imamkuli eingedenk
der Beleidigung den indischen Gesandten sechs Monate lang
warten. Vergebens bemühte sich der Diwanbegi, zu Gunsten
des Gesandten zu vermitteln, Imamkuli bemerkte immer:
„Empfange ich ihn und die Geschenke, so habe ich zu Dank
mich verpflichtet; unterlasse ich dies, so habe ich selbst die
Etikette verletzt. Besser also ihn gar nicht zu empfangen."
Doch der Diwanbegi dringt aufs neue in seinen Herrn, worauf
dieser nun bei einem zufälligen Zusammentreffen, als z. B. auf
der Jagd, die viel geforderte Audienz zu ertheilen verspricht.
Der schlaue Arzt schlägt sogleich im Jagdrevier das prachtvolle
Zelt auf, bringt die mitgebrachten Geschenke unter dasselbe,
und doch hatte Imamkuli, als er vorbeipassirte, absichtlich
seine Augen abgewendet und that, als wenn er mit einem aus
dem Gefolge im Gespräch wäre. — „O Wendepunkt der Menschheit,"[1] sprach der Arzt, „sieh doch einmal in dieser Richtung
her!" Selbst hierauf wirft Imamkuli nur einen flüchtigen Blick
auf die Gegenstände und zu Rehim Perwanedschi gewandt
sagte er: „Nimm, dieses alles hier habe ich dir geschenkt."
Der Gesandte erstaunt, doch da er noch ein ausgezeichnetes
Schwert zurückbehalten hatte, suchte er den nächsten Tag,
dieses zu überreichen, um eine Audienz an. Diese wird ihm
nun gewährt und er sprach: „Von Ekber Schah sind zwei
seltene Schwerter zurückgeblieben, eines hat mein Kaiser für
sich selbst behalten, das andere sendet er nun dir, seinem
Bruder, als Zeichen der Freundschaft." Dieses Geschenk konnte
ein özbegischer Fürst wol nicht mehr zurückweisen, doch als
er das Schwert aus der Scheide ziehen wollte und dies anfangs
nicht ging, bemerkte er mit Hinblick auf Dschihangirs einstiges
Vorhaben, Bedachschan zu erobern, das aber nicht ausgeführt

[1] Der heutige Konig von Persien lasst sich von seinen Unterthanen mit
Kiblei Alem = Wendepunkt der Welt, anreden. Die Fürsten Bochara's
waren hochtrabender, denn sie wurden Wendepunkt der Menschheit (Kible-
i-Alemian) genannt.

wurde: „Ja, eure Schwerter gehen so schwer aus der
Scheide." — „Doch nur dieses," erwiederte schlagfertig der
Gesandte, „weil es ein Friedensschwert ist. Wäre es eine
Kriegswaffe gewesen, wäre sie leichter herausgekommen." Von
demselben Gesandten, den Imamkuli später lieb gewann und
in Gnaden entlassen hatte, ist noch folgende witzige Bemerkung aufbewahrt. Als einst am Hofe des bocharischen Fürsten
die beiden Dichter Nachli (der Palmige) und Turabi (der Erdige,
Irdische) mit ihren poetischen Productionen wetteiferten und
der kluge Arzt befragt wurde, wem er den Vorzug geben
würde, antwortete er: „O Fürst, aus der Erde wächst die
Palme!" ein Urtheil, in Folge dessen letztgenannter Dichter
(Turabi) auch in der Zukunft mit grösserer Auszeichnung behandelt wurde. Diese Mission Dschihangirs kehrte 1030 (1620)
zurück. Ein Jahr später starb letzterer, ihm folgte auf dem
Throne sein Sohn Schah-Dschihan, der sein Eroberungsgelüste
an Belch sättigen wollte; doch da Imamkuli wohlgerüstet ihm
entgegenkam, so bereute er bald seinen Schritt und erklärte
dem Dadchah[1] Hadschi Mansur, der wegen friedlicher Beilegung
des Streites von Seite Bochara's ihm zugeschickt wurde: dass
seine Absicht nicht Krieg, sondern ein grösserer Jagdausflug
gewesen wäre.

Und so konnte Imamkuli den von ihm ängstlich gehüteten
Frieden noch lange wahren. Das gute Verhältniss zu Persien,
das nur nach dem Tode Abbas des Grossen auf kurze Zeit[2]
gestört wurde, verdankte er seinem Bruder Nezr Mehemmed
Chan, dem Statthalter von Belch, der in Folge seiner Blutsver-
wandtschaft mit dem Erzheiligen Chorasans Iran und Schah

[1] Dadcha = von dem man Gerechtigkeit verlangt, also Richter, war
der Titel der früheren Unterstatthalter Centralasiens; heute begegnen wir
diesem Range nur in Chokand und in Osttürkestan.

[2] Es war dies während der Regierung Schah Sefi's. Als nämlich in
Merw in Folge der massenhaften Hinrichtungen Unruhen ausbrachen und
die Auktorität Persiens erschüttert wurde, soll Imamkuli 15,000 Mann aus
Bochara und Nezr Mehemmed Chan 20,000 Mann aus Belch unter Anführung seines Sohnes Abdulaziz nach Merw geschickt haben. Diese belagerten
längere Zeit den Ort, doch als eine grössere persische Armee anrückte, zogen
die Belagerer sich zurück.

Abbas gegenüber eine feindliche Stellung einnahm, mit demselben Freundschaftsgesandtschaften wechselte, unter andern 1031 (1621) durch seinen Gesandten Pajende Mirza nebst vielen andern Geschenken fünfzig Stück turkestanische Pferde präsentiren liess. Wie so Nezr Mehemmed mit Imam Riza verwandt war, wird folgendermassen erklärt. Zur Zeit, als Adulmumin Meschhed einnahm und dort alles niedermetzeln liess, da fiel Abutalib, das Oberhaupt der Nachkommen Imam Riza's, dem in der Stadt umherreitenden Din Mehemmed in die Zügel, beschwor ihn, wenigstens seine Familie zu schonen und seine Gastfreundschaft anzunehmen. Din Mehemmed kehrte demzufolge bei ihm ein, heirathete Zehra Banu Begum,[1] die Tochter des Scheichs, und aus dieser Ehe entsprang Nezr Mehemmed, folglich von Geburt aus ein Seid und zwar Alide. Dieser Geburtsvorrang, im Auge der streng religiösen Mittelasiaten kein kleiner Vorzug, hatte demungeachtet die brüderliche Eintracht nie gestört und nichts beweist die gegenseitige Achtung der Brüder mehr, als der Empfang, den Nezr Mehemmed Imamkuli zu Theil werden liess, als dieser, um dem Einfalle Schah-Dschihans zuvorzukommen, an der Spitze seiner Armee nach Belch ging. Eine halbe Meile weit ging Nezr Mehemmed, von seinen zwölf Söhnen begleitet, seinem Fürsten zu Fuss entgegen, und trotz der Aeusserung des letzteren: „Du bist ein Seid und hochgeehrt, dir geziemt es nicht, zu Fuss zu gehen", so setzte er dennoch der Unterthänigkeit keine Grenzen, und in Belch

---

[1] Diese Dame, von welcher erzählt wurde, dass sie aus der unglücklichen Schlacht mit ihren beiden Söhnen gerettet wurde, muss nach dem Tode ihres Gemahls aus Bochara nach Persien zurückgekehrt sein, denn wir wissen, dass sie später auf Befehl Schah Abbas die Frau des Kadscharenchefs Mihrab Chans wurde, und aus dieser Ehe entsprang Murteza Kuli Chan, der Statthalter Meschheds. Zur Zeit der in vorhergehender Note erwähnten Belagerung wurde letzterer bei einem kühnen Versuche, Merw zu entsetzen, von den Usbegen gefangen genommen und nach Bochara transportirt. Imamkuli empfing ihn als seinen Stiefbruder mit besonderer Auszeichnung und gab ihm seine Freiheit zurück. Dieses Verwandtschaftsverhältniss der Aschtarchaniden mit dem türkischen Hause der Kadscharen wird selbst heute nicht ignorirt, trotzdem die jetzige regierende Familie Bochara's von ersteren nur mütterlicherseits abstammt.

selbst angelangt, wo damals alle Grossen Transoxaniens versammelt waren, liess er die üblichen neun Gaben überreichen und stellte zu den acht Sklaven sich selbst als den neunten vor.[1] Nach Bochara zurückgekehrt, verlebte Imamkuli noch mehrere Jahre ungetrübten Friedens und Glückes, so dass seine Regierungszeit von den Mittelasiaten nur mit der Epoche Sultan Huseïn Mirza Baikara's in Herat verglichen wird. Im Jahre 1050 (1640) endlich erkrankte er, und da er als frommer Muselman seine letzten Lebensstunden in der Nähe der Ruhestätte des Propheten[2] beschliessen wollte, so liess er seinen Bruder aus Belch rufen, übergab ihm das Scepter der Herrschaft und nahm dafür den Pilgerstab an. Noch einen Freitag verweilte er in Bochara und als in seiner Gegenwart in der grossen Moschee die Chutbe das erstemal auf den Namen Nezr Mehemmed Chans gelesen wurde, brach die ganze Gesellschaft in Schluchzen und bittere Thränen aus. Er verliess doch bald seine Hauptstadt, sein Land und sein Volk, das er geliebt und in der That beglückt hatte, um über Iran seinen Weg nach Mekka zu nehmen. Auf seiner Reise wurde er vom Könige von Persien mit fürstlichen Ehren empfangen, und in Medina, wo von seinen Stiftungen noch heute ein öffentlicher Garten und Bad existiren, starb er im 62. Jahre seines Lebens.

Dieser merkwürdige Fürst war noch am Leben und mit frommem Dienste in der heiligen Stadt des Islams beschäftigt, als das Gebäude des Friedens, das seine Regierung erhoben hatte, zusammenstürzte und Revolution, Krieg und blutiger Bruderzwist an dessen Stelle trat. Nezr Mehemmed Chan, der 1052 (1642) den Thron bestieg, konnte gleich wahrnehmen,

---

[1] Er that dies mit dem üblichen Spruche: „Bu Sikis Kul Nezr Mehemmed bile tokuz = hier acht Sklaven, mit Nezr Mehemmed neun." Dieser Höflichkeitsausdruck ist bei den türkischen Völkern seit uralten Zeiten gebräuchlich, folglich keine Erfindung Ibrahim Sultans aus Georgien, der dieses Ceremoniel Timur gegenüber anwendete, wie Scheref-ed-din Ali Jezdi in der Biographie des lahmen Welteroberers erzählt.

[2] Mudschawir bolmak = in der Nachbarschaft (des Propheten) sein, wird auch von den heutigen Mittelasiaten als die meist gottgefällige That angesehen, und glücklich ist derjenige, der sie ausüben kann.

dass er nur die Herrschaft, aber nicht das Ansehen seines Bruders geerbt hatte. Er wollte durch Freigiebigkeit die Gemüther gewinnen, denn er verfügte über ein ungeheures Vermögen, ja er wurde für den reichsten Prinzen unter den Scheibaniden und Astarchaniden gehalten. Zum Transporte seiner Schätze soll er 000 Züge¹ Kameele gebraucht haben. In seinen Stallungen befanden sich 8000 Pferde, abgesehen von seinen zahlreichen Gestüten. Schafe, die blaue (Kebud?) Lämmer zeugen, hatte er 80,000 und von dem orangefarbigen frengischen Sammt hatte er 400 Kisten voll. Doch konnte dieses alles zur Consolidirung seiner Macht nur wenig beitragen. Er selbst brach den langen Frieden der Oxusländer, indem er nach dem Tode Isfendijar Chans, des Herrschers von Chahream, eine Armee zur Eroberung dieses Landes schickte. Bald darauf steckte ein gewisser Baki Jüz (?) im Norden des Reiches die Fahne der Revolte aus, und als er seinen eigenen Sohn Abdulaziz zur Beruhigung der rebellischen Provinz ausschickte, war es eben dieses zärtliche Kind, das mit den Rebellen gemeinschaftliche Sache machte, ja von diesen gegen seinen eigenen Vater zum Fürsten sich ausrufen liess. Nezr Mehemed Chan hielt sich eben in Karschi auf, als man ihm die Nachricht des unliebsamen Vorfalles mit dem Zusatze hinterbrachte: sein rebellischer Sohn sei schon im Anzuge auf Bochara, und da er die Energie des letzteren zur Genüge kannte, so dachte er wenigstens den cisoxanischen Theil seines Reiches zu retten. Er entflieht daher nach kaum fünfjähriger Regierung in aller Eile nach Belch, wo er von den Einwohnern gut aufgenommen wird und theilt die Herrschaft mit den ihm treu gebliebenen Söhnen folgendermassen: Chosru Sultan erhielt Gur und sein Sohn Kasim Sultan Meimene und Andchoi; Behram Sultan wurde in Gulab, Subhankuli in Salu Tschiharjek (die heutige Oxusfurt Chodscha Salu) und Kulluk

[1] Unter Katar, ein türkisches Wort, welches auch die Perser gebrauchen, um einen Zug von Lastthieren zu bezeichnen, versteht man in Mittelasien sechs bis zehn hinter einander angebundene Kameele. Das englische „a string of camels" gibt den Sinn des Wortes am besten zurück.

Sultan in Kunduz eingesetzt. Unterdessen hatte Abdulaziz
Chan den Thron in Bochara bestiegen. Nicht zufrieden mit
der verbrecherischen That, wollte er noch den tüchtigsten
seiner Brüder als Helfershelfer auf seine Seite ziehen, und
nachdem er den Vater in einem reuevollen Schreiben um Verzeihung gebeten,[1] ersuchte er Behufs fernerer Erklärung, seinen
Bruder Kutluk Sultan nach Bochara schicken zu wollen. Nezr
Mehemmed Chan gab dem Verlangen nach, doch kaum war
Kutluk in Bochara, als Abdulaziz auch ihn zur Empörung ver-
leitete. Nun wurde gegen diesen Subhankuli beordert mit dem
Versprechen, im Falle ihm die Bekehrung des Bruders gelingen
sollte, der Vater ihn mit dem Range eines Kale'chani (Festungscommandanten) belohnen würde. Da Kutluk zum offenen
Kampfe nicht gerüstet war, musste er sich in die Festung
Kunduz zurückziehen. Subhankuli belagerte ihn mit aller Strenge,
und nachdem er den Ort bezwungen hatte, liess er, um eine
gründliche Bekehrung zu vollführen, seinen eigenen Bruder
hinrichten. Dieses Verfahren hatte natürlich das Vaterherz
empört, er tadelte Subhankuli: „Ich habe dich den Bruder zu
züchtigen und nicht zu tödten geschickt", sagte er, und da die
Gewährung des versprochenen Ranges sich in die Länge zog,
so lehnte sich auch letzterer gegen ihn auf — und der unglückliche Nezr Mehemmed Chan, müde des ewigen Zankes mit
seinen widerspänstigen Kindern und verzweifelnd ob der Un-
treue seiner Özbegen, wandte er sich nach Indien zu Schah-
Dschihan um Hilfe, ohne es zu überlegen, dass der herrschsüchtige Sohn Dschihangirs, dessen lüsterner Blick schon seit
lange auf Delch gerichtet war, anstatt der Rettung nur seinen
gänzlichen Untergang herbeiführen wird. Und so geschah es
auch. Aurengzib und Murad Bachschi, die beiden Söhne Schah-
Dschihans erschienen mit einer mächtigen Armee auf dem Felde.
Chosru Sultan, der Gegenwehr leistete, wurde geschlagen, ge-

---

[1] Der Autor des Tarichi Mekim Chani ist naiv genug, um dem Leser
einreden zu wollen, dass Abdulaziz nur mit Gewalt zur Empörung gegen
seinen Vater bewogen werden konnte. Es heisst, man hätte ihm sogar im
Falle der Weigerung mit dem Tode gedroht.

fungen genommen und nach Indien expedirt, und Nezr Mehemmed Chan, der die böse Absicht seiner Helfer nur dann erst erfuhr, als sie schon in der Nähe Belchs waren, konnte nur mit grosser Lebensgefahr und selbst von seinen eigenen Özbegen angefeindet, über Schiborgan und Merw nach Iran sich retten, wo er von Abbas II., einem Urenkel Abbas des Grossen, eine freundliche Aufnahme hoffte.

Hierin hatte sich Nezr Mehemmed Chan auch nicht getäuscht. Als seine Ankunft und seine Lage in Isfahan gemeldet wurde, schickte ihm Abbas II. nebst der Einladung nach der Hauptstadt zu kommen, tausend Dukaten als Reisespesen. Es erging der Befehl, ihn auf dem Wege mit fürstlicher Ehre zu behandeln. Vom Thore Isfahans bis auf drei Meilen weit wurde eine Ehrenwache vorgeschoben, und der Schah selbst, umgeben von seinen Landesgrossen, ging ihm zwei Stunden weit entgegen. Nachdem Abbas II. ihn brüderlich in seine Arme geschlossen,[1] wurde er von seinem abgemagerten Klepper auf ein edles Pferd gehoben, und nach seinem Einzuge in die Stadt wollten die Festlichkeiten und Illuminationen gar kein Ende nehmen. — Um ihm auch für die Zukunft das Leben zu erhellen, liess der Perserkönig, nachdem er ihn dritthalb Jahre lang bewirthet hatte, von einer Armee in sein Land zurückbegleiten, mit deren Hilfe er zwar wieder Belch zurückeroberte, doch hatte die Wirthschaft der Hindu's und der Krieg, den Abdulaziz gegen die Eindringlinge führte, das Land in solchem Masse ruinirt, dass Nezr Mehemmed Chan anstatt auf den Thron nun wieder auf Dornen gelangte. In Belch selbst wüthete eine Hungersnoth, dass man für eine Eselslast Korn tausend Gulden[2] gab, und dabei war eine solch grimmige

[1] In der mittelasiatischen Geschichtsquelle heisst es, Abbas II. habe sich in die Tracht eines gemeinen Soldaten verkleidet und, um seinem Gaste eine besondere Ehre zu erzeigen, eine längere Zeit neben dem Steigbügel Nezr Mehemmed Chans zu Fuss einhergegangen. Nur als letzterer hierauf aufmerksam gemacht wurde, erkannte er seinen königlichen Bruder und umarmte ihn.

[2] Im Texte rubia, eine englische Rupie im Werthe eines österreichischen Guldens.

Kälte während des Winters 1060 (1650), wie noch nie zuvor.
Von letzterem hatten namentlich die auf ihrem Rückzuge sich
befindlichen und von den özbegischen Truppen verfolgten Indier
schrecklich zu leiden. Tausende erfroren in den Bergschluchten,
und der Autor des Tarichi Mekim Chani erzählt, dass er Jahre
darauf als diplomatischer Agent (Wakaanigiar)[1] nach Indien geschickt, ganze Haufen Menschengebeine entlang der Strasse
sah. — Abgesehen von dem grenzenlosen Elend, das er überall
antraf, wurde Nezr Mehemmed Chan mehr wie früher von
seinen Söhnen angefeindet und bekriegt. Eine Zeit lang standen die Belcher ihm zur Seite, doch da sie endlich des ewigen
Haders überdrüssig wurden und Abdulaziz seinen Bruder Subhankuli mit einer grösseren Truppenabtheilung gegen den Vater
geschickt hatte, so ging alles zur Partei des Herrschers von
Bochara über, und Nezr Mehemmed beschloss endlich, seinen
Kindern das Feld zu räumen und um seine letzten Tage in Frieden
zu beschliessen, nach Medina zu gehen. Er wollte sich mit seinen
Kindern aussöhnen und sie zu guter Letzt segnen, doch Subhankuli wies selbst diese letzte väterliche Gefühlsbezeugung ab und
so trat er betrübt und mit gebrochenem Herzen seine Pilgerfahrt
an. Das Glück war ihm nicht so günstig wie seinem Bruder,
denn er starb unterwegs in Simnan und nur als Leiche ward es
ihm beschert, den geheiligten Boden Arabiens zu berühren.

Als die Nachricht seines Todes in Transoxanien anlangte,
legten seine Söhne öffentliche Trauer an, fromme Gaben wurden
vertheilt und zum Heil seiner Seele mussten Koranleser Tag
und Nacht das heilige Buch recitiren — als wenn sie den
innigst geliebten Vater und nicht den stets angefeindeten Rivalen verloren hätten. Uebrigens war mit dem Tode Nezr
Mehemmed Chans der Geist der Zwietracht noch lange nicht
aus der Mitte seiner Familie gewichen, denn die gesetzliche
Trauerzeit war noch nicht verflossen, als Abdulaziz, die Rivalität
Subhaukuli's befürchtend, ihm Belch entreissen wollte und

[1] Wakaanigiar = der die Begebenheit beschaut, ist der Titel eines geheimen Agenten, zum Unterschiede von Wakaanuvis = der die Begebenheiten beschreibt, Berichterstatter.

zu diesem Behufe seinen Bruder Kasim Mehemmed Sultan an der Spitze einer Armee über den Oxus geschickt hatte. Subhankuli war jedoch nicht der Mann, mit dem man so leicht fertig werden konnte und desto weniger war der poetisch gestimmte Kasim Mehemmed ein Gegner, der es mit ihm aufnehmen konnte. Nach langen, aber erfolglosen Anstrengungen musste sich letzterer in Hissar zurückziehen und unter der Bedingung, dass Subhaukuli zum präsumtiven Thronerben ernannt werde, wurde Frieden geschlossen. Kasim und Subhaukuli wechselten ununterbrochen Freundschafts-Gesandtschaften, und als eines Tages mehrere von Seite Subhankuli's bei ersterem eintrafen, wurde er unter dem Vorwand einer geheimen Botschaft in seinem Seitengemache überfallen und getödtet. Der Historiker der Aschtarchaniden erzählt, dass in ihm der gebildetste Prinz seiner Familie eines frühen Todes gestorben sei. Er hatte einen Diwan von mehr als tausend Verspaaren hinterlassen in türkischer und persischer Sprache und war dabei noch Meister in der Prosa. Als Subhankuli sich dieses bedeutenden Rivalen entledigt hatte, so verhielt er sich mit Abdulaziz auf freundschaftlichem Fusse, ja unterstützte ihn sogar zur Zeit, als er mit Chahrezm Krieg führte und der westliche Theil Bochara's durch den Özbegen vom unteren Laufe des Oxus so ernstlich bedroht war.

In Chahrezm herrschte nämlich damals Abulgazi Bahadur Chan, ein Mann, dessen bunte abenteuerliche Laufbahn stark an Baber erinnert, dem das Chanat von Chiwa seine Unabhängigkeit von der Obrigkeit Bochara's, die Welt aber ein historisches Werk unter dem Titel: „Genealogie der Türken" verdankt. Vom tiefsten Hass gegen die Fürsten Transoxaniens, besonders aber gegen Abdullah Chan beseelt, weil dieser mit seinen Vorfahren in tyrannischer Weise umging, hatte er schon in seinen frühesten Jugendjahren das Verderben der fremden Herrscher als sein höchstes Ziel angesehen und die Vertreibung der Bocharner vom untern Laufe des Oxus ist auch einzig und allein sein Werk. Sein eigentliches Auftreten datirt vom Jahre 1054 (1640), als er nämlich nach Abberufung Kasim Mehemmed Sultans von der

Statthalterschaft Chiwa's letztgenannten Ortes sich bemächtigte.
Seine ersten Kriege waren theils gegen die Turkomanen im
Innern Chahrezms, theils gegen die räuberischen Einfälle der
Kalmüken gerichtet, und die Offensive gegen Bochara hatte
er nur dann ergriffen, nachdem Subhankuli im Kriege mit
Abdulaziz Chan seine Unterstützung angesucht hatte. Wol war
der Friede zwischen letztgenannten zwei Brüdern bald wieder
hergestellt, doch Abulgazi, einmal in Kökürtlik [1], welches
zum Territorium Bochara's gehörte, eingefallen, wollte von der
langersehnten Rachethat nicht abstehen und dehnte seine Streifzüge bis zur Stadt Karaköl aus, welche Stadt eingeäschert
wurde. Im nächstfolgenden Jahre machte er einen zweiten
Einfall und drang diesesmal bis Kermineh vor. Abdulaziz
hatte ihn mit einer Armee von 60,000 Mann angegriffen und
der von den Seinigen abgeschnittene und von feindlicher Uebermacht umringte Abulgazi hätte bald sein Leben eingebüsst,
wenn nicht der Heldenmuth seines noch 14jährigen Sohnes
Anuscha Chans ihn aus der Gefahr gerettet hätte. Die
Bocharaer erlitten eine grosse Niederlage. Abdulaziz war verwundet und musste über den Fluss schwimmend sich retten,
während Abulgazi mit Gefangenen und Schätzen beladen nach
Chiwa heimkehrte. Und noch war die Rache Abulgazi's nicht
gesättigt! Seine erneuerten Einfälle dehnten sich einmal bis
Wardanzi, ein anderesmal bis zu den Thoren Bochara's aus,
und nur in seinem sechzigsten Jahre hatte das ewige Blutver-
giessen zwischen zwei glaubens- und stammverwandten Herrschern in ihm die Gefühle der Müssigkeit und Schonung rege
gemacht. Er söhnte sich mit Abdulaziz aus und starb auch
bald darauf im Jahre 1074 (1663). Da, wie der Leser sich mehr-
seitig überzeugen konnte, bei tatarischen Kriegern die Stimme
der Menschlichkeit nur in hohem Alter zu erwachen pflegt, so
hatte sein kampflustiger Sohn und Nachfolger Anuscha Chan [2]

[1] Kökürtlik heisst jene Stelle in der Wüste am rechten Ufer des Oxus, welche als Grenze zwischen Bochara und Chiwa angesehen wird.

[2] Der Autor des Tarichi Mekim Chani schreibt auch diesen Einfall Abulgazi zu, was jedoch ein Irrthum, da letzterer schon damals nicht mehr am Leben war.

den Friedenschluss des Vaters nur wenig geachtet, denn 1070 (1665) fiel er aufs neue in Bochara ein, drang bis zur Residenz des Chodscha Dschu'lbars vor und gab diese heilige Stätte der Plünderung preis. Abdulaziz war zufällig in Kermineh, als dieses vorfiel. Er eilte schnell nach Bochara und es war eben Mitternacht, als er vor dem von den Chiwaern besetzten Stadtthore anlangte. Nur von vierzig der Getreuen begleitet, gelang es ihm nach Niedermetzelung der Wache in die Stadt zu dringen, und ununterbrochen kämpfend erreichte er die Citadelle, von wo die Bevölkerung noch in derselben Nacht zur Ermordung der Chahrezmier aufgefordert wird. Was von Özbegen, Tadschiks, Raja's und fremden Kaufleuten waffenfähig war, fiel über die in nächtlicher Ruhe überraschten Feinde her. Das Morden war entsetzlich und nur ein kleiner Theil der Armee Anuscha's konnte nach Chiwa sich retten. Diese Katastrophe soll den Chahrezmiern auf längere Zeit die Lust genommen haben, in Bochara die Ruhe zu stören.

Aber auch Abdulaziz Chan wurde mittlerweile wegen des ewigen Kriegführens mit den Nachbarn und wegen des Haders mit seinen Brüdern der Regierungsangelegenheiten überdrüssig, und das leuchtende Beispiel seiner zwei letzten Vorgänger auf dem Throne Transoxaniens befolgend, beschloss er uun freiwillig zu Gunsten Subhankuli's zu abdiciren und mit dem Pilgerstab die Reise nach Mekka anzutreten. Als Subhankuli aufgefordert wurde, zur Uebernahme der Herrschaft nach Bochara zu kommen, liess er durch den Atalik Imamkuli und den Perwanedschi Tangriberdi die Mittheilung zugehen, dass er sich gern seinem Willen füge, nur könne und wolle er die Residenz dann erst besuchen, wenn Abdulaziz dieselbe schon verlassen haben wird. Diese Botschaft übte keinesfalls den besten Eindruck aus, und da indessen die Bocharaer ihren Fürsten um jeden Preis von seinem Vorhaben abbringen wollten, trat Taugriberdi, der in Vereitlung der Pilgerreise das Interesse seines Herrn gefährdet sah, vor Abdulaziz Chan hin und sprach: „Herr, wenn du erlaubst, will ich eine Geschichte erzählen, die mir eben gelegentlich in den Sinn kommt. Als Sultan

Ibrahim aus Belch auf seiner Reise nach Mekka Nischabur passirte, besuchte er Ferid-ed-din-Attar,[1] diesen Weisesten seiner Zeit, und blieb bei ihm zum Nachtmahl. Der Hochgeehrte war aber wie bekannt sehr unbemittelt. Als es Abend wurde, betete er zu Gott, und o Wunder! es gelangt plötzlich eine Schüssel voll guter Speise auf seinen Tisch, an welcher sein Gast und er selbst zur Genüge sich sättigten. Den nächsten Tag lud Sultan Ibrahim den Heiligen wieder zu sich, auch er ruft Gottes Hilfe an, worauf mehrere Schüsseln mit kostbaren Gerichten aus der Verborgenheit sich präsentiren. Ferided-din erstaunt über diese Verschiedenheit des himmlischen Segens, ruft: O Gott, warum habe ich nur eine, der Sultan hingegen mehrere Schüsseln erhalten? Hierauf antwortete eine Stimme: Wol seid ihr beide meine Diener, doch hat Ibrahim auf meinem Wege Thron und Scepter, du aber nur einen Specereiladen geopfert. Sein Verdienst ist grösser und so muss daher auch sein Lohn grösser sein. In ähnlicher Weise verhält es sich mit dir," fügte der schlaue Tangriberdi hinzu. „Deine Pilgerfahrt ist wirklich der Mühe werth, denn sie hat tausend Verdienste mehr wie die eines Andern." — Abdulaziz, den diese Parabel zu Thränen gerührt hatte, besiegelt hierauf seinen Entschluss, er trifft die Vorbereitungen zur Reise und bricht im Jahre 1091 (1680), nachdem sich mehr als 3000 Pilger seiner Karavane angeschlossen hatten, von Bochara auf, um über Persien die heiligen Städte Arabiens zu erreichen. Auch ihm wurde gleich seinen Vorgängern die persische Gastfreundschaft zu Theil. Schah Suleiman, der Sohn Abbas II., behandelte ihn mit fürstlicher Auszeichnung. In Isfahan wurde er im reizenden Paluste von Tschihl-Sutun einquartiert, und da eben das Noruzfest mit allen seinen in Iran üblichen Feierlichkeiten begangen wurde, so war es dem Özbegischen Fürsten

[1] Ferid-ed-din Attar (der Gewürzhändler), 613 (1216) geboren, war der Verfasser der im islamitischen Osten viel gelesenen Werke, des Manlik et teir (die Logik der Vögel), des Pendnameh (das Buch der Rathschläge) und des Dschewahirnameh (das Buch der Kleinodien). Er soll über hundert und vierzehn Jahre alt geworden sein und hat, um dem beschaulichen Leben besser nachgeben zu können, seine Gewürzhandlung aufgegeben.

vergönnt, beim Anblicke der in vollem Lenze prangenden
Gärten Isfahans, von den Schönheiten der Natur und bei der
zur Schau getragenen Herrlichkeit des persischen Hofes vom
Glanze weltlichen Gepränges sich zu verabschieden. Er nahm
seinen Weg über Hamadan und Bagdad durch die Wüste und
hatte hier das Unglück, von einer grossen Schaar räuberischer
Beduinen überfallen zu werden. Sie verlangten vierzigtausend
Ducaten Lösegeld, widrigenfalles sie mit Waffengewalt aufzutreten drohten. Abdulaziz, um auf dem frommen Wege sich
nicht die Hände mit Blut besudeln zu müssen, versprach die
Hälfte dieser Summe, doch als die Araber nicht nachgaben,
gerieth er in Zorn. "Vierzig Jahre lang habe ich regiert und
nun sollen mir Räuber befehlen. Auf zum Kampfe!" rief er,
"falle ich, so ist es im Dienste Gottes gleichviel." Glücklicher
Weise fiel der Kampf zu Gunsten des pilgernden Fürsten aus.
Er erreichte glücklich das Ziel seiner Wünsche und starb bald
darauf im 74. Jahre seines Lebens. Er wurde in Medina
in der Nähe seines Vaters und seines Onkels begraben.

Abdulaziz war, was seine Persönlichkeit betrifft, von aussergewöhnlicher Wohlbeleibtheit, und zwar soll er der dickste
Mann seines Zeitalters gewesen sein, ja nach Aussage seines
Geschichtschreibers hatte in seinen Stiefelröhren ein vierjähriges
Kind ganz bequem Platz. Ein Dichter hatte die Kühnheit,
diese Corpulenz zur Zielscheibe seines Spottes zu machen.
Abdulaziz, der davon hörte, liess ihn rufen, und als der um
sein Leben zitternde Poet vor ihm stand, redete er ihn folgendermassen an: "O Molla, wie ich höre, hast du auf mich
ein beleidigendes Gedicht verfasst, thue dies nicht andern
Leuten, denn es könnte dir schlecht ergehen." Er liess ihm
hierauf zehntausend Dinar und ein Ehrenkleid geben. Der
Dichter aber sagte: "Herr, du hättest mich lieber in zehntausend Stücke verhauen lassen sollen, als durch deine Grossmuth mich in dieser Weise zu beschämen." Und in der That
verliess der Dichter Bochara und wanderte nach Indien aus.
Abdulaziz, der seinem eigenen Vater gegenüber sich so herz-
los benahm, soll auch bei vielen andern Gelegenheiten seltene

Grossmuth geübt haben. Er selbst war von nicht gewöhnlicher wissenschaftlicher Bildung, schrieb gute Verse, ja sogar auf seiner Pilgerreise hat er einige schöne Hymnen verfasst und soll besonders im berühmten Werke Dochari [1] zu Hause gewesen sein. Gelehrte hatten stets freien Eingang bei ihm und Kalligraphen schätzte er so hoch, dass er einen berühmten Schönschreiber Molla Hadschi sieben Jahre lang zum Abschreiben eines einzelnen Exemplars von Hafiz beschäftigte. Der Künstler hatte täglich nur ein Verspaar geschrieben, und als Abdulaziz bei seiner Durchreise in Persien eben diesen Hafiz dem Schah Suleiman präsentirte, soll letzterem dieses Geschenk mehr Freude gemacht haben, als sämmtliche Kleinodien und kostbare Stoffe, die ihm der Exfürst Transoxaniens überreichen liess. Im Kampfe muthig, in der Gefahr entschlossen, soll Abdulaziz oft tagelang den Eindrücken der Aussenwelt unzugänglich gewesen sein, was von Vielen der anhaltenden contemplativen Lebensweise zugeschrieben wird, denn die Fürsten Bochara's, die in blutigen Schlachten sich betheiligten, und irdischer Grösse halber mit ihren Brüdern und Vätern im Kampfe standen, mussten, um das öffentliche Wohlgefallen zu erlangen, oft stundenlang in Gesellschaft heiliger Männer über Gottes Grösse nachgrübelnd und nachsinnend alle weltlichen Bestrebungen für eitlen leeren Tand erklären.

[1] Siehe I. Band S. 74 dieses Buches.

XVI.

Subhankuli Chan und das Ende der Aschtarchaniden.

1091 (1680)—1150 (1737).

Wir haben schon zwei Jahrhunderte seit dem Untergange der Timuriden und seit dem Beginne des Verfalles Transoxaniens hinter uns — kein Wunder daher, wenn das Bild der politischen und socialen Verhältnisse des kleinen Staates am Oxus immer ärmlicher und düsterer wird und wenn auf dem Faden der historischen Erzählung anstatt inhaltschwerer Begebenheiten nur die Berichte innerer Kriege, Bruderkämpfe und kleinlicher Streitigkeiten hinabrollen. Subhankuli Chan, der nach der Abreise seines Bruders nach den heiligen Städten in den ersten Tagen Moharrems 1091 (1680) den Herrschersitz in Bochara einnahm, hatte mit denselben Schwierigkeiten zu kämpfen, die er früher seinem Bruder bereitete; er musste nämlich die Waffen bald gegen seine unruhigen Nachbarn im Westen, bald gegen eigene hochmüthige Vasallen, ja sogar gegen seine eigenen Kinder ergreifen. Den Anfang machte, wie gewöhnlich, Belch, diese Dauphinée der Aschtarchaniden, wohin Subhankuli seinen Sohn Iskender Chan gesetzt hatte, der dort kaum zwei Jahre die Stelle eines Statthalters begleitete, als sein Bruder Ebulmansur, der eine mächtige Partei sich verschafft hatte, ihn durch Gift aus dem Wege räumte und seine Stelle einnahm. Subhankuli wollte diesen aufbrausenden Jähzornigen Sohn nicht in der Würde bestätigen und ernannte dessen jüngeren Bruder Ibadullah auf diesen Posten. Doch wer achtete des Fürsten Wort, wenn nicht mit Nachdruck der Waffen gesprochen? Die Belcher droheten, ihren Willen selbst mit Blut durchsetzen zu wollen. Ebulmansur gelangte an die Spitze der Angelegenheiten in Belch, behauptete sich aber nur vier Monate lang daselbst, denn als er aus Furcht vor der Rivalität Ibadullah hinrichten liess, hatte er auch bald die Gunst seiner Partei eingebüsst. Eine Verschwörung bildete sich gegen ihn, und als er eines Tages zu seiner Tante auf Besuch ging, wurde er überfallen und niedergemetzelt. Auf ihn folgte nun der dritte Sohn Subhankuli's, Namens Siddik Mohammed Chan, ein Wüstling wie der letztermordete war, der einerseits im Rachegefühl den Mördern seines Bruders lebendig die Haut abziehen und Glied nach Glied ausreissen liess, andererseits seinem Vater Gehorsam verweigernd, diesem selbst damals nicht zu Hilfe kam, als Anuscha Chan aus Chiwa Transoxanien mit Schwert und Feuer heimgesucht hatte. Nach glücklicher Beseitigung der Gefahr war der Vater wol geneigt, den Sohn der Pflichtvergessenheit zu zeihen, doch später erfuhr er zu seinem grossen Leidwesen, dass seinem Nichterscheinen eine böswillige Absicht zu Grunde lag, und als er um das widerspenstige Kind zur Rechenschaft zu ziehen, über den Oxus ging, trat Siddik Mehemmed in offener Feindschaft auf und verschloss sich in Belch. Und noch immer schreckte das Vaterherz vor gewaltsamen Maasregeln zurück. Er warf ihm erst in einem Briefe seine Undankbarkeit vor und versprach Nachsicht, wenn er sich bekehren wollte. Dieser Schritt hatte auch guten Erfolg, denn Siddik Mehemmed kam seinem Vater reuevoll entgegen und starb bald darauf im Jahre 1096 (1684). Subhankuli hatte sich gründlich überzeugt, wie gefährlich es sei, seine Kinder mit einflussreichen Stellen zu betrauen; die Statthalterschaft von Belch wurde daher einem treuen Landesgrossen, Chadim Bi Atalik,[1] und als dieser 1099 (1687) mit

[1] Atalik der wörtlichen Bedeutung nach, einer, der die Vaterstelle vertritt, war in den frühesten Zeiten bei den turko-tatarischen Völkern der Titel jener Landesgrossen, die als Rathgeber den Fürsten beigegeben waren. Es hat auch die Bedeutung von Vormund, Erzieher und Lehrer, und nur in der Neuzeit begegnen wir diesem Worte im Sinne von Vezir, Minister. Die Scheibaniden und Aschtarchaniden hatten mehrere Ataliks,

dem Tode abging, dem eben so ergebenen als tüchtigen Mahmud Bi Atalik aus dem Stamme Kungrat anvertraut, was auch dem Zwecke besser entsprach, denn die Özbegen und Turkomanen der Umgebung wurden im Zaum gehalten und Belch blühete zusehends auf, und zum Beweis der Fülle und des Segens wird angeführt, dass eine Eselslast von Korn (2½ Centner) vierzig Tenge (ein Pfund Sterling[1]) kostete, Obst und sonstige Victualien aber gar nicht verkauft wurden.

Natürlich war die Zahl der ergebenen Vasallen vom Schlage Mahmud Bi's kaum in Anbetracht zu nehmen gegenüber den rebellischen Oberhäuptern der einzelnen Özbegenstämme, die in Ermangelung eines äusseren Feindes ihre Kriegslust im Innern des Landes stillend, theils sich selbst unter einander bekriegten, theils aber gegen den Landesfürsten sich auflehnten. Unter letztern that sich besonders Bajat Kara, der Fürst des özbegischen Stammes Bajat hervor, der in der gebirgigen Gegend von Hissar sich aufhielt und sieben Jahre hindurch revoltirte. Mahmud Bi zog wiederholtemale gegen ihn zu Felde, doch da er in seinem Schlupfwinkel, der starken Festung Naiman, nicht so leicht zu bezwingen war, so musste bisweilen mit ihm auch pactirt werden. Wenn geschwächt, versprach Bajat Kara in Leichentuch gehüllt, Dogen und Schwert vom Hals herabhängend, d. h. als reuiger Sünder erscheinen zu wollen, doch er hielt nie sein Wort, bediente sich vielmehr der gegebenen Frist, um seine Kräfte zum neuen Aufstande zu sammeln. Achtmal musste er überwältigt werden, bis er endlich persönlich erlag und sein abgeschlagenes Haupt nach Bochara geschickt wurde. Nicht minder langwierig waren die Kämpfe zwischen den özbeglschen Stämmen Ming und Kiptschak, von denen ersterer in Meïmene und Andchoi, letzterer in der Umgebung Belchs wohnte, und diese Kämpfe waren um so unheilvoller, da der westliche Nachbar Bochara's, nämlich Chiwa,

ja es gehörte ein solcher zum Hofstaate eines jeden Prinzen. Der heutige Chan von Chiwa hat eine bestimmte Zahl von Ataliks, die Herrscher von Bochara und Chokand ertheilen diesen Titel als Auszeichnung.

[1] Nach dem heutigen Werthe der Tenge gehen in Bochara nur 24 auf ein englisches Pfund, in Chiwa jedoch 40.

im Schatten dieser inneren Zerrüttung seine räuberischen Einfälle am leichtesten ausführen konnte. Anuscha Chan, der kriegerische Sohn Abulgazi's, hatte, wie wir im vorhergehenden Abschnitte sahen, schon unter Abdulaziz seine Streifzüge bis über Bochara hinausgedehnt und musste seine Kühnheit damals mit einer tüchtigen Niederlage büssen. Nach der Thronbesteigung Subhankuli's erneuerte er seine Raubzüge und soll 1005 (1083) sogar Samarkand überrumpelt haben. Subhankuli war in der grössten Verlegenheit, da die Ürgendscher alles was legten und seine übermüthigen Vasallen ihm Hilfe verweigerten. Nur Mahmud Bi stand mit gewohnter Treue seinem Herrn zur Seite, er schlug Anuscha Chan in einer offenen Schlacht bei Gidschdowan aufs Haupt und verfolgte ihn sogar bis nach Chahrezm. Dieses verhinderte jedoch nicht den unruhigen Anuscha, im darauffolgenden Jahre, als Subhankuli eben in Belch weilte, aufs neue in Bochara einzufallen; da er aber auch diesesmal mit Verlust sich zurückziehen musste, so wurde er bei seiner Heimkehr von seinen eigenen Leuten angegriffen und getödtet. Die Ürgendscher erhoben seinen Sohn Irnak[1] auf den weissen Filz, der wie es schien anfangs sich der Gunst, ja des Schutzes Subhankuli's erfreute, deuungeachtet bald darauf den Fusstapfen seines Vaters folgend in Bochara einfiel, ja einmal 1098 (1688) sogar bis zu den Thoren der Hauptstadt vordrang. Es war daher schon die höchste Zeit, dem Unheil entgegenzusteuern. Mahmud Bi sammelte ein bedeutendes Heer, fiel nun selbst in Chahrezm ein und nachdem er das Heer seines Gegners vernichtet, gingen einige Vornehme in sein Lager über. Irnak Chan wurde durch Gift aus der Welt geschickt und Chiwa ward aufs neue unter Suprematie Bochara's gestellt, was aber höchstens nur zwei Jahre lang anhielt.

Und selbst inmitten dieser politischen Calamitäten und trotz all den unverkennbaren Zeichen des staatlichen Verfalles stand Bochara bei den sunnitisch-mohammedanischen Fürsten

[1] Irnak oder Ernak ist ein sehr alter tatarischer Name, denn so weit uns bekannt ist, wurde ein Sohn Attila's mit demselben benannt.

der Zeit noch immer in einem seltenen Grade der Achtung
und des Ansehens, und vom Nimbus der Vergangenheit verblendet
wollte niemand die Fäulniss der Gegenwart erblicken.
So finden wir, dass zum Hofe Subhankuli's vom fernen Choten
und Kaschgar, von der Krim, ja von Indien Ehrengesandtschaften
mit kostbaren Geschenken ankamen. Aus letztgenanntem
Lande schickte der stolze Aurengzib 1090 (1684) einen
seiner Grossen, Zeberdest Chan, mit einigen Elephanten und
sonstigen Spenden nach Bochara, um in dem Herrscher Transoxaniens
sich einen Alliirten gegen das schiitische Persien zu
schaffen. Der herrschsüchtige Kaiser von Indien hatte nämlich
in den ewigen Unruhen der Afganenstämme jenseits der Suleimangebirge
persische Intriguen vermuthet und da er Schah
Suleyman, einem Sohne Abbas II., dem damaligen Herrscher
Persiens, nicht offen zu Leibe wollte, dachte er durch özbegische
Einfälle in Chorasan, diese alte Geissel Irans, seinen
Gegner zur Ruhe zu bringen.[1] Aehnliche Motive bewegten
auch Sultan Ahmed II.[2] aus Constantinopel, die Gratulationsgesandtschaft,
welche Subhankuli (nicht Mohammed Bahadir,
wie die osmanischen Geschichtschreiber ihn nennen) von Bochara
nach der Türkei schickte mit einer andern Mission, an deren
Spitze sich ein gewisser Mustafa Tschausch befand, zu erwiedern.
Letztgenannter, der 1102 (1690) in Transoxanien anlangte,
war Ueberbringer eines diplomatischen Aktenstückes,
welches ein treuer Ausdruck der damaligen selbsttrügerischen
und lügenhaften Sprache der Pfortenbeamten ist. Ahmed II.,
der bekanntermaassen in Ungarn, Polen, Dalmatien, Syrien,
im mittelländischen Meere, ja überall und überall bedeutende
Schlappen erhielt, berichtet seinem Fürstenbruder am Oxus von
glänzenden Waffenthaten und glorreichen Siegen über schwarze
Ungläubige und fordert zur Mitwirkung auf, so dass man fast

[1] Der Krieg wurde jedoch glücklicherweise vermieden, und zwar durch
Vermittlung der Prinzessin Dschihanara (Weltzierde), einer Dame von seltenem
Talente und Geschicklichkeit, die die Annäherung beider Höfe bewerkstelligte.
[2] Ahmed II. bestieg den Thron den 14. Juli 1691 und starb den 6. Febr. 1695.

auf den Gedanken kommt, der Secretär der Pforte habe der
„Correspondenz der Sultane"[1] von Feridun Bey irgend einen
Siegesbericht aus der Zeit Mohammed des Eroberers oder
Selims II. copirt und an Subhankuli abgeschickt. Dieser interessante Brief, den das Tarichi Mekim Chani im osmanischen
Originale bringt, lautet folgendermassen:

„Im Namen des barmherzigen und gnädigen Gottes.

„Der den Thron des Sultanats und Glückes geerbt, der
den Teppich der Ruhe und Sicherheit ausgebreitet, der schon
von seinen Ahnen her Gottes Huld und Gnade theilhaftig geworden, der Stolz der Regierung, Seid Subhankuli Chan,
sei mit endlosen, ewige Freundschaft und Einheit in sich
schliessenden Grüssen, mit zahllosen, von unvergänglicher
Liebe und Eintracht erfüllten Glückwünschen gegrüsst. Der
Zweck unseres herzspendenden erlauchten Befehles ist folgender. Dein ehrbares in Moschus gehülltes Schreiben — ich
meine deinen von inniger Freundschaft durchdrungenen Brief
den du gelegentlich schicktest, ist in schönster Zeit und glücklichster Stunde angelangt. Als dessen Inhalt vom Schleier der
Verborgenheit zu unserer edlen Lecture gelangte, da wurde
aus dessen wohlberedtem Texte sowol die Gesundheit und das
Wohlbefinden deiner von Treue und Ergebenheit beseelten
Person, als auch sonstige Ereignisse und Umstände meinem
wundervollen Sinne klar. — Es sei nun auch deinem hellen
Verstande und segnungsreichen Geiste vorgestellt, dass wir
vom Zeitalter unserer grossen Ahnen, gesegneten Andenkens,
und unserer im Paradiese weilenden Väter bis zur jetzigen
glücklichen Stunde stets die Pfade der hocherspriesslichen Religionskriege auserkoren; besonders aber es als vorzügliches
Gotteswerk angesehen, die fränkischen Ungläubigen und die
elenden Kizilbasch-Ketzer von der Oberfläche der Erde zu ver-

---

[1] Munschiat es Selatin = die Correspondenz der Sultane, ist der Titel
eines werthvollen Buches, das Feridun Bey, der Sekretär Murads III., aus
1500 originalen Aktenstücken, welche er im kaiserlich ottomanischen Archive
vorfand, zusammenstellte. In der Neuzeit ist dasselbe, mit spätern ähnlichen Aktenstücken vermehrt, in Constantinopel im Druck erschienen.

tilgen. Doch alles ist seiner Zeit anheimgegeben, sagt das Sprichwort, und dass dieses Werk in Folge einiger Hindernisse Aufschub erhalten, dem liegt nur jener Umstand zu Grunde, dass wir es für zweckmässig erachteten, zuerst die fränkischen Ungläubigen abzufertigen und dann mit voller Seelenruhe über diese ruchlosen Kizilbasch loszuziehen. Was nun unsere Kriege mit den erwähnten fränkischen Ungläubigen betrifft, so ist, trotzdem die Vertilgung dieser greulichen Rotte im Bereiche der Unmöglichkeit war, dennoch so mancher harte Kampf vorgefallen, aus welchem wir schliesslich mit Gottes Gnaden siegreich hervorgingen und wobei viele der ungläubigen Fürsten und Häuptlinge gefangen, die übrigen aber nach allen Seiten zerstreut wurden. Bald nachher hatten jedoch die fränkischen Chane einen bösen Plan geformt, sie häuften eine Truppenmasse an, und aus der Provinz Orehau (?) in unser wohlgeschütztes Reich einbrechend, fielen sie über Hab und Gut der Rechtgläubigen her, und da sie gar viele Gewaltthätigkeiten ausübten, brachen auch wir auf und fielen über sie her. Die Ungläubigen, unfähig unserem zahllosen Heere zu widerstehen, eilten in banger Furcht ihrer Heimat zu, schickten von dort ihre angesehenen Leute her, welche, die Einstellung fernerer Feindseligkeiten versprechend, sich zur Unterthänigkeit verpflichteten und mit dem Ringe der Knechtschaft in den Ohren auf dem Pfad des Gehorsams einherschreitend, zeigten sie lange Zeit Treue und Ergebenheit. — Ausserdem waren aber noch die Rädelsführer eines andern Frengihaufens von thierischer Natur, stolzirend mit der Menge ihrer Truppen in unser Reich eingedrungen. Schnell wurde auch diesen eine Abtheilung unserer Truppen, entgegengeschickt und noch waren diese nicht angelangt, als sich unsere dort an der Grenze ansässigen Diener in den Kampf einliessen und in einem Ueberfalle viele der Vornehmen gefangen nahmen und sich ihrer Fahnen, Militärmusik und Waffen bemächtigten. Nur einigen Grossen gelang es in wilder Flucht die Heimat zu erreichen. Unsere entgegengeschickten Soldaten hatten sich indess mit den Grenztruppen vereinigt und die Ungläubigen in ihrem eigenen Lande verfolgt, wobei auch die übrigen vernichtet wurden, und aller Habe beraubt, konnten nur wenige mit ihrem Leben davonkommen. Eine Anzahl von Festungen, deren Stärke weltberühmt, und eine Masse von Schätzen und Proviant wurde mit Gottes Hilfe auf leichte Weise gewonnen.

„Da wir ob der diesseitigen Ungläubigen unser edles Gemüth mit Ruhe erfüllten, muss unser Glücksstern von Tag zu Tag mehr erglänzen; es steigen auch unsere Danksagungen zur allerhöchsten Schwelle empor, und in voller Anerkennung unserer tiefen Ergebenheit gegen Gott den Allmächtigen, wird von nun an unser Eifer und Bestreben, das gottlose Volk der Kisilbasche auszurotten, durch gar nichts gestört und beeinträchtigt werden. Wir wollen daher baldigst unsere siegesgekrönten Truppen in den erhabenen Kampf senden, und im Vertrauen auf Gott und mit der Fürbitte Mohammeds wollen wir gegen die Burgen und Festungen jener Völker ziehen und sobald wir die Grenzen überschritten, es in einem Schreiben dir kund thun. — Sintemalen du der Padischah von Transoxanien bist und deine Residenz von jeher als der Wohnort so vieler ausgezeichneten Ulema, Frommen und Scheiche bekannt ist, scheint es auch deine Pflicht zu sein, für Aufrechthaltung des Religionsgesetzes, für die Wohlfahrt des Islams mit dem Schwerte einzustehen. Du sollst an die Özbegen des Landes ein Aufgebot erlassen, damit sie mit meiner siegreichen Armee innigst vereint .diese Frevler gegen die Religion vertilgen und die schönen Thäler Iraks von den Dornen und Disteln reinigen mögen. Mit Sonstigem wollen wir dich nicht belästigen; denn nur damit auch du Gelegenheit habest, dich an der heiligen Pflicht des Religionskrieges zu betheiligen, ist dieser Brief geschrieben worden."

• Dass Subhankuli auf diesen schwulstigen Brief des Kaisari-Rum, wie die Sultane im fernen Osten genannt werden, trotz der unbegrenzten Achtung, die er als frommer Muselman dem Chalife (Statthalter des Propheten) zollte, nicht mit zahllosen özbegischen Horden über den Oxus ziehen konnte, ist aus dem zerrütteten Zustande seines Landes zur Genüge ersichtlich.

Subhankuli selbst war auch nicht der Mann, den das Waffengeräusch besonders zu ergötzen schien. In den endlosen Wirren seiner widerspenstigen Landesgrossen, welche theilweise auch sein unbegrenztes, aber auch gerechtfertigtes Vertrauen zu Mahmud Bi hervorrief, pflegte er nur in der äussersten Noth zu gewaltsamen Massregeln zu greifen. Um dem Bürgerkriege in Belch ein Ende zu machen, rieth man ihm an, er möge seinen Sohn Mekim Chan als Statthalter dahin setzen, doch er gab nur schwer seine Einwilligung dazu, denn er sagte: sein Sohn sei weder in Jahren noch in Studien zur Regierung gereift. Subhankuli selbst war nämlich den Wissenschaften sehr ergeben. Er verschmähete es nicht, selbst im vorgerückten Alter von den berühmten Gelehrten Unterricht zu nehmen und schrieb unter dem Dichternamen Nischani Verse, die seltene poetische Begabtheit verrathen. Unter den weltlichen Wissenschaften war er besonders der Arzneikunde zugethan. Wir haben hiervon einen sprechenden Beweis in einem Arzneibuche, das er verfasst hatte und von dem ich so glücklich war, in Herat ein schön geschriebenes Exemplar zu erwerben. In der kurzen Vorrede desselben sagt der gelehrte Fürst: „Merke dir, dass die vergangenen Weisen in der Medicin ihre geziemenden Werke in arabischer und persischer Sprache zurückgelassen haben. Ein Arzneibuch in türkischer Sprache jedoch ist mir bis jetzt noch nicht unter die Hand gekommen; desshalb habe ich, der unterthänige Seïd Mehemmed Subhankull Chan, der Sohn des Seïd Nezr Mehemmed Chan (Gott habe ihn selig!), dieses Buch geschrieben. Für alle möglichen Krankheiten und Gebrechen ist daselbst ein Heilmittel angegeben, und es wird gewiss vielen frommen."[1] Wahrlich kein alltägliches Beispiel von einem Fürsten, der für das hygienische Wohl seines Volkes in solcher Weise sorgt! Subhankuli erreichte selbst das hohe

[1] Ich habe von diesem Arzneibuche in meinen Tschagataischen Sprachstudien S. 104 Einiges mitgetheilt. Im Grunde basirt dasselbe auf den arabischen Uebersetzungen des Galenus (Dschalenos), Hippocrates (Bukrat) und Ali ben Sina's (Avicenna) Arbeiten, doch sind auch viele Wunderkuren beigegeben, die auf Recitirung von Gebetsformeln und Tragen gewisser Nuschas (Talismane) beruhen.

Alter von achtzig Jahren. Als er nach einer kurzen Krankheit
sein Ende herannahen sah, versammelte er seine Grossen um
sich herum, ermahnte sie nicht zu klagen, sondern in Gottes
Anordnungen sich fügen zu wollen. Er drückte sein Bedauern
aus, von seinem lieben Sohne Mekim Chan, der schon lange
früher zum Thronfolger bestimmt war, sich nicht verabschieden
zu können, und nachdem er bis zu dessen Grossjährigkeit
seinen ältern Bruder Obeïdullah zum Stellvertreter ernannte,
verschied er in den ersten Tagen des Rebiul achir 1114 (1702),
nachdem er 31 Jahre in Belch und 24 Jahre in Bochara, also
zusammen 55 Jahre theils als mächtiger Vasall, theils als
selbständiger Fürst regiert hatte.

Dass der letzte Wille Subhankuli Chans in Hinsicht der
Thronfolge wie oben angezeigt gewesen sei, das entnehmen
wir dem Autor des Tarichi Mekim Chani's; doch ob dieser blos
im Interesse seines Herrn eine solche Behauptung aufgestellt,
oder ob dies wirklich der Fall gewesen sei, darüber werden
wir so ziemlich im Dunkeln gelassen. Nur eines ist bestimmt,
dass nämlich der Kampf um den Thron zwischen beiden Brüdern bald nach dem Tode ihres Vaters entflammte und auch
einige Jahre hindurch wüthete. Als Mekim Chan in Belch die
Todesnachricht erfuhr, schickte er seinem Bruder zuerst ein
Mitleidsschreiben und später liess er ihm auch zur Thronbesteigung gratuliren. Obeïdullah, dem die feindliche Gesinnung des Bruders nicht unbekannt war, empfing die Gesandtschaft mit merklicher Kälte, und der Krieg zwischen beiden
Theilen des Landes, nämlich zwischen Cisoxanien und Transoxanien, nahm auch sofort seinen Anfang. Für Mekim Chan
trat der schon erwähnte Mahmud Bi ein, während Obeïdullah
seine Interessen durch Rehim Bi Atalik, das Oberhaupt des
Stammes Mangit, verfechten liess. Im Grunde genommen war
dies viel mehr ein Rivalitätskampf beider Özbegenstämme, als
der betreffenden Prätendenten, denn das Ansehen der Herrscherfamilie war schon früher sehr gesunken und nach dem Tode
Subhankuli's waren die Prinzen nur hilflose Puppen in den
Händen der herrschsüchtigen Grossen. Nach einem nahezu

fünfjährigen Kampfe gewann Obeidullah schliesslich die Oberhand; er regierte, so lange es dem übermächtigen Rehim Bi Atalik gefiel, ungefähr [1] bis 1130 (1717), denn als er Miene machte, mit Hilfe einer geheimen Partei der allzulästigen Vormundschaft sich zu entledigen, wurde er durch einen gewaltsamen Tod zur Seite geschafft, und an seiner Stelle bestieg sein Bruder Ebulfetz Chan den Thron Transoxaniens. Die äusserste Nachgiebigkeit und Schwäche dieses Fürsten, welche von den Mittelasiaten durch das Epitheton: „fromme Sanftmuth und Derwischcharakter" beschönigt wird, war Ursache, dass er vierzig Jahre hindurch der Schattenherrschaft sich erfreute, denn die thatsächliche Regierung war in der Hand Rehim Bi's und seiner Stammesgenossen, während das diesseitige Oxusgebiet, nämlich Bedachschan und Delch, in gänzlicher Unabhängigkeit in den Besitz eines Seitenzweiges der Dynastie, nämlich der Nachkommen einer Tochter Nezr Mchemmed Chans überging. Schon unter Subhankuli Chan hatte Salih Chodscha, das Haupt der Familie, um der Herrschaft Delchs mit Mekim Chan und Mahmud Bi in blutige Kämpfe sich eingelassen, und als letztere das Feld räumten, war es ihm um so leichter, seine Ansprüche zur Geltung zu bringen, da der religiöse Glanz, der seine Sache umgab, die Belcher schon längst auf seine Seite gezogen hatte. Nur Andchoi, Meimene und die Lebab [2] oder Ersari Turkomanen hatten auf dem diesseitigen Oxusgebiete die Suprematie Bochara's noch einigermassen anerkannt, was jedoch dem Processe der Zerstückelung und des Verfalles nur wenig Einhalt thun konnte, und wäre auch schon jeder leise Wind, der von aussen herblies, hinreichend gewesen, um das Kartengebäude der Herrschaft der Aschtarchaniden über

[1] Ich folge hier der mündlichen Aussage, die ich in Bochara gehört, doch würde ich in Ermangelung einer historischen Quelle für deren Richtigkeit nicht einstehen können. Auffallenderweise ist es eben die Neuzeit, von welcher wir fast gar keine positiven Nachrichten besitzen.
[2] Lebab Turkmen = Uferturkomanen heissen sie deshalb, weil sie seit ihrer Niederlassung in dieser Gegend das linke Ufer des Oxus von Chodscha Salih bis Dschaharischuf bewohnen. Auch diese Turkomanen behaupten von Mangischlak hierher gekommen zu sein.

den Huufen zu werfen, wie erst der gewaltige Sturm, welcher eben um diese Zeit von Persien her in der Person Nadir Schahs zu toben anfing?

Dass dieser letzte der asiatischen Weltstürmer [1] nur nach seiner factischen Thronbesteigung seine siegreichen Waffen gegen Osten wendete, das findet eben seine Begründung in der Schwäche und in der Unansehnlichkeit, welche die damaligen Länder im Osten Irans, Indien sowol als Transoxanien, charakterisirte. Nadir wollte seine Lorbeeren im harten Kampfe mit dem mächtigen Gegner im Westen gewinnen, denn nur nachdem er das ottomanische Heer in Georgien und Arabistan geschlagen hatte, fing er die Grenzen seines Reiches auch im Osten auszudehnen an. Noch als er Kandahar belagerte, war sein Sohn Rizakuli, um die angebliche Verwegenheit Alimerdan Chans, des Herrn von Andchoi, zu bestrafen, mit einer starken Heeresabtheilung 1140 (1736) über Badgiz und Martschuh (das frühere Merwitschak) nach Andchoi gezogen. Die türkischen Nomaden jener Gegend, nämlich die Stämme Kara und Dschelair, schienen durch reiche Soldversprechungen bald für das persische Heer gewonnen worden zu sein, und da ohne ihr Mitwirken an einen erfolgreichen Widerstand gar nicht zu denken war, so wurde Alimerdan bald besiegt und als Gefangener zu Nadir geschickt. In ähnlicher Weise erging es Aktsche und Schiborgan, und nur Belch, wo Seïd Ebulhasan, der Sohn der früher erwähnten Salih Chodscha regierte, wagte es, dem mächtigen Gegner sich im Ernst zu widersetzen. Die Strasse, welche zur alten „Mutter der Städte" [2]

---

[1] Nadir, auch Nadir Kuli, stammt nach der Aussage Mirza Mehdi, seines Historiographen, aus dem Zweige Karakli des Stammes Afschar, richtiger Autschar (denn so sprechen es die Turkomanen aus, und es bedeutet der Zusammenfassende). Die Auscharen kamen unter der Mongolenherrschaft aus Turkestan nach Iran und liessen sich in der Provinz Azerbaïdschan nieder. Zur Zeit Schah Ismaïl Sefi's wanderten sie nach Chorasan aus und wohnten fortan in Jap Köpken, welches zu Ablwerd gehörte, und das 20 Fersach nordwestlich von Meschhed liegt. Hier, also am Rande der Steppe, wurde Nadir am 6. Moharrem des Jahres 1110 (1698) an einem Samstage geboren.

[2] Die Araber nannten nämlich Belch Um el Bilad = Mutter der Städte, was ein Beleg für deren hohes Alterthum sein soll.

führte, wurde mit tiefen Gräben durchschnitten, doch verhinderte dies nicht die Annäherung des Feindes, und der starke Artilleriepark, den Rizakuli mit sich führte, zwang die mit einer Erdmauer umgebene Festung schon nach einer kurzen Belagerung zur Capitulation. Nadir, hocherfreut über die Einnahme Belchs, schickte seinem Sohne zum Zeichen seiner Anerkennung 12,000 Ducaten in Gold, 300 Ehrenanzüge und edle Pferde mit goldnen Sätteln und mit Edelsteinen geschmückten Geschirren. Rizakuli sah hierdurch sich zu ferneren Kriegesthaten angespornt, und da seine Truppen schon einzelne Raubzüge ins jenseitige Oxusgebiet unternommen, so rückte er bald mit der ganzen Armee nach und liess mit Ebulfeiz Chan sich schon jetzt in einen Kampf ein. Der feurige Sohn Nadirs hatte sich aber diesesmal verrechnet. Ebulfeiz, der schwachköpfige Aschtarchanide, hatte sich an Jolbars (Löwe) Chan, den energischen und kriegerischen Fürsten von Chiwa, angelehnt, der mit seinem wackern Özbegenheere den Persern um Karschi herum den Weg verrannte, und wenn es gleich letzteren gelang, der in der Nähe Karschi's sich befindlichen Citadelle Schelduk zu bemächtigen, so ist es ausser Zweifel, dass Rizakuli von dem vereinigten Tatarenheere hier eine tüchtige Schlappe erhalten hat, in Folge dessen Nadir, um weiteren Unfällen vorzubeugen, seinen Sohn plötzlich zurückrief, zugleich auch den Fürsten Mittelasiens und den Özbegischen Grossen zu wissen gab, dass der ganze Feldzug gegen seinen Willen unternommen worden sei, dass er mit ihnen in Frieden zu leben gedenke und das Erbtheil der Nachkommen Dschengiz Chans und grosser Turkomanengeschlechter nicht beunruhigen wolle.

Diese Handlungsweise Nadirs ist, wie Malcolm in seiner Geschichte Persiens richtig bemerkt,[1] offenbar die Frucht der Klugheit, welche Mässigung heuchelt, um ihre ehrgeizigen Absichten durchzusetzen und nicht der Eifersucht gegenüber dem

---

[1] Obwol sich Malcolm anderweitig täuscht, wenn er Rizakuli in Transoxanien Siege erfochten lässt. Die bedeutenden Verluste, die er vor Karschi erlitten, sind selbst aus dem stark verschnörkelten Berichte Mirza Mehdi's zu errathen.

wachsenden Ruhme seines Sohnes zuzuschreiben. Trotz der
Machtlosigkeit der Herrscher Bochara's hätte ein vereinigtes
Auftreten der Özbegen dem im Süden operirenden Nadir bedeutend schaden können; er wollte daher einer solchen Eventualität vorbeugen und hatte in der That durch sein freundliches Gebahren so viel bezweckt, dass die Allianz zwischen
Bochara und Chiwa bald in Stücke ging, und während Jolbars,
die Abwesenheit des Perserkönigs benutzend, Chorasan verwüstete und dem Regenten Rizakuli viel zu schicken gab,
wurden die özbegischen Grossen Bochara's, an deren Spitze
Rehim Bi Atalik stand, durch persisches Geld und Versprechungen schon auch desshalb immer mehr und mehr in Nadirs
Dienste gezogen, weil eine Verständigung mit Chiwa, wenngleich nicht die Interessen der Aschtarchaniden gekräftigt, den
herrschsüchtigen Planen des Mangitstammes jedoch sicherlich
nachtheilig gewesen wäre. Die Einzelnheiten über das Zustandekommen der Entzweiung sind uns nicht bekannt, doch
als Nadir 1153 (1740) aus dem siegreichen indischen Feldzuge
zurückkehrte, fand er das Terrain durch Rehim Bi schon so
vollständig nivellirt, dass er ohne Schwertstreich, ja mit Ehrenbezeugungen dem Oxus sich nähern konnte, denn die Statthalter von Hissar und Karschi machten ihm in Kerki ihre Aufwartung. In einem kunstvoll geschnitzten und mit Mosaik
ausgelegten Boote, das die geschickten Handwerker Bochara's
angefertigt hatten, setzte er über die alte Grenze Irans und
Turans, und da der transoxanische Feldzug des Sassaniden
Firuz nur vom zweifelhaften Lichte der poetischen Sage behellt
wird, so war Nadir der erste mit der kejjanischen Mütze gekrönte Fürst Persiens, der das gegenseitige seidensammtene
Ufer des Oxus, wie Rudeki sagt,[1] als Herrscher betrat. Vier
Meilen weit von Bochara schlug er sein Lager auf und

---

[1] Das fragliche Verspaar Rudeki's lautet: „Rig-i derja-i Amu ve duruschtha-i o — Ziri pajem pernian ajed hemi = Ueber den Sand und Kies der Oxusgestade gleitet mein Fuss gleich auf Seide hinweg, — und ist der Theil eines Gedichtes, das dieser erste Dichter der neupersischen Mundart zur Verherrlichung Bochara's schrieb.

erwartete daselbst unter einem prachtvoll ausgestatteten Zelte den Huldigungsbesuch Ebulfetz Chans. Um den letzten der Aschtarchaniden zu diesem Akte der Unterthänigkeit zu bewegen, wurde der schlaue Rehim Bi Atalik nach Bochara vorausgeschickt. Die Ueberredung muss auch nicht besondere Mühe gekostet haben, denn der Dschengizide von reinem Blute, wie die Aschtarchaniden sich nannten, wurde in Gesellschaft von Frömmlern angetroffen, die eben in Betrachtungen über die Nichtigkeit des irdischen Daseins versunken waren. In Begleitung einer grossen Schaar von Molla's begab sich daher Ebulfetz Chan am 19. Dschemaziul achir 1153 (12. September 1740) ins persische Lager, wo er die für ihn und seine Begleitung hergerichteten Zelte bezog. Den nächsten Tag brachte er Nadir seine Huldigung dar. Bei dieser Gelegenheit erhielt er einen mit Edelsteinen besetzten Gürtel, ein arabisches Pferd mit goldenem Sattelzeug und sonstige Geschenke. Nadir behandelte ihn gleich seinem Fürstenbruder, doch sollte Ebulfetz das cisoxanische Gebiet sammt der Stadt Tschihardschui an Persien abtreten und noch obendrein ein Truppencontingent von Özbegen und Turkomanen zur Verfügung stellen. Zur Besiegelung des gegenseitigen Vertrages sollte zwischen dem Afschar'schen Geschlechte und der edlen Race der Dschengiziden noch eine Verschwägerung stattfinden, und nachdem ein Neffe Nadirs mit der Tochter des frommen Herrschers sich verehelicht hatte, setzte der Perserkönig seinen Weg nach Chahrezm fort, um mit dem nun allein stehenden Jolbars abzurechnen, was ihm auch gelang. Auf der Rückreise aus letztgenanntem Lande empfing Nadir in Tschihardschui erneuerte Versicherungen der Ergebenheit des Fürsten von Bochara, und nachdem er in Meschhed seinen Triumpheinzug gehalten hatte, liess er Imam Riza, dem Patrone Irans, aus der turanischen Beute ein mit Edelsteinen reich geschmücktes goldenes Schloss anfertigen, welches lange Zeit der Hauptschmuck jenes massiv silbernen Gitters war, das die Ruhestätte des hochverehrten Aliden umschliesst;[1] aus

---

[1] Ein grosser Theil jener höchst werthvollen Schmuckgegenstände ging zur Zeit des afganischen Feldzuges unter Ahmed Schah zu Grunde. Obwol

den turanischen Hilfstruppen aber wurde später jene furchterliche Cohorte, die nebst den Afganen den schiitischen Persern so viel Schrecken einflösste.

Die Vortheile, welche Persien durch Nadirs Marsch über den Oxus errungen hatte, verschwanden nach dem Tode des siegreichen Helden eben so schnell, als die Staubwolken, welche die Reiterschaar seines Heeres aufgewirbelt; doch die Fürstenwürde in Transoxanien hatte durch die Erniedrigung, welche Ebulfeïz Chan auferlegt wurde, den Todesstoss erhalten. Der Chan wurde fortan immer mehr und mehr zum Instrumente seines herrschsüchtigen Vezires und von demselben schliesslich sogar abgesetzt und 1150 (1737) getödtet. In ähnlicher Weise erging es dem Sohne und Nachfolger Ebulfeïz Chans, der eine Tochter Rehim Di's geheirathet hatte, und wenn gleich selbst nach diesem noch ein dritter angeblicher Aschtarchanide als Schattenfürst auf den Thron Bochara's erhoben wurde, so endet doch thatsächlich mit Ebulfeïz, dem jüngsten Sohne Subhankuli's, die Herrscherreihe dieser Dynastie, unter deren nahezu hundertfünfzigjähriger Regierung auch jener letzte Schimmer des Glanzes der politischen Grösse und socialen Bedeutung erlosch, mit welchem das Ländchen am Oxus in der Vergangenheit so viele Völker des islamitischen Asiens überstrahlte.

Was kann nach Vorhergesagtem von der Culturbewegung jener Epoche wol noch zu denken sein? Während um diese Zeit das ottomanische Kaiserreich, Persien und Indien durch das Erwachen des abendländischen Geistes von der Strömung einer mächtigen ausserislamitischen Cultur schon benachrichtigt wurden, während die Höfe zu Constantinopel, Isfahan und Lahore durch einzelne Europäer, sei dies in der Tracht des Diplomaten, des Kaufmanns und des Missionärs, williglich oder

Menchhed im Besitze Schahruch Mirza's, des Sohnes Nadirs, gelassen wurde, hatte die afganische Habsucht diese heilige Hauptstadt Chorassans dennoch arg angerichtet. Ein anderer Theil der Schätze Imam Riza's wurde vom rebellischen Salar im Kampfe gegen den jetzigen König von Persien verwerthet. Ja, so ist es schon manchem beliebten Heiligen ergangen. Andächtige legen auf ihr Grab werthvolle Schätze nieder, die ruhmsüchtige Leute später auf Krieg und Mord verwenden.

unwilliglich, mit dem zu einem neuen Leben erwachten Abendlande in Berührung traten, — war man in Transoxanien, wo das Bollwerk wilder Nomaden und unwirthbarer Steppen den Zugang erschwerten, noch immer dem Zeitgeiste vergangener Jahrhunderte treu geblieben, ja man strebte sogar, die leuchtenden Musterbilder jener Epoche in Religionstugenden zu übertreffen. Wie schon oft erwähnt, hat man von Jeher an den Ufern des Zerefschans unter Wissenschaft nur Koranexegetik, Theologie und Dogmatik verstanden. Das Ideal der menschlichen Vollkommenheit war im Sufiwesen, in Verspottung der menschlichen Willenskraft und im vollen Geständnisse der Nichtigkeit aller irdischen Zwecke vorhanden. Hätte man in Bochara, so wie seiner Zeit in Cordova, Damaskus und Bagdad mit dem strengen Aufrechthalten der Satzungen des Islams auch jenen edlen Trieb des Forschens und Wissens zu verbinden gewusst, so wäre es vielleicht möglich gewesen, einen schwachen Moment der alten muselmanischen Culturepoche aufbewahren zu können. Doch diesem stand einerseits der kriegerische Charakter und die damit verbundene Culturfeindlichkeit des türkischen Volkes, andererseits aber der isolirte Zustand der turkestanischen Oxusländer im Wege, und so kam es, dass die Fürsten am Zerefschan von den Aemtern und Würden eines Harun-er-Raschids oder eines Abdurrahman III. in Spanien nur das Amt eines Wächters der religiösen Ceremonien behielten, und ihre Herrscherpflicht erfüllt zu haben glaubten, wenn die Rechtgläubigen die canonischen Gebete nicht versäumten und im Handel und Wandel das Sittenbild des Wakti-Seadet, d. h. des goldenen Zeitalters des Islam befolgten. Während der Regierung der ersten Fürsten aus der Dynastie der Aschtarchaniden figuriren noch einige Poeten und Chronogrammendichter, die noch aus der Periode der Scheybaniden übrig geblieben waren, auch einige Fürsten dieses Hauses selbst, als z. B. Imamkuli, der Prinz Kasim Mehemmed Sultan und besonders Subhankuli geben unverkennbare Zeichen vorzüglicher Herrschertalente und eines echten Sinnes für Bildung, denn was ersterer für die Bodencultur that, ist aus den heute schon halb ruinirten Bewässerungscanälen zu ersehen, die seinen Namen führen; die poetische Begabtheit des zweiten spricht aus einem Divan, der von ihm übrig geblieben ist, und der Wissenschaftsliebe des letztern haben wir bei Erwähnung des Arzneibuches schon berührt. Dieses alles zusammen konnte jedoch nur wenig beitragen, die vorher beschriebene Richtung des Zeitgeistes abzuändern; denn wo drei Fürsten nacheinander den Scepter mit dem Pilgerstabe vertauschen, vom glänzenden Herrschersitze herabsteigen, um den Rest ihres Lebens im Staube vor dem Grabe des Propheten zu verbringen, eine Thatsache, die in den Annalen mohammedanischer Länder ohne Gleichen dasteht; dort bedarf es keines weiteren Beleges, um Pietismus und Schwärmerei als die herrschenden Ideen des Zeitgeistes bezeichnen zu können. — Dass es in Uebereinstimmung mit letzterem unter den Aschtarchaniden auf dem Felde der Religionswissenschaft verhältnissmässig weniger Fähigkeiten gab, als früher; dass in Gründung von Collegien und Erbauung von Moscheen weniger geleistet wurde — das ist dem in dieser Zeit schon stark in Abnahme begriffenen materiellen Wohlstande zuzuschreiben. Nach Aussage Seïd Rakims waren Samarkand und Bochara schon im Jahre 1030 (1620) mit so vielen Prachtbauten besäet, die aus den letzten Jahrhunderten stammten und aus Vernachlässigung der nöthigen Reparaturen zu Grunde gingen, und was von den Bauten unter den Aschtarchaniden bis auf die Neuzeit übrig geblieben ist, beschränkt sich auf folgende: das Collegium Jeleuktosch, das 1020 (1611) gegenüber dem damals schon ruinirten Collegium Ulug Beg erbaut wurde; eine Moschee und ein Collegium in Bochara, vom reichen Nezr Diwanbegi im Jahre 1020 (1619) erbaut, und schliesslich zwei Körünüsch-chane's, d. h. Empfangssalone, die Baki Mehemmed Chan in Bochara und Samarkand 1014 (1605) erbauen liess. Ausserhalb Transoxaniens wird meistens Belch als jener Ort erwähnt, wo die betreffenden Statthalter am angeblichen Grabe Ali's unbedeutende Reparaturen vornahmen, worüber der Historiker der Zeit immer stark in die Posaune bläst. Nur Belch war in jener Zeit die Stadt, welche von Herat den Glanz der ehemals berühmten sunnitischen Gelehrsamkeit Chorasans geerbt hatte. Hier war es, wo die schiitischen Molla's von Meschhed ihre Thesen in der Controverse der einander mit erbitterter Feindschaft gegenüber stehenden Sekten schickten. Die Initiative war diesmal, so wie immer, von Iran ausgegangen, und wenn gleich die sunnitische Antwort, die der Belcher Gelehrte Mowlana Omar zur Zeit der Statthalterei Mekim Chans verfasste, so ziemlich objectiv gehalten war, so hatte die Verschiedenheit der Interpretation einiger Koransätze noch lange nicht die Jahrhundert alte Kluft ausfüllen können. Das des Friedens bedürftige Iran wollte diesen Streit stets mit der Feder auskämpfen, doch die sunnitischen Özbegen, die Beute und Sklaven suchten, zeigten sich immer bereitwilliger, die Antwort mit der Waffe zu ertheilen. Ist es denn etwa der erste Fall, dass das edelste Gefühl des Menschen im Interesse der gemeinsten Zwecke verwerthet wurde?

XVII.

Das Haus Mangit und Emir Maasum.

1109(1784) — 1242(1826).

Während unsere Nachrichten über die Geschicke anderer Länder Asiens im letzten Jahrhunderte immer ausführlicher und zuverlässiger werden, tritt in Transoxanien eben das Gegentheil ein. In dem Masse wir uns der Gegenwart nähern, wird der Schleier, welcher die dortigen trostlosen Zustände verhüllt, immer dichter und dichter. Nichts verlautet in den Annalen der Nachbarländer, das als sicherer Anhaltspunkt dienen könnte, und da auch europäische Reisende [1] dem verwilderten Lande sich nicht zu nahen wagen, so müssen wir uns einstweilen [2] mit dem matten Schimmer einiger hie und da zerstreuten Funken begnügen. Am meisten wird dieses Dunkel für die Einzelnheiten jener Epoche fühlbar, in welche der gänzliche Verfall der Aschtarchaniden und das Emporkommen des Stammes

---

[1] Europäische Reisende der Neuzeit haben Bochara nur im Anfang dieses Jahrhunderts besucht. Die Gebrüder Polo hielten sich daselbst zur Zeit Borak Chans 1264—1270 drei Jahre auf, und Anthony Jenkinson, der sammt den Gebrüdern Johnson als Agent russischer Tuchfabrikanten in Mittelasien reiste, war in Bochara 1558—59.

[2] Einer freundlichen Mittheilung des Maj. Gen. Sir Henry Rawlinson entnehme ich, dass in den Londoner Bibliotheken des East-India Office und des Britischen Museums mehrere auf die neuere Geschichte Bochara's Bezug habende orientalische Handschriften vorhanden sind. Leider musste ich auch erfahren, dass diese nur an Ort und Stelle zu gebrauchen sind, und da mir dieses unter meinen jetzigen Verhältnissen unmöglich ist, so hoffe ich später, im Falle diese Handschriften wirklich Unbekanntes enthalten, die Lücke auszufüllen.

Mangit¹ fällt, eine Begebenheit, deren Hauptursachen wol erklärlich, der eingehendern Erörterung aber noch immer bedürftig ist.

Dass unter den zahlreichen Özbegenstämmen, die Transoxanien zu ihrem Wohnorte gewählt hatten, eben die Mangiten, das sinkende Haus der Aschtarchaniden in der Herrschaft ablösten, das ist nicht so sehr dem Zufalle, als vielmehr jenem Vorzuge zuzuschreiben, dessen die Mangiten seit ihrem Erscheinen in Mittelasien sich erfreut hatten. Von der waldigen Urheimat im Nordosten der Mongolei durch Dschengiz Chan an die Ufer des Oxus gebracht, hatten sie während der Herrschaft der Dschengiziden in ihren neuen Wohnsitzen in der waldigen Gegend des linken Oxusufers, wo heute die Chiwaer Karakalpaks wohnen, sich bedeutend vermehrt und den Fürsten von Chiwa wichtige Dienste geleistet. Sie waren nächst den Kungrats die aristokratisch berühmtesten und tapfersten unter allen Türkenstämmen, wesshalb Scheïbani-Mehemmed Chan zur Zeit seines Auftrittes einen Theil von ihnen in seinen Sold nahm. Diese waren es, die sich später im Chanate von Bochara und zwar auf der Steppe in der Umgegend von Karschi niederliessen und sowohl durch den kriegerischen Geist, den sie bewahrt hatten, als auch durch ihre Anhänglichkeit an das Herrscherhaus am Hofe von Bochara immer einen bedeutenden Einfluss ausübten. Solange die Fürsten der letzten Dynastie wirkliche Macht besassen, war der Bai (oberste Graubart) des Stammes Mangit ergebener Diener seines Herrn, doch unter Ebulfeïz hatte, wie wir sahen, Rehim Bai diese Stellung schon aufgegeben, denn er hatte unter dem Mantel des Vezirats die factische Herrschaft usurpirt und nicht nur letztgenannten

---

¹ Abulgazi, Genealogie der Türken, Seite 27 der Kazanischen Ausgabe, behauptet: man hatte die Mangiten desshalb so genannt, weil sie in einem dichten Walde wohnten, nämlich zur Zeit, als sie noch unter Botmässigkeit Dschengiz Chans standen; doch ist es mir unbegreiflich, wie Mangit, welches die alten tschagataischen Autoren Menghit schreiben, einen dichten Wald bedeuten soll. Heute sind die Mangiten in zwei Theile getheilt. Der eine wohnt im gleichnamigen Districte von Chiwa am linken Oxusufer, der andere um Karschi herum.

Fürsten, sondern auch dessen Sohn, dem er vorher seine eigene
Tochter gegeben hatte, hinrichten lassen. Auf Ilehim Bai folgte
in der Würde des Vezirats und des Stammesoberhauptes der
Mangiten, Danial Bai, der mütterlicherseits mit den Aschtarchaniden verwandt war und vielleicht auch desshalb einen
Enkel Ebulfetz Chans, den Prinzen Abdulgazi, zum Schatten-
fürsten machte, um in dessen Namen desto ungestrafter die
Zügel der schändlichen Habsucht und Tyrannei schiessen lassen
zu können. Ebulgazi Chan, der letzte Fürst Transoxaniens in
dessen Adern noch Dschengiz'sches Blut floss, soll vor seinem
Vezir und Majordomus in solchem Schrecken gelebt haben
dass er ohne dessen Einwilligung selbst sein Haus nicht zu
verlassen wagte. Danial Bai hatte in seinem Bunde nicht nur
sämmtliche Sipahis (militärische Oberhäupter), sondern auch
die habgierige Priesterclasse. Sich zum selbständigen Fürsten
zu erheben, wäre das leichteste in der Welt gewesen, doch er
überliess diese Rolle seinem Sohne Maasum, der durch Schlauheit und heuchlerisches Gebahren es so weit brachte, dass die
der Herrenlosigkeit müden Bocharaer ihm schliesslich mit Gewalt die Krone aufs Haupt setzten.

Emir Maasum, der von seinem Vater in den Kinderjahren
Beg Dschan [1] (Herzensprinz), im spätern Alter aber, weil er
vollkommen seinem Wunsche entsprach, Schahmurad (Königs-
wunsch) genannt wurde, war das treueste Conterfei jenes
auflsch-pietistischen Zeitalters, in dem er lebte, und das in
seinem individuellen Gebahren auch den Culminationspunkt
erreichte. Schon in den Jugendjahren pflegte er mit merklicher Vorliebe die Gesellschaft der religiösen Schwärmer, ver-
tauschte sogar die äusseren Abzeichen seines Standes mit der
sogenannten Chirkai derwischan, d. h. Bettlermantel, und während seine Brüder und Anverwandten um weltliche Herrschaft

[1] Es ist noch heute in Mittelasien ein altturkischer Gebrauch, dem Erstgeborenen den Zärtlichkeitsnamen von Baba Dschan (theurer Vater), Chan
Dschan (theurer Fürst), Beg Dschan (theurer Prinz) u. s. w. zu geben.
Bei Mädchen, die bekanterweise dem Vater in Asien nirgends eine Freude
machen, habe ich dieses nicht bemerkt.

untereinander in wilder Fehde lebten, brachte er ganze Tage in den Chanka's¹ (Klöstern) und Moscheen in frommen Betrachtungen, in denen ihn Niemand stören durfte, zu. Er verschmähte selbst den Theil, welcher vom väterlichen Erbtheil ihm zufiel, und sagte: „Gebt es denen, welche öffentliche Almosen vertheilen. Sie sollen, so viel als möglich, die entschädigen, von welchen es erpresst wurde; ich kann mich nicht dazu verstehen, meine Hände mit Geld zu beschmutzen, das gewaltsam ins Haus kam." Um der tiefen Reue und Zerknirschung über die begangenen Ungerechtigkeiten seines verstorbenen Vaters Ausdruck zu verleihen, legte er Busskleider an, hing ein Schwert um den Hals, und so durchzog er weinend und schreiend die Strassen, alle Einwohner um Verzeihung bittend für die Unbill, die ihnen während der Regierung seines Vaters zugefügt wurde. Man kann sich vorstellen, welche Begeisterung und Hochachtung diese Handlungsweise im Volke sowol als auch im Kreise der Mollawelt erweckte. Hätte Mir Maasum die durch diese Lebensweise erlangten Vortheile ausbeuten wollen, so wäre es ihm gleich nach dem Tode seines Vaters gelungen, über die um den Thron unter einander zerfallenen Brüder und rebellischen Landesgrössen einen glänzenden Sieg zu erringen; doch er wartete noch eine Zeit, denn er wollte die Basis seiner zukünftigen Operationen in noch soliderer Weise anlegen. Im Vorhofe der Mcsdschidi Kelan (grosse Moschee) zurückgezogen, verbrachte er noch ein Jahr in religiösen Anschauungen, schrieb unterdess sein bestes Werk: „Ain ul Hikmet = die Quelle der Weisheit,"² und begnügte sich damit, wenn er die grosse Schaar der Bewunderer, die vor seinem Hause sich sammelten und ihm auf der Strasse

1 Seit jener Zeit ist es in Mittelasien gang und gäbe geworden, dass Landesgrosse, wenn sie von der Öffentlichkeit sich zurückziehen, ihr Leben nicht auf ihren Gütern, sondern in Klöstern oder Collegien zubringen.

2 So weit mir bekannt ist, schrieb Emir Maasum nur persisch und er ist demnach der erste türkische Fürst Bochara's, der aus religiösen Gründen seine Muttersprache vernachlässigte, denn obschon seine Vorgänger fast sämmtlich auch der persischen Sprache mächtig waren, so war doch die türkische Mundart bei ihnen die meist beliebteste.

allenthalben begleiteten, mit Fatiha's (Segen) oder mit seinem
wunderwirkenden Nefes (Hauch) beglücken konnte. Indess
nahmen die Wirren in allen Theilen des Landes immer grössere
Dimensionen an, selbst in der Hauptstadt wüthete der Partei-
kampf, und als bei einem der letzteren gegen tausend Bürger,
auch einige seiner Brüder, ihr Leben verloren, da begab sich
der schwache Fürst Abdulgazi, der dem Uebel nicht entgegenzusteuern vermochte, von einigen Grossen umgeben in die
Moschee zu Mir Maasum und bat ihn, die Vezirstelle, die Emir
Danial jahrelang so erfolgreich bekleidete, doch einmal anzunehmen, damit im Heiligenscheine seiner Persönlichkeit der
erloschene Glanz des Thrones wieder erhelle und der Friede
wieder hergestellt werde. Und noch sträubte der heilige Mann,
unter dessen Anführung später Tausende von Menschen ermordet
und ganze Gegenden verwüstet wurden, an irdische Dinge eine
Hand legen zu wollen! Er versprach nur mit Rath und nicht
mit That beistehen zu wollen, und nur dann erst, als Nijaz
Ali Beg, der rebellische Chef von Schehri Sebz, mit seinen
häufigen Einfällen in Bochara das Land mit dem äussersten
Verderben bedrohete, da sah er die Gefahr einer längeren Enthaltsamkeit schliesslich ein. Er stellte sich an die Spitze eines
Heeres und trieb nicht nur den Rebellen über die Grenzen des
Chanates hinaus, sondern nahm ihm auch Hissar und Karschi,
das dieser sich früher gewaltsam angeeignet hatte, ab und
stellte dermassen die Ordnung allmälig wieder her. Es ist
selbstverständlich, dass mit dem Wachsen des politischen Ein-
flusses Emir Maasums jeder Zweig der innern Verwaltung den
Zuschnitt der streng islamitisch-hierarchischen Verfassung erhielt, eine Verfassung, die Bochara von jeher angestrebt hatte
und die nur während der schlaffen Regierung der letzten Fürsten
ausser Acht gelassen wurde. So lange der schlaue Frömmler
den Vorschriften des Islams ihre frühere Achtung zu verschaffen
bemüht war, so lange liess er Abdulgazi im Genusse des jedenfalls nur spärlichen Fürstenglanzes; doch nachdem er theils
durch das Beispiel seines eigenen Ascetenlebens, theils durch
Strenge alles ins gewünschte Geleise gebracht hatte, da trat

er auch gegen letzteren auf. Es war der Lebenswandel des
angeblichen Aschtarchaniden, in dem er Mängel gefunden
hatte, er versetzte ihn daher in ehrenvolle Ruhe mit dem
Genusse einer bestimmten Pension und bestieg selbst im
Schaaban 1190 (Juni 1784) den Thron Transoxaniens, um
von demselben Thaten zu insceniren, die mit dem geflickten
Derwischmantel, in den er sich einhüllte, keinesfalls im Ein-
klang standen.[1]

Das Feld seiner ersten Thätigkeit ausserhalb den Grenzen
Transoxaniens musste natürlich Persien oder richtiger gesagt
dessen nordöstliche Provinzen werden, wohin, vom grauen Alterthum angefangen, zu allen Zeiten, als im Lande der Ketzer,
religionsbegeisterte Räuber Plünderungszüge unternahmen, und
wo Emir Maasum sich auch die ersten Lorbeeren des Gazi-
thums[2] verschaffen wollte. Diese Jahrtausende alte Strasse
turanischer Raubzüge war jedoch damals noch nicht so wehrlos
wie heute, da sich einige feste Orte als Merw, Sarachs und
andere in den Händen tapferer Schiiten befanden, die den
frommen özbegischen Wegelagerern gar häufig das Handwerk
legten, und die Erfüllung der sogenannten Sunnitenpflicht: in
Chorassan alles zu verwüsten und den Bocharaer Sklavenmarkt
mit Waare zu versehen, gar sehr erschwerten. Es ist daher
gar nicht zu wundern, wenn Emir Maasum oder Beg-Dschan,
wie er von den persischen Autoren genannt wird, der mit
seiner aus Tausenden von Reitern bestehenden Armee doch im
Grunde genommen nichts anderes als das Bild einer heutigen

---

[1] Malcolm sagt in seiner Geschichte Persiens (deutsche Uebersetzung von
Dr. O. W. Becker, Leipzig 1830), dass Alxinlgazi dem Namen nach König
war und sein Haus aus den Kronbesitzungen erhalten wurde. Doch kann
ich diese Ansicht entschieden widerlegen, denn Mirza Sadik, der Munschi
(Hofschreiber), spricht ausdrücklich von Tag und Datum der Thronbesteigung
Emir Maasums.

[2] Gazi wird man eigentlich nur im Kampfe gegen Ungläubige (Kaflr).
d. h. Christen und Juden und gegen Götzenanbeter, doch dass die schiitischen
Mohammedaner in den Augen der sunnitischen Mittelasiaten für Ungläubige
galten, dessen ist schon Erwähnung geschehen. Die Osmanen haben diese
Theorie nicht anerkannt, denn sie halten die Perser nur für Ketzer (rafix.
mulhid).

turkomanischen Alaman in riesiger Form darbot, diese Hindernisse aus dem Wege räumen, mit einem Worte die Strasse öffnen wollte. Noch im Jahre seiner Thronbesteigung rückte er gegen Merw, das seit dem Beginne des Zeitalters der Sefideu in den Händen des Kadscharenstammes sich befand und von den Häuptlingen des Zweiges Izzeddinlu befehligt wurde. Dass dieser Zweig der Kadscharen mit den Aschtarchaniden verwandt war, dessen ist schon Erwähnung geschehen,[1] aber demungeachtet hatte der Sektenhass zwischen beiden die erbittertste Feindschaft genährt und an der Entschlossenheit der Garnisou von Merw scheiterte das mehr wie räuberische Vorhaben der Özbegen und Turkomanen. Als Emir Muasum vor den Mauern der letztgenannten Festung erschien, führte Dairam Ali Chan daselbst das Commando, ein Mann, der die raublustigen Horden der Umgebung Jahrelang In Schach hielt, nun aber gegen die grosse Zahl der Feinde sich vergebens wehrte. Sein Stammesgenosse, der eben so ruhmsüchtige als unermüdliche Aga Mehemmed Chan, war im Kampfe um die keljanische Krone mit dem tapfern Lutf Ali Chan im Süden Persiens beschäftigt, Chorasan war unter mehreren nach Unabhängigkeit strebenden mit einander in ewiger Fehde lebenden Fürsten getheilt, und Herat, die bewährte Schutzmauer gegen turanische Einfälle, war im Besitze Scharuch Mirza's, eines Enkels Nadir Schahs, der, treu der Allianz, die sein Grossvater mit Ebulfeiz geschlossen hatte, nun frohlockend zusah, wie das Verderben über einen Kadscharen, einem Erzfeinde seines Hauses, hereinbrach. Der ganz hülflos dastehende Bairam Ali Chan wurde daher, trotz den heroischen Austrengungen, die er machte, trotz der heute in Liedern verherrlichten Tapferkeit seiner Krieger, die in Ihren kühnen Ausfällen auch von den bewaffneten Frauen und Mädchen begleitet waren, schliesslich dennoch überwältigt. Er fiel

[1] Siehe II. Band S. 114 dieses Buches. Ich wiederhole hier, dass beide Familien des Verwandtschaftsverhältnisses vollauf bewusst sind, und diesem anvertrauend hat erst in der Neuzeit Schahruch Mirza, ein Cousin des gegenwärtigen Schahs von Persien, als er wegen Veruntreuung oder geheimer Verschwörung sich flüchten musste, am Hofe zu Buchara Gastfreundschaft gesucht.

unter den Mauern Merws,[1] und nachdem die Özbegen die Umgebung letztgenannten Ortes gänzlich verwüsteten, alle Einwohner in Sklaverei schleppten, ja sogar, um eine zukünftige Bebauung der Gegend zu verhindern, den Jahrhunderte alten Bewässerungsdamm Bend-i-Merw zerstörten,[2] trat ihr frommer, gottesfürchtiger (?) Anführer den Rückweg nach Bochara an. Dieser erste Einfall war jedoch nur der Anfang jener für Persien so unheilvollen Raubzüge, die Emir Maasum während seiner Regierung mehrere Jahre lang nach einander unternahm.[3] Merw, wo nach dem Falle Bairam Ali Chans sein tapferer Sohn Mehemed Husein mit einiger Unterstützung des Afganen Timur Schahs sich noch einige Zeit behauptete, wurde schliesslich ganz in Ruinen gelegt,[4] seine türkischen Einwohner wurden gewaltsam nach Bochara übersiedelt, wo sie noch heute den Namen Merwi führen,[5] und vom stolzen Margiana des Alterthums ragen seit jener Zeit nur einzelne Erdhaufen als Zeugen vergangener Grösse aus der monotonen Steppenlandschaft empor.[6] Im Jahre 1205 (1790) haben die Sarik und nach diesen, ungefähr im Jahre 1250 (1834), die Tekke-Turkomanen, die

[1] Nach Mirza Sadik liess Emir Maasum das Haupt des gefallenen Baisamali vom Körper trennen und in Bochara an einem Galgen aufhängen.

[2] Dieser Damm, oder richtiger gesagt das Reservoir, dem er zum Schutz diente, befand sich in nordöstlicher Richtung von Merw und bezog sein Wasser vom Murgab. Seitdem er zerstört wurde, hat in Ermangelung des kostbaren Wassers die ganze Bodencultur Merws sich auf einige Melonen- und Gemüsefelder beschränkt.

[3] Mirza Sadik spricht von vier grösseren Einfällen, an denen sich Emir Maasum persönlich betheiligte.

[4] Nach dem Ranzat es sefa hat der Herrscher von Bochara seinen Sohn Nasir-ed-din mit einer Garnison in die Citadelle Merws zurückgelassen.

[5] In Folge einer unrichtigen Information habe ich in meiner Reise in Mittelasien Seite 295 Emir Said als denjenigen bezeichnet, der die Einwohner Merws gewaltsam in Bochara ansiedelte.

[6] Von europäischen Reisenden sind die Ruinen Merws in der Neuzeit durch Burnes, Wolf, Richmond, Shakespeare, J. Abbot, Thomson, der nach genannten zwei letzteren Briten mit einer Mission beim Chane von Chiwa vertraut war; ein neopolitanischer Abenteurer, Namens Flores Naselli, der trotz aller Abredung sich nach Bochara begab und dort hingerichtet wurde, und schliesslich Blocqueville, der ein ganzes Jahr daselbst turkomanischer Gefangener war.

früher in Achal (westlich) wohnten, von den Ruinen Besitz genommen und von jener Stätte, wo einst persische Wissenschaft und persische Industrie blühete, dringen jetzt nur vom Kettengerassel begleitete persische Klagetöne jener unglücklichen Iranier empor, die in schwerer Gefangenschaft unter turkomanischen Zelten ihren schmachtenden Blick nach der nahen Heimat wenden! Schon das nächstfolgende Jahr kam an Meschhed die Reihe; doch als dessen Festungswerke unverhofften Widerstand leisteten, erklärte der fromme Heerführer: dass der heilige Imam Riza ihm in einem Traume erschienen sei und befohlen habe, Meschhed, d. h. den Ort des Martyriums sammt Umgebung zu schonen. „Ich weiss, dass der Imam lebt," sagte Emir Maasum, „er soll mir nicht vorwerfen, dass ich seine Ruhe gestört habe," und zog auch ab, nachdem er die naheliegenden Ortschaften mit desto grösseren Verwüstungen heimsuchte. Seit den Einfällen Scheibani's und Abdulmumin Chans hatte der Nordosten Irans von den turanischen Horden nicht so viel gelitten, wie unter der Regierung dieses Bettlerfürsten. Nach Aussage Mirza Sadiks war 20,000 die geringste Zahl der bei einem Einfalle sich betheiligenden Özbegen und Turkomanen, und wie man in Bochara erzählt, war der Sklavenmarkt so überfüllt, dass rüstige Schiiten um den Preis einiger Tenge (= etwas weniger als ein Frank) nicht abgesetzt werden konnten.[1] Wie viel Thränen zerstörten Familienglücks wurden nicht jenes Mannes halber vergossen, der in Fetzen gehüllt auf einem schlechten Klepper einherritt, der zur Verspottung irdischen Glanzes in Schmutz und Unflath einherging und in ärmlichem Zelte auf einem schlechten Teppiche stundenlang in Anschauung der Göttlichkeit sich vertiefen konnte. Und dennoch hatte der zelotische Herrscher Bochara's dieses grausame Spiel beinahe zwölf Jahre lang mit Iran getrieben! Im Jahre 1212

[1] Nur in der neuesten Zeit wiederholte sich dieser Fall in Bochara, als nämlich Nasr-ed-din Schah eine aus 20,000 bestehende Armee nach Turkestan expediren wollte und diese um Merw herum von nur 3000 Tekke-Turkomanen eine schmähliche Niederlage erhielt. Nur einige hundert Perser entkamen, die übrigen wurden gefangen genommen und auf den Sklavenmärkten Bochara's und Chiwa's um Spottpreise abgesetzt.

(1797) endlich, als Aga Mehemmed Chan, der Gründer der gegenwärtigen am Throne Persiens sich befindlichen Dynastie, nach Herstellung der Ruhe in Fars und Azerbaidschan sich nach Chorasan begab, wollte er dieser fürchterlichen Plage Einhalt thun. Ein Feldzug über den Oxus schien dem Perserkönig bei den unsichern Zuständen seiner innern Politik weder rathsam noch ausführbar, er versuchte es daher erst auf diplomatischem Wege, den Özbegen eines bessern zu belehren und überschickte ihm durch Mehemmed Husein Izzeddinlu folgendes, schon desshalb höchst interessantes Schreiben, weil wir in demselben zum ersteumale eine Anspielung auf die nationale Einheit des Türkenvolkes antreffen.¹ Der im Rauzat es sefa auszugsweise mitgetheilte Brief lautet folgendermassen:

... „Es ist unnöthig, die Geschichte des Seffden und der Zeitgenossen Mehemmed Schellani Chans bis zum Afscharen Nadir Schah zu recapituliren. Ich weiss es wol, auch dir ist es zur Genüge bekannt, dass Belch, Merw, Zemindawer, Sistan, Kandahar und Kabul von jeher integrirende Theile des iranischen Kaiserreiches waren. Wohlan, was ist dir wol in Sinn gekommen, um Belch und Merw zu erobern und im letztgenannten Orte Bairam ali Chan, den Anverwandten meiner erlauchten Familie, zu tödten. Willst du etwa die alten Kämpfe zwischen Iran und Turan erneuern? Dieser Aufgabe fürwahr bist du nicht gewachsen!" Mit dem Schweife des Leuen zu spielen oder den Tiger am Ohre zu kitzeln, ist keines klugen Mannes Thun. — Es stammen doch alle Menschen von Adam und Eva ab, und wenn du auf deine Verwandtschaft mit turanischen Fürstengeschlechtern pochest, so wisse, dass meine Abstammung auch von denselben ist. Der Ursprung und die

¹ Der mohammedanische Satz: „Kulli muminin lehretun = alle Rechtgläubigen sind Brüder" hat bekanntlich unter den islamitischen Völkern von jeher die Nationalitätsidee unmöglich gemacht, und um so weniger wäre es dem rauhen Kadscharen oder seinem Mirza (Schreiber) zuzumuthen gewesen, dass er einen Begriff von der ethnischen Einheit der Dynastien China's, Indiens und Roms gehabt habe.

² Welch treffliche Ironie, aus dem pfäffischen Emir Maasum einen Efrasiab machen zu wollen!

Abkunft Kadschar Nojans [1] ist nicht nur edler und erlauchter als der der Familie Mangit und Kungrat, sondern er überragt in Herrlichkeit selbst die berühmten Häuser von Solduz und Dschelair. [2] Wir sind insgesammt Gott dem Allmächtigen Dank schuldig, dass er die Herrschaft über Turan und Iran, über Rum, Rus, China und Indien der hohen Familie Turks verliehen hat. Jeder sei mit dem ihm zugefallenen Besitze zufrieden und strecke nicht die Hand über die Grenzen seines Reiches aus. Auch Ich will zwischen den alten Grenzen Iran in Frieden verweilen, und Niemand von uns überschreite den Oxus." ...

Wie uns eine andere persische Geschichtsquelle erzählt, war fragliches Schreiben in einem ganz anderen Tone abgefasst, denn es enthielt Drohungen, im Falle Mir Maasum nicht auf der Stelle die gefangenen Perser herausgeben wolle. Dem entsprechend soll auch die Antwort ausgefallen sein. Beg-Dschan erlaubte sich sogar mit dem Namen des grössten der Kadscharen Spott zu treiben, indem er ihn statt Aga Chan Achta Chan, d. h. castrirter Fürst nannte und keinesfalls 60,000 gefangene Perser zurückschickte, wie uns der Autor des Nasih el tewarich einreden will. Wäre Aga Mehemmed Chan nicht eben um diese Zeit durch die Kaiserin Katharina von Russland angegriffen worden, die das grausame Schicksal ihrer schutzbefohlenen Georgier rächen wollte, weshalb der Perserkönig seine Aufmerksamkeit und seine Armee nach den Ufern des Araxes zu richten hatte, so hätte die Welt das sonderbare Schauspiel erlebt, wie die zwei bizarren Grössen der damaligen Innerasiatischen Islamwelt, denn der eine war castrirt, der andere hingegen ein alter Bettelmönch, trotz allem Mangel an äusseren Attributen asiatischer Krieger und Eroberer, um die

---

[1] Nojan ist bekanntlich der Titel, welcher den höheren Officieren des mongolischen Heeres verliehen wurde. Ob der Stammvater der Kadscharen wirklich diesen Titel besass, ist deshalb noch nicht ausgemacht, denn in Persien habe ich viele Türken ihren Stammvater mit diesem Titel bezeichnen gehört. Besonders stolz sind die Kaschkai's in Schiraz auf diesen Titel.

[2] Warum Solduz und die Dschelair als die berühmten bezeichnet werden, ist mir unbekannt. Beide Stämme bewohnten immer das Land jenseits des Oxus und kamen wie die meisten Türken mit Dschingiz von Osten her.

Superiorität mit einander den harten Kampf ausfechten. Doch so kam eben eine dritte Macht dazwischen, die wol später beide nach einander zu Boden warf, für den Augenblick aber dem bigotten Özbegen dazu verhalf, dass unter seinem Schutze auch fernerhin kleinere Raubpartien sich nach Persien unternehmen liessen.

Es war übrigens nicht nur gegenüber schiitischen Ketzern, an denen Emir Maasum seine religionsbefohlene Kampfglut stillte, er befand sich auch im Kriege mit sunnitischen Rechtgläubigen, wo er sich nicht das Verdienst eines Gazi's erwerben konnte, und wo die Waffe der Eroberungslust sich vergebens unter dem Derwischmantel verbarg. Die Afganen, ein Volksstamm arischer Abkunft, die zur Zeit Mahmuds des Gaznewiden nur einen kleinen unansehnlichen Clan in den Gebirgen der Suleïmanskette bildeten, in den folgenden Jahrhunderten aber sich dermassen ausgebreitet, dass sie heute schon beinahe den ganzen Landstrich zwischen dem Oxus und Indus, zwischen dem Pamirer Plateau und Sistan einnehmen, hatten um diese Zeit schon eine bedeutende Rolle auf der Bühne centralasiatischer Begebenheiten gespielt. Ungefähr bis zum Anfange des achtzehnten Jahrhunderts christlicher Zeitrechnung waren sie, um gegen Uebergriffe özbegischer Macht sich zu schützen, theils den Kaisern von Indien, theils den Königen von Persien tributpflichtig, und als im letztgenannten Laude der Herrscherglanz der Sefiden erloschen war, waren es eben die Afganen, welche unter Anführung Mahmuds aus dem Stamme Gilzai den Thron in Isfahan gänzlich über den Haufen warfen. Aus den Gauen Irans hatte sie Nadir wohl zurückgetrieben, doch nach dem Untergange dieses letzten asiatischen Weltstürmers hatte einerseits der Verfall der Mogulenherrschaft in Indien, andererseits die Schwäche der özbegischen Regierung am Oxus sie in Stand gesetzt, als Erben jenes Theiles des Nadir'schen Reiches aufzutreten, welches zwischen dem Indus und dem Oxus gelegen war. Ahmed Schah, aus dem Zweige Durani, bemächtigte sich im Jahre 1106 (1752), nachdem er mit Scharuch Mirza, dem Enkel Nadir's, ein Bündniss geschlossen hatte, sämmtlicher

cisoxanischer Besitzungen des Chanates von Bochara. Meimene,
Andchoi, Aktsche, Schiborgan, Serpul, Chulm, Bedachschan,
Belch und Duolian, alle huldigten Deg-i-Chan,[1] dem Generale,
den er zur Eroberung ausgeschickt, der auch für seine Waffen-
that den Titel Sadraazam erhielt. Dem damaligen schläfrigen
Herrscher am Zerefschan, oder besser gesagt, seinem allmächtigen Vezlere Danial Rai war an dem Verluste dieser Provinzen,
wo zumeist rebellische Vasallen herrschten, wenig gelegen,
doch desto mehr kam diess nun seinem Sohne Emir Muasum zu
Statten. Ihm war die Machtausdehnung der Afganen schon
längst ein Dorn im Auge, und als Timur Schah, der Nachfolger Ahmed Schahs, 1203 (1788) auf dem Feldzuge nach
Bahaulpur sich befand, ging der Özbegenfürst ober den Oxus
bei Kilif und eroberte, wenngleich nicht alle, doch den grössten
Theil genannter Plätze zurück. Als Timur Schah von diesem
Vorfalle benachrichtigt wurde, richtete er an seinen Gegner
ein Schreiben, in welchem der von religiöser Hypocrisie be-
mäntelte Ehrgeiz Emir Maasums ganz klar dargelegt wird.[2] —
Timur Schah erinnert ihn an das freundschaftliche Verhältniss,
das von jeher zwischen dem Hause Durani und den Özbegischen Herrschern bestanden habe, und dass er (Emir Maasum)
demungeachtet die Beeinträchtigung duranischer Interessen
vor Augen habend, sich stets mit bereitwilligen, unterthänigen Erklärungen aus dem Staube gemacht habe, sobald die Angelegenheiten mit dem Ausbruche eines offenen
Krieges drohten. Trotzdem kein Staat berechtigt ist mit den
Unterthanen eines anderen Landes wegen Religionsansichten
Krieg zu führen, so habe er dennoch Merw erobert, dessen
schiitische Einwohner in die Gefangenschaft getrieben, indem
er als Ursache angab, sie zum rechten Glauben bekehren zu
wollen. Doch nun liege die Ungereimtheit seines Verfahrens
offen und klar. Wenn ihm die Bekehrung von Ungläubigen
so sehr am Herzen liege, warum trete er hindernd den Afganen

[1] Siehe History of the Afgans by J. P. Ferrier. London 1858. S. 81.
[2] Siehe An Account of the kingdom of Caubul. By the Honourable
Montstuart Elphinstone. London 1842. Vol. II. S. 315.

entgegen, durch deren Eroberungen in Indien doch so viele
ungläubige Hindus, Christen und Juden ausgerottet werden? —
Und ferner, was wollen seine Kriege gegen die Einwohner von
Schehri Sebz, Chodschend und Turkomanen bedeuten, die
doch ganz regelrechte Sunniten sind? „Diese Leute — so fuhr
Timur Schah in seinem Briefe fort — haben bei mir um Hülfe
angesucht, ich werde mich auch ihrer Sache annehmen und
sofort gegen Turkestan aufbrechen." —

Im Frühling des Jahres 1204 (1789) marschirte Timur Schah
an der Spitze einer zahlreichen und wohlgerüsteten Armee [1]
den Ufern des Oxus zu und griff zuerst Aktsche an, dessen
özbegischer Commandant Rahmet Bi der Uebermacht weichend
in das bei Killif sich befindliche Lager seines Herrn
flüchtete. Emir Maasum, der eben damals auf dem Punkte
war in Chorasan, wo seine Bemühungen im vergangenen Jahre
erfolglos blieben, mit einem grösseren Heere einzufallen, fühlte
sich durch den afganischen Angriff unangenehm überrascht,
und hätte gerne gleich im Anfang den Weg der Verständigung
betreten. Um sich keine Blösse zu geben, schickte er Rahmet
Bi in Begleitung Sultan Murad Bi's mit einer kleinen Truppenabtheilung
nach Aktsche zurück, was zu einigen unbedeutenden
Gefechten Anlass gab; doch da er wusste, dass auch Timur Schah
nur mit Widerwillen diesen Feldzug unternommen, so liess
er ihm durch eine Gesandtschaft, bestehend aus den geachtetsten
Molla's von Bochara Friedensvorschläge machen und trug
wie immer, wenn Umstände ihn dazu nöthigten, auffallende Demuth
und Unterthänigkeit zur Schau, so dass der Afganenkönig,
der im vorher erwähnten Schreiben ihm eben diese List
vorwarf, sich nun wieder in die Falle locken liess und nicht
nur mit ihm Frieden schloss, sondern ihm sogar den ferneren
Besitz der gewaltsam entrissenen Orte gestattete. So lange
Timur Schah lebte, respektirte Emir Maasum die Stipulationen
und rührte sich nicht. Doch als im Jahre 1209 (1793) der Durani
Fürst mit dem Tode abging und von seinem Sohne Schah

[1] Elphinstone Vol. II. Seite 305 gibt die Zahl des afganischen Heeres
auf 100.000, Mirza Sadik auf nochmal so viel an.

Zeman gefolgt wurde, da fiel er sofort im Gebiete von Belch ein, nahm den Statthalter sammt 4000 der besten Truppen auf einem Hinterhalt gefangen, und cernirte sogleich Belch in der Hoffnung, dass die übrigen Truppen bestürzt über das Schicksal ihres Anführers sich nun ergeben werden. Hierin hatte er sich jedoch getäuscht. Er drohte, im Falle eines längeren Widerstandes, den gefangenen Anführer vor den Augen der Garnison hinrichten zu lassen; später wurde die barbarische Drohung auch zur Thatsache, doch die Afganen hielten aus bis Schah Zeman aus dem siegreichen Feldzuge in Chorasan nach Kabul zurückgekehrt war und hofften nun auf baldige Befreiung. Auch Emir Mausum war auf eine solche Eventualität gefasst. Doch als er eine Zögerung wahrnahm, ergriff er die Gelegenheit, um sich von der eminenten Gefahr zu befreien, und schickte eine Gesandtschaft nach Kabul mit Versprechungen: seine Ansprüche auf Belch und der Umgebung aufzugeben und in der Zukunft den mit Timur Schah gemachten Vertrag einzuhalten. Schah Zeman, der mit seinen Eroberungsplänen auf Indien vollauf beschäftigt war, zeigte sich gerne zur Nachgiebigkeit bereit, und Emir Massum konnte sein Heil wieder seiner schlauen Politik verdanken. Hiermit wurde übrigens seinem feindlichen Ansinnen gegenüber dem benachbarten Afganenfürsten noch lange nicht ein Ende gemacht. Als 1214 (1799) Schah Mahmud, ein Bruder und Rivale Schah Zemans, nach mehrmaligen verunglückten Versuchen sich des Thrones zu bemächtigen, die Flucht ergreifen musste, da war es Emir Massum, der ihm in Bochara eine Zufluchtstätte anbot. Gegen die Gesetze der Gastfreundschaft konnte Schah Zeman dem Özbegen offen nichts anhaben,[1] doch trachtete er auf heimlichem Wege durch Versprechung grosser Geldsummen die Auslieferung zu bewerkstelligen. Hätte der Afganenkönig eben um diese Zeit mit dem Kadscharen Aga Mehemmed Chan sich in geheime Allianzen nicht eingelassen, so hätte der alte Bettler-König von Bochara sich gewiss keine Gewissensbisse gemacht, selbst das heiligste

---

[1] Später musste Schah Zeman selber als Flüchtling am Hofe zu Bochara Schutz suchen.

Gesetz der Asiaten zu verletzen, doch so liess er sich diesmal nicht erweichen und antwortete dem Gesandten Schah Zemans, der wenigstens die strenge Bewachung seines flüchtigen Bruders sich erbat: er bürge dafür mit seinem Kopfe, Mahmud werde Bochara nicht verlassen. In der That hätte Mahmud mit dem Kopfe auf dem Leibe Bochara nicht verlassen können, wenn ein einflussreicher Özbege ihm die Flucht nach Chiwa nicht ermöglicht hätte, wo er von dem dortigen Herrscher, Mehemmed Rehim Chan, freundlich aufgenommen wurde. Im Jahre 1217 (1802) starb endlich Emir Maasum nach einer achtzehnjährigen Regierung, die von den Einwohnern Bochara's als die glorreiche Epoche der jüngsten Vergangenheit bezeichnet wird, und da dieselbe noch frisch im Angedenken der jetzigen Generation lebt, so pflegt der Tadschik und Özbeg nie fertig zu werden, wenn er von der gerechten, frommen und herrlichen Regierung dieses mohammedanischen Musterfürsten zu erzählen anfängt. Am meisten wird natürlich der streng religiöse Charakter seines Regimes angerühmt. Er war es, welcher das Amt des Reïs-i-Scheriat (Wächter des Religionsgesetzes) wieder ins Leben rief, und zwar zu einer Zeit, wo man im ganzen Islam dasselbe schon vergessen hatte.[1] Der Reïs musste täglich die Strassen durchziehen, um in Begleitung seiner Schergen, die mit der canonischen vierzüngigen Peitsche bewaffnet waren, die Leute in Religonsangelegenheiten einer öffentlichen Prüfung zu unterziehen. Wer das Farz ul aïn (Hauptpflicht), einige obligate Gebete in arabischer Sprache nicht citiren konnte, oder dem in den Turbanfalten die üblichen Kesek (Erdschollen)[2] fehlten, der erhielt auf der Stelle eine gute Tracht Prügel oder wurde auf mehrere Tage ins Gefängniss geworfen. Nachlässigkeit im Moscheenbesuch oder Versäumung der obligaten Gebetsstunden

[1] Wie ich in Constantinopel hörte, war dieses specielle Religionsamt in der Türkei nie in Anwendung gebracht. Auch in Persien und Nordindien existirte es nicht, und nur in Mekka, Medina und an einigen Orten Ostafrika's soll es zeitweise während der letzten Jahrhunderte existirt haben.
[2] Ueber Bedeutung und Anwendung des Kesek siehe meine Skizzen aus Mittelasien. Leipzig 1868. S. 150.

wurden das erstemal mit strenger körperlicher Züchtigung, das zweitemal mit dem Tode bestraft; in ähnlicher Weise verfuhr man mit Weintrinkern und Tabakrauchern,[1] während Räuber, Diebe und Buhler ohne weiteres dem Henker übergeben wurden. Dieses krampfhafte Festhalten an den Religionsvorschriften machte sich auch in allen Zweigen der politischen Verwaltung bemerklich. Der Rechtgläubige hatte nur das legale Zehent des Boden und Viehertrages und die Zekiatgebühren, d. h. 2½ Procent seines Einkommens als Armensteuer, ebensoviel auch als Zoll importirter Waaren zu entrichten, während Ungläubige, nämlich Hindus, Juden und Christen Dschiziat, d. h. Kopfsteuer zu zahlen hatten. Auch seiner fürstlichen Haushaltung trachtete Emir Massum jenen streng religiös-patriarchalischen Zuschnitt zu verleihen, durch welchen die ersten Chalifen den späteren „Fürsten der Rechtgläubigen" ein Beispiel der Genügsamkeit geben wollten. So wie es Omar angerühmt wird, mit dem Beit el Mal (Staatskasse) derartig gekargt zu haben, dass er mit einfachster Kost sich zufrieden stellend, nur jährlich ein neues Kleid sich vergönnte, eben so bestimmte der fanatische Herrscher Bochara's für seine Person täglich nur eine Tenge; dieselbe Summe erhielt auch sein Koch, sein Diener, ja selbst der ärmste Insasse eines Collegiums, welch' letztere so zahlreich waren, dass sie zu einer Zeit mehr als 30,000 nach göttlicher Wissenschaft durstende Schüler beherbergt haben sollen. Durch diese Massregeln wurde jedoch dem Luxus und der Habgier seiner Officiere kein Einhalt gethan, denn während er selbst ein altes verfallenes Zelt bewohnte, in einen faserigen kamelhaarenen Tschapan (langes Oberkleid) sich hüllte, aus einem schmutzigen Topfe ein schlechtes Gericht verzehrte, gingen die Officiere seiner Armee in Seidengewändern einher, trugen reichverzierte Waffen und bedienten sich selbst im Lager goldener und silberner, mit Edelsteinen besetzter Gefässe. Es schien der Contrast zwischen dem

---

[1] Das Tabakrauchen war eine geraume Zeit auch in Persien und in der Türkei strenge verboten, weil die Religionsgelehrten den Genuss desselben zu den Musekkirat (berauschende Genüsse) rechneten.

blendenden Glanz seiner Leute und dem ärmlichen Aussehen seines Aeussern ihm besonders gefallen zu haben, und es war auch dieser Heiligenschein des Derwischthum, dem er sein grosses Ansehen verdankte und mittelst welchem es ihm gelang die unruhigen Elemente so vieler Özbegen- und Turkomanenstämme achtzehn Jahre hindurch zu seinem Zwecke zu verwenden. Trotzdem er während dieser ganzen Zeit fast jedes Jahr einen Feldzug unternahm und ausser den erwähnten Kriegen auch mit den benachbarten Fürsten von Chiwa und Chokand[1] in Feindseligkeiten stand, erfreute sich das Chanat von Bochara unter seiner Regierung doch eines seltenen Grades des Wohlstandes, denn es lebt nicht nur die seltene religiöse Strenge, sondern auch die Milde und Gerechtigkeit seiner Verwaltung im Andenken seines Volkes. Für uns ist die Regierung Emir Maasuma auch schon desshalb interessant, weil unter derselben der alte Kampf zwischen Iran und Turan seinen gänzlichen Abschluss gefunden, denn er war der letzte Fürst, der mit bewaffneter Hand in Iran eingefallen war.

Sein Sohn und Nachfolger Seid Haider Töre bestieg unter dem Namen Emir Said 1218 (1803) den Thron Transoxaniens. In Religionsschwärmerei, Bigotterie und Fanatismus war er nicht nur das wohlgerathene Kind seines Vaters, sondern er wollte letzteren sogar übertreffen, aber desto weniger hatte er von der Regierungskunst und Kriegslust seines Vorgängers geerbt, denn er war und blieb sein ganzes Leben ein Molla im strengsten Sinn des Wortes, folglich nach altözbegischem Begriffe nur ein halber Mann.[2] Das verhinderte aber den Frömmling nicht, den gottgeweihten Thron gleich im Anfang seiner Regierung mit Blut färben zu wollen. Es war nämlich sein Bruder Nadr-ed-din

[1] Zu dieser Zeit, nämlich 1202 starb Alym Chan, der berühmte Fürst Chokands gegen das Ende des vergangenen Jahrhunderts, der, so weit ich von Chokandern hörte, 30 Jahre die Bocharer in Schach hielt. Mit seinem Tode beginnt die Aggressionspolitik der Emire von Bochara gegen Osten und dauerte so lange, bis Russland unter beiden Kämpfenden die Ruhe herstellte.

[2] Ein özbegisches Sprichwort nämlich sagt: „Zwei Molla's machen einen Mann aus, ein Molla aber bloss ein Weib." (Siehe meine Tschagataische Sprachstudien S. 57.)

Töre, der wie bekannt, noch zur Lebenszeit Emir Maasume
mit Verwaltung der Provinz Merw betraut war, vor dessen
Rivalität er sich fürchtete, und um diesen in der Stille aus dem
Wege zu schaffen, bestand er darauf, vom Bruder nur persönliche
Huldigung entgegen zu nehmen. Da Nasir-ed-din die Gefahr
der brüderlichen Umarmung nicht unbekannt blieb, eilte er
statt Bochara, der persischen Grenze zu und suchte Schutz und
Hilfe bei Feth Ali Schah. Hätten die Kadscharen statt dem
eitlen und lächerlichen Glanze ihrer Herrschaft wirkliche Macht
besessen, so wäre diess eine günstige Gelegenheit gewesen,
dem räuberischen Nachbar, diesem Entvölkerer Chorasans, eine
tüchtige Lection zu geben; doch so wurde der flüchtige Prinz
nur mit leeren Versprechungen unterhalten, und Emir Said,
der schwächste Fürst aus dem Hause Mangit, brauchte vor
dem Zorn Feth Ali Schahs, ein Fürst, der sich glücklich fühlte,
dass er den längsten Bart im Lande und den schönsten Diamanten im Gürtel hatte, nicht im mindesten zu erschrecken.
Emir Said verblieb auch während dreiundzwanzig Jahren in
ruhigem Besitze seiner Herrschaft, verbrachte täglich mehrere
Stunden in den Klöstern mit Verrichtung seiner Andacht, oder
besuchte die exegetischen Vorträge berühmter Professoren und
als sein westlicher Nachbar, nämlich Mehemmed Rehim Chan
von Chiwa um den Tod seines Vaters Iltazar Chans zu retten,
über Tschihardschui und Karaköl alles verwüstend und plündernd bis zu den Thoren Bochara's vordrang, selbst dann dachte
Emir Said in seinem gottesfälligen Lebenswandel noch nicht gestört zu sein und rief: „Achir Rigistan amandur" d. h. ist doch
der Rigistan (der Platz wo der Palast sich befindet) noch sicher!
In Ermanglung verherrlichender Grossthaten wird eben von den
Bocharaern dieser streng pfäffische Sinn ihres Fürsten hoch
angerühmt. Das servile Gesindel der Hauptstadt am Zerefschan soll vor Freude Thränen vergossen haben, wenn der auf
einen Stock gestützte Emir, nicht der Körperschwäche halber,
sondern blos um den Molla zu spielen, mit gebeugtem Haupte
in den Strassen umherging. Ja noch mehr, man schrieb ihm
sogar Wunderkraft zu, trotzdem es eben von diesem lebendigen

Heiligen bekannt ist, dass er das heiligste der asiatischen Gesetze, nämlich die Gastfreundschaft in frecher Weise verletzend, die schöne Tochter des geblendeten und an seinem Hofe flüchtigen Schah Zemans gewaltsam wegnahm, und als der blinde Vater in gerechte Klagen ausbrach, auch noch diesen tödten lassen wollte. Welch' trauriges Bild von einem Fürsten, der durch Religion und Moral seinem Volke imponiren wollte! War doch schon früher das Sittengemälde in Bochara ekelhaft genug, so wurde es unter der Regierung dieser rohen Özbegen aus dem Hause Mangit noch viel verwerflicher und abscheulicher. Bei den Scheibaniden und Aschtarchaniden war noch hie und da ein Funke der Aufklärung und Bildung anzutreffen, die Mangiten aber, diese gelehrigen Schüler der herrsch- und habsüchtigen Molla's, wollten die Veredlung ihres Volkes nur auf dem Wege der Bigotterie und des Zelotismus bewerkstelligen. Das traurige Resultat ist wohl leicht erdenklich. So z. B. führte das Verbot des Weines und des Tabaks zum Genusse des viel schädlichern Opiums; das drakonische Gesetz zur Absonderung beider Geschlechter erzeugte ein schändliches Laster. Ja dieses wurde sogar öffentlich gebilligt, denn Miethe oder Besitz eines Betsche's [1] wurden vom Kadi im Tribunal geschlichtet. Und dieses Bochara behauptete schon damals von sich selber, dass es „Kuwweti islam u din est", d. h. die Stütze des Islams und des Glaubens sei!

[1] Juvenis imberbis.

XVIII.

Emir Nasrullah.

1242 (1826) — 1277 (1860).

In keinem Lande und bei keinem Volke des islamitischen Asiens hat das Sprichwort: „Die Fürsten der Zeit sind der Spiegel der Zeit"[1] eine so richtige Anwendung gefunden wie bei Nasrullah Bahadir Chan, dem Sohne und Nachfolger Emir Saids, der nach dem Ableben seines Vaters 1242 (1826) den Thron von Buchara bestieg. Man muss sich das Bild der durch grenzenlose Religions-Hypokrisie, krasse Ignoranz und gewissenlose Tyrannei verkrüppelten, im Sumpfe der Immoralität versunkenen Gesellschaft des damaligen Bochara's vorstellen können, um von der Schlauheit und dummen Unwissenheit, von der stolzen Ruhmsucht und Seelenverworfenheit, von dem blinden Religionsfanatismus und von den schändlichsten Lastern sich einen Begriff machen zu können, welche die einzelnen Charakterzüge Nasrullah Chans ausmachten. Schon die Art und Weise, wie er auf den Thron gelangte, kennzeichnen in ihm den reulosen Brudermörder. Da er als jüngerer Bruder keinen gerechten Anspruch auf den Thron haben konnte, so begann er noch zur Lebenszeit seines Vaters von Karschi aus, wo er die Stelle eines Distriktskommandanten bekleidete, zu intriguiren, indem er die einflussreichen Männer für seine Interessen zu gewinnen trachtete, was ihm auch gelang. Die bedeutendsten

---

[1] Es ist dies ein altes uigurisches Sprichwort, das in der Handschrift Kudatku Bilik vorkommt, mit kleiner Umänderung auch bei den Usbegen und Turkomanen noch heute sich vorfindet.

unter letztern waren der Kuschbegi Hakim Bai[1] und Mumin Bai, der Gouverneur von Hissar, die, obwol im Dienste des rechtmässigen Erben und spätern Fürsten Emir Huseïn, doch die Hauptursache seines Sturzes und Todes waren. Es wird mit Recht vermuthet, dass Emir Huseïn nach einer kaum drei monatlichen Regierung auf Anstiften Nasrullahs durch Gift aus dem Wege geräumt wurde, doch hatte eben dieser Mord einen dritten Prätendenten ins Feld gebracht, nämlich Omar Chan, einen Bruder Huseïns, mit dem nun Nasrullah im offenen Kampfe sich einlassen musste. Mit der Fetwa des Gross-Kadi von Karschi in der Hand, stürzte sich Nasrullah in Begleitung einer kleinen, aber ergebenen Schaar auf Samarkand, das ohne Schwertstreich die Thore öffnete, und nachdem er hier auf dem Köktasch[2] die ceremonielle Huldigung entgegengenommen hatte, ging er gerade auf Bochara los. Kette Kurgan, Kermineh und die übrigen festen Orte, welche zwischen beiden Hauptstädten gelegen sind, huldigten nacheinander. Bochara selbst leistete zwar einen hartnäckigen Widerstand während 40 Tage lang, doch die immer wachsende Hungersnoth und der Mangel an Wasser, denn Nasrullah hatte sich der Hauptkanäle bemächtigt, besonders aber das verrätherische Betragen Hakim Bai's spielten auch bald diesen Ort in seine Hände. Nasrullah zog den 22. März 1826 im Palaste am Rigistan ein. Omar konnte nur durch Flucht sich retten und starb bald darauf in Chokand, dessen Chan ihn gastfreundlich aufnahm, an der Cholera. Ueber die Leichen von noch drei seiner jüngeren Brüder, die mit kaltem Blute am Ufer des Oxus hingeschlachtet wurden und nach Hinrichtung einer grossen Anzahl von Anhängern seiner früheren Rivalen erlangte nun Nasrullah den unbestrittenen

[1] Bai entspricht dem osmanischen bey. Die Tadschiks und mitunter auch die Özbegen Bochara's sagen Bi.
[2] Koktasch = der grüne Stein in Samarkand, von dem wir schon sprachen, hatte nur unter den Aschtarchaniden wieder seine frühere Wichtigkeit beim Krönungsceremoniel erhalten. Die Scheibaniden, um jeder Timur'schen Tradition aus dem Wege zu gehen, hatten Bochara zu ihrer Hauptstadt gemacht und die übliche Thronaufrichtung auf dem Koktasch kam bei ihnen ausser Gebrauch.

Besitz der Herrschaft, um während der langen Dauer einer 34jährigen Regierung der Welt ein Beispiel zu geben, wie viel Schandthaten ein mohammedanisch-asiatischer Fürst zu begehen und wie viel Tyrannei ein durch Bigotterie geknechtetes Volk zu ertragen im Stande ist. In den ersten Jahren nach seiner Thronbesteigung, als er noch unter Controle des einflussreichen Hakim Bai stand, gab er sich das Ansehen als wenn er, den Fussstapfen seines Vaters [1] folgend, nur die strenge Ueberwachung des Religionsgesetzes und die Beglückung seiner Unterthanen als höchstes Ziel vor den Augen habe. Es war um diese Zeit, dass Alexander Burnes Bochara besuchte, sonst hätte er fürwahr von Nasrullah nicht sagen können: er habe sich von den bösen und lasterhaften Thaten, die ihm zum Throne verhalfen, erlöst und regiere nun seine Unterthanen mit gerechter und unparteiischer Hand.[2] Später natürlich, als jegliche Furcht vor Nebenbuhlern verbannt, er auf seinem Sitze sich sicher fühlte, entpuppte sich das fromme Thier zu einem grimmigen Tiger und versuchte seine Krallen, wie dies schon oft der Fall war, eben an demjenigen, dem er seine Macht am meisten verdankte, nämlich an seinem Kuschbegi Hakim Bai. Dieser hatte durch die anfangs gezeigte Willfährigkeit seines Herrn nicht nur ein grosses Ansehen, sondern auch grosse Reichthümer sich verschafft. Mehr als Tausend soll die Zahl der Sklaven gewesen sein, die er auf seinen Gütern bedienstete; von seinen Kameel-, Pferde und Schafheerden habe ich fabelhafte Berichte gehört, ja er soll sogar in separaten Karavanen nach Russland gehandelt haben, und als Nasrullah (ich will mich der Worte des Bocharaer bedienen) um die Gelse, die

[1] Obwol man in Bochara der Ansicht ist, dass Nasrullah selbst am Tode seines Vaters Schuld trägt, und beim Charakter Nasrullahs ist dies nicht ganz unwahrscheinlich.
[2] Siehe Travels into Bukhara by Lieut. Alexander Burnes. London 1834. Vol. II. S. 381. Mit Recht bemerkt daher derselbe Autor in seinem sieben Jahre später unter dem Titel „Cabool a personal narrative of a journey to and Residence in that city" erschienenen Werke S. 250: „His (Nasrullahs) acts of tyranny are so audacious and so numerous, that I have never ceased to congratulate myself at having passed so successfully through his kingdom." —

er ruhig an seinem Blute fett werden liess, zu erschlagen die
Hand aufhob, war sie wirklich bis zum Bersten fett geworden.
Da es für einen Tyrannen nichts leichteres gibt, als seinen
eigenen Diener für schuldig zu erklären, so wurde dem Kosch-
begi gar bald der Process gemacht. Er wurde der Veruntreuung des Staatsschatzes angeklagt, von seinem Amte abgesetzt und nach Karschi, später aber nach Nurata ins Exil
geschickt. Um sich mit der mächtigen Partei des Kuschbegi
auf einmal nicht zu verfeinden, wurde Ajaz Bai, der greise
Schwiegervater des letzteren, mit auffallenden Würden und
Auszeichnungen überhäuft,[1] doch als der Widerwille gewisser-
massen schon beschwichtigt war, liess er auch diesen ohne jede
Ursache ins Gefängniss werfen, und beide wurden im Frühling
1840 hingerichtet. Nasrullah hatte nicht nur nach den Schätzen
seines Veziers gegeizt, durch den Tod Hakim Dais ward er
auch durch einen unliebsamen Vormund befreit, er konnte nun
seinen vielartigen und scheusslichen Leidenschaften die Zügel
schiessen lassen und fing den erschrockenen Einwohnern Bochara's erst von nun an in wahrem Lichte sich zu zeigen an.
Nicht um Rathgeber, sondern um einen blind ergebenen Schergen zu haben, wurde der gewissenlose räuberische Maasum-
Birdi, der als turkomanischer Söldling an der Seite Nasrullahs
in Sünde und Verbrechen aufwuchs, zum Reïs (Polizeichef)
ernannt, auch wurden zeitweise einzelne Schandbuben mit der
Würde des Vezirs, oft jedoch nur auf einige Stunden lang be-
kleidet, doch musste ersterer schon 1830 die langdauernde
Gunst seines Herrn durch das Henkerbeil abbüssen, und Nasrullah blieb von jener Zeit angefangen auch im alleinigen und

[1] Ajaz Bal bekleidete den Posten eines Topischibaschi (Chef d'Artillerie)
und hatte immense Reichthümer gesammelt. Damit nun Nasrullah durch
plötzliche Kundgebung seiner Ungnade diese Reichthümer nicht verliere, liess
er den greisen Diener rufen, gab ihm ein Ehrenkleid und ein reich gesiertes
turkomanisches Pferd, und als der Beschenkte sich entfernen wollte, gab er
ihm das Geleite bis zum Thor, ja wollte ihm sogar aufs Pferd helfen. Der
Greis merkte den Groll, welcher hinter diesen perfiden Liebkosungen steckte,
er warf sich seinem Herrn zu Füssen und flehte, lieber sofort bestraft zu
werden. Nasrullah hob ihn auf, umarmte ihn und beschwichtigte auf solch
verrätherische Weise die gerechte Ahnung des armen Mannes.

unumschränkten Besitze seines Landes, ja auch des Lebens und
des Vermögens seiner Unterthanen. Wer könnte die Liste der
himmelschreienden Gewaltthaten wol herzählen, mit welchen
dieser schändliche Wüstling seine Regierung gebrandmarkt
hat! Seiner unersättlichen Habgier waren alle Klassen der
Bevölkerung, besonders die fremde Kaufmannswelt, fortwährend ausgesetzt, und Furcht hatte selbst der im Rufe
besonderer Wohlhabenheit stehende Bocharaer, wenn er de
furstlichen Aufforderung nicht zuvorkommend von Zeit zu
Zeit seine Gunst durch reiche Geschenke zu erkaufen ver-
säumt hatte. Eine fast unglaublich grosse Anzahl von Geheim-
schreibern und Spionen [1] war fortwährend thätig, aber jede
Kleinigkeit, die im Bazare, in der Schule, in der Moschee,
auf öffentlicher Promenade oder im Bade sich ereignete, Bericht zu erstatten. Diese Schergen der geheimen Polizei hatten
das Recht selbst in das Innerste der Familienkreise einzu-
dringen, und unter dem Vorwand einer strengen Ueberwachung der Religionsgesetze erlauschten und erforschten sie
alles, was der Habgier und Wollust ihres Herrn zu gut
kommen konnte. Da er in seinem verbrecherischen Lebenswandel das Interesse der einflussreichen betrügerischen Priester
schonte, so waren diese schamlos genug, durch Zurückhaltung
ihres Vetos, das zu allen Zeiten ein wirksamer Zaum für
Tyrannen war, ihm noch förmlich beizustehen. Ueberall war
die Roligion als Aushängeschild gebraucht. Wer sein Hab und
Gut, seinen Sklaven, seine durch Naturschönheit sich aus-
zeichnende Kinder beiden Geschlechtes von der schmutzigen
Hand des Tyrannen zu retten versuchte, der wurde der Widerspenstigkeit gegen den „Fürsten der Rechtgläubigen", gegen
„Gottes Schatten auf Erden" geziehet und musste seine Verwegenheit mit den schrecklichsten Strafen abbüssen. Derartige
Verbrecher auf dem Wege aller erdenklichen Torturen zu tödten,

[1] Man erzählte mir in Bochara, dass diese Leute, während sie mit ge-
kreuzten Händen einem gegenüberstanden, in die langen weiten Aermel des
bocharaischen Anzuges geheime Notizen machten, um das Gehörte Wort für
Wort rapportiren zu können.

in einer mit Schafzecken gefüllten Grube¹ tagelang peinigen zu
lassen, von hohen Mauern oder Thürmen hinabzuwerfen, lebendig die Haut abziehen, oder im glühenden Ofen zu verbrennen, waren im Auge dieses Elenden Strafen, die er ohne
jegliche Untersuchung zu verhängen pflegte, trotzdem er selbst,
wie schon erwähnt, ohne Scheu vor Menschen und Gott, im
Pfuhle der Laster sich bewegte.

Ein solcher Fürst sass auf dem Throne Transoxaniens, als
die Vorposten der europäischen Macht und des europäischen
Geistes so manche Gegenden Asiens durchdringend, die Pforten
dieses im hohen Alterthume schon berühmten, bis damals hin
aber noch immer fast unbekannten Landes erreichten und an
denselben zu pochen anfingen. Russland hatte nämlich von
Norden her in seinem Jahrhunderte langen Wege über wild-
kriegerische Horden und unwirthbare Steppen die Gestade des
Jaxartes erreicht, während die Briten von Süden her im Zeit-
raume von kaum hundert Jahren aus ihren anspruchslosen
Handelsfaktoreien das gigantisch-indische Kaiserreich gebildet,
und nun die kühnen Adlerblicke des Eroberers über die Suler-
manskette werfend, in der Entfernung nur einiger Tagereisen
vom Oxus weilten. Die erste Berührung asiatischer Länder
mit dem Abendlande war immer von hoher Wichtigkeit für
das Wohl und Weh, für den weitern Fortbestand derselben.
Dort wo Fanatismus und Eigendünkel jede Biegsamkeit, jede
Belehrung unmöglich machten, musste eben so schnell der gewaltsame Bruch und Verfall eintreten, als eben wie an andern
Orten ein gewisser Grad von Nachgiebigkeit und williges Ein-
lenken auf die besseren Pfade des staatlichen und geselligen
Lebens ein sichtliches Schonen, ein freundliches Entgegenkommen
nach sich ziehen musste. In die Kategorie der letzteren mag
die Türkei, Persien, Egypten, ja die ganze Nordküste Afrikas

¹ Dieses schreckliche Gefängniss ist unter dem Namen Siah tschah
(schwarzer Brunnen), auch Kenne chane (Zeckenhaus) bekannt. Es wim-
melte daselbst von letztgenannten Insekten, die in Ermangelung eines lebendigen Opfers durch Fleischabwürfe, als die Gedärme geschlachteter Thiere,
genährt wurden. Der Delinquent wurde gebunden hineingestellt, um gegen
die Bisse der Insekten sich nicht wehren zu können.

gerechnet werden, während wir unter ersteren bis jetzt nur das Mongolenreich in Indien und Transoxanien verstehen können. Wenn daher in Bochara die haargenaue Anwendung des mohammedanischen Gesetzes, die beschränkten Ansichten seiner von Steppengürtel umschlossenen Einwohner, ja vielleicht auch der Nimbus vergangener Grösse, jede Neuerung verabscheuend, den thatsächlichen Vorzug der neuen Weltanschauung entschieden verleugnend, schon principiell jeden Verkehr mit dem christlichen Westen zurückgewiesen hätte, wie wäre erst an ein Erwachen, an eine Theilnahme im neuen Weltengang unter der Leitung eines solchen Herrschers wie Nasrullah war, wol auch zu denken gewesen? Wir werden sehen, wie Nasrullah dieser ersten Berührung mit dem christlichen Abendlande entgegenkam, wie er die Machtstellung und Einfluss europäischer Länder auffasste, und schon aus diesem wird der Leser ersehen können, das Transoxanien, ungleich den übrigen mohammedanischen Ländern Asiens, dem Versuche einer Regeneration gleich im Anfange abhold war, und dass der Untergang seiner staatlichen Existenz nicht durch die neueste russische Eroberung Samarkands, sondern schon vor 30 Jahren durch das Betragen Nasrullah Chans dekretirt wurde. Bevor wir jedoch auf diesen Punkt übergehen, ist es nöthig, Nasrullahs politische Verhältnisse zu den nächsten Nachbarländern einigermassen zu besprechen.

Dass der lasterhafte Sohn des zelotischen Emir Said von Kriegslust beseelt auch den grossen Eroberer spielen wollte, davon haben wir schon gesprochen. Um dieser Leidenschaft zu fröhnen, bot ihm in erster Reihe die Stadt Schehri Sebz sammt Umgebung reichlich die Gelegenheit dar. Die Özbegen dieses Theiles des Chanates von Bochara, den Stämmen Ming, Atschmaili und Kungrat angehörig, hatten sich schon unter den ersten Aschtarchaniden sehr häufig gegen die Suprematie Bochara's aufgelehnt und den Fürsten dieses Hauses schon auch deshalb viel zu schaffen machten, weil sie erstens an vier starke Citadellen sich anlehnen konnten, zweitens weil ihre Heimath von einer sumpfigen Gegend geschützt war. Der

Groll, der sie beseelte, stammt aber eigentlich aus dem letzten Jahrhundert, nämlich aus dem Bruderkampfe zwischen Mekim Chan und Obeidullah Chan her, richtiger gesagt, von der Rivalität zwischen den Stämmen Mangit und Kungrat. Dieser Groll musste natürlich durch den Umstand, dass erstgenannter Stamm die Oberhand gewann, ja später selbst auf den Thron sich schwang, immer mehr zunehmen und so finden wir die Özbegen von Schehri Sebz den Herrschern des Hauses Mangit in steter und erbitterter Feindschaft gegenüberstehen. Emir Maasum hatte an ihnen seine Waffen versucht, unter Emir Said lebten sie Jahrelang in ganzer Unabhängigkeit und Nasrullah hatte den ersten Feldzug gegen diese rebellische Provinz unternommen. Es war ein hartnäckiger und langwieriger Kampf, den der Tyrann mit den tapfern Vertheidigern der Geburtsstadt zu bestehen hatte. Oft hatte er nach monatelanger Belagerung den Ort genommen, die Einwohner zur Unterwerfung genöthigt, doch kaum war er mit seinen Truppen abgezogen, als das alte Spiel aufs Neue begann. Bald versuchte er durch den Einfluss der Priester, bald durch geheimen Mord und Bestechung sich eine Partei zu schaffen; ja er heirathete sogar ein anderesmal die Schwester seines Erzfeindes Welinaam Chans, der an der Spitze der Bewegung stand — doch es half nichts. Schehri Sebz fuhr in der Empörung fort und verharrte in derselben, wie wir sehen werden, selbst bis zum Tode des Tyrannen.

Von ähnlicher Hartnäckigkeit, aber auch ohne besondern Erfolg, waren die Kriege Nasrullahs gegen Chokand, wie das Fergana des Alterthums, vom Zeitalter der Aschtarchaniden angefangen, genannt wurde. Dieses östliche Ländchen hat, wie wir im Laufe dieser Geschichte gesehen, seine Selbständigkeit nach der letzten Niederlage Babers eingebüsst und soll, wenn ich gut unterrichtet bin, seine staatliche Existenz nur nach dem Sturze der Scheibaniden wieder einigermassen hergestellt haben. Als letztgenannte Dynastie die Blüthenzeit ihrer Herrschaft lebte, trat im östlichen Theil des heutigen Chokands, von Oosch nämlich bis nahe an Chodschend, als Thronprätendent und Rivale der Scheïbaniden, jene Familie mongolischen Ursprunges auf, deren Oberhaupt Junis Chan, mütterlicherseits der Grossvater Babers war, die aber bei der grossen Machtentfaltung der ersten Scheïbaniden im gebirgigen Norden Chokands sich aufhaltend, es nur selten wagten, ihren Ansprüchen auf den Thron Geltung zu verschaffen. Wol hatten die Söhne Junis Chans dem Usurpator Tenbel[1] die Herrschaft über Endidschan entrissen und mit Hülfe der Kara-Kirgisen und Kiptschaken dem özbegischen Einflusse lange genug energischen Widerstand geleistet, doch sollen die Nachkommen dieser Familie im faktischen Besitze der Herrschaft über Chokand nur zur Zeit Subhankuli Chans gelangt sein,[2] obwol andererseits versichert wird, dass selbst damals noch auf Münze und Gebet der Name der Herrscher am Zerefschan figurirte. In dem Masse, dass das Ansehen der letzteren sank, hatten die Chane von Chokand die Grenzen ihres Landes vergrössert, ja sie hatten auch als Abkömmlinge der Familie Kaidu's ihre Erbansprüche auf das ganze Uferland des Jaxartes, auf die eigentliche Provinz Turkestan ausgedehnt, und im Anfange des jetzigen Jahrhunderts angefangen, Chodschend bis weit über Tuschkend ihrem Scepter zu unterwerfen. Mehr als 500 Jahre waren verflossen, dass Kaidu, der Enkel Oktais, um die Herrschaft Turkestans mit den Nachkommen Tschagatais Krieg führte, und trotz allem Mangel an geschriebenen Pakten hatte das Bewusstsein der Rechtscontinuität bei den mongolischen Prinzen dieses Hauses fortgelebt und Ursache zur Erneuerung des Kampfes geliefert. Von dem schlaffen Regierungsgeist der letzten Aschtarchaniden waren die Herrscher Chokands nur wenig oder gar nicht beunruhigt, doch mit dem Auftreten des Hauses Mangit hatte sich das Verhältniss geändert. Emir Maassum hatte wegen Cho-

[1] Tenbel hatte, wie bekannt, während dem dass Baber zur Bekämpfung Scheïbani's nach Samarkand ging, sich daheim aufgelehnt und Endidschan an sich gerissen, wurde aber bald darauf von den mütterlichen Anverwandten Babers besiegt.
[2] Ich befolge hier die mündlichen Nachrichten meiner Chokander Reisegefährten, denn über die jüngste Vergangenheit Chokands fehlt es uns gänzlich an historischen Quellen.

dschend einen blutigen Krieg geführt und sein Enkel Nasrullah, von Haubsucht angespornt, fiel auch schon desshalb über Chokand her, weil dessen Fürst Mehemmed Ali Chan durch seine Siege über die Chinesen in Ostturkestan seinen Namen bei der ganzen islamitischen Welt verherrlicht und durch seine gerechte Regierung sein Land blühend und bei seinen Unterthanen sich in solchem Masse beliebt gemacht hatte, in welchem der Wüstling Nasrullah gefürchtet und verabscheut wurde. Zu der Eroberungslust dieses Tyrannen hatte das Erscheinen Abdul Samed Chans, eines eben so schlauen als niederträchtigen persischen Abenteurers, sehr viel beigetragen. Dieser Mensch, oder richtiger Unmensch, selbst in Persien als Schurke verurtheilt, was bei dem verworfenen Charakter der heutigen Perser doch viel sagen will, hatte sich mit den geringen Begriffen von europäisch-militärischer Kunst, die er in seiner Jugend erlangte, in Indien und Afganistan eine längere Zeit herumgetrieben und später (1835), noch zur Zeit als Hakim Bai am Ruder war, in Bochara sein Glück versucht. Der Kuschbegi wollte ihn als Instructeur militaire verwenden, doch da similis simili gaudet, so wurde er von Nasrullah mit besonderer Gunst aufgenommen und mit dem Titel Naib als Generalissimus an die Spitze der Bocharaischen Armee gestellt. Da er mit Kanonen sicherlich besser umgehen konnte als die Özbegen, auch zwei, drei französische Commandoworte kannte, so meinte sein Herr in ihm einen Ausbund militärischer Fähigkeiten gefunden zu haben, mit dessen Hülfe er wol bald zum heiss erwünschten Titel eines Welteroberers gelangen werde und um in dieser Capacität sich vorderhand seinem Fürstenbruder in Chokand zu zeigen, wurde der Feldzug gegen Mehemmed Ali Chan (1839) eröffnet. Als erster Casus belli wurde die von den Chokandern schon 1819 errichtete Grenzfestung Pischagir angegeben. Nasrullah verlangte die Schleifung derselben und als dies verweigert wurde, ging er mit einer Armee dahin und Abdul Samed hatte die Satisfaktion mit seinem Artillerieparke an den morschen Erdmauern sein erstes Kunststück zu geben, und sein Heer kehrte stolzen Sinnes vom siegreichen Feldzuge zurück. Wie in Bochara behauptet wird, hatte Mehemmed Ali im Bewusstsein der feindseligen Gesinnung seines westlichen Nachbars, und um nicht überrumpelt zu werden, im Anfang des Jahres 1841 selber die Offensive ergriffen. Er vertrieb nämlich von Oratepe, welches rechtmässig zu Chokand gehörte, die bocharaische Garnison und bemächtigte sich des Ortes und der Umgebung. Nasrullah zog daher zum zweitenmal mit einer überlegenen Anzahl özbegischer Reiter und 500 Mann der neuorganisirten Miliz (Serbas), die unter Leitung ihres Führers und Organisators Abdul Samed Chan standen, gegen ihn, und nahm auch Oratepe nach einer drei Monate langen Belagerung ein. Da er, wie gewöhnlich, hier eine blutige Rache nahm, so wurden die Einwohner genannter Stadt seine erbittertsten Feinde und kaum hatte er sich gegen Samarkand zurückgezogen als letztere, im Einverständniss mit den Chokandern, über die bocharaische Besatzung herfielen und Soldaten und Officiere niedermetzelten. Man kann sich vorstellen, mit welcher Wuth und Eile Nasrullah auf diesen Vorfall über Oratepe wieder herfiel. Da sein Gegner zur Ueberwachung der Russen am unteren Laufe des Jaxartes einen grossen Theil seiner Streitkräfte verwenden musste, so wagte er es nicht, den Kampf sofort aufzunehmen, er zog sich auf der Chodschender Strasse zurück, doch Nasrullah verfolgte ihn Schritt für Schritt und zwang ihn nahe bei Chodschend zur Schlacht. Mehemmed Ali verlor dieselbe und da er, auf dem Rückwege verfolgt, auch seine Hauptstadt bedroht sah, schickte er dem Sieger Parlamentäre entgegen und schloss bei Kohne Badem einen Frieden, in welchem er der Suzeränität des Siegers sich unterwerfen und Chodschand mit vielen andern Orten abtreten musste. Dass der Friede beide Parteien nicht aussöhnen konnte, ist leicht begreiflich. Um den Besiegten noch mehr zu ärgern, ernannte der böswillige Emir von Bochara zum Gouverneur der neueroberten Provinz einen Bruder und Thronrivalen Mehemmed Ali's, der sich früher nach Bochara geflüchtet hatte. Doch hatte er diesmal sich verrechnet. Die noch lebende Mutter des Chokander Fürsten versöhnte die Brüder und der Emir hatte hiervon noch gar nichts erfahren, als Chodschend sammt den übrigen Orten aufs neue sich zu Chokand schlug und er statt mit einem, nun mit zwei Feinden zu thun hatte. Die Wuth des bocharaischen Tyrannen hatte keine Grenzen und sein Rachedurst spornte ihn zu ausserordentlichen Rüstungen an. Ausser seiner gewöhnlichen Armee, die aus 30,000 Reitern und 1000 Serbazen bestand, nahm er noch 10,000 Turkomanen aus den Stämmen Tekke und Salor in Sold. In starken Märschen auf Chokand zueilend, überraschte er Mehemmed Ali in dem Grade, dass dieser aus seiner Hauptstadt fliehen musste. Er wurde auf der Flucht nahe bei Mergolan eingeholt und zehn Tage darauf sammt seinem Bruder und zwei Söhnen in der eigenen Hauptstadt hingerichtet.[1] Selbst die Frau des Unglücklichen, ja das Kind in ihrem Leibe, blieben nicht verschont, und nachdem er den grössten Theil der Parteigänger Mehemmed Ali's dem Henkerbeile übergeben und ihr Hab und Gut confiscirt hatte, kehrte er nach Bochara zurück. Als Garnison der eroberten Stadt wurde Ibrahim Bi, ein Merwi von Geburt, mit 2000 Mann zurückgelassen.

Wenngleich der Erfolg der bocharaischen Waffen einer bedeutenden Uebermacht zugeschrieben werden kann, so haben andererseits die Intriguen, durch welchen Nasrullah den mächtigen und einflussreichen Stamm der Kiptschakeu[2] entzweite, zu demselben nicht wenig beigetragen. Einige Zeit gelang es ihm, dieses wild kriegerische Volk vom Felde der Thätigkeit fern zu halten, doch das hochmüthige Betragen der Bocharaer machte ihrer Neutralität bald ein Ende. Sie bemächtigen sich bald der Garnison und der Stadt und setzten Schir Ali Chan,

[1] Um diese grausame That zu rechtfertigen, liess Nasrullah die Nachricht verbreiten, Mehemmed Ali habe mit seiner eigenen Mutter ein unerlaubtes Verhältniss unterhalten und daher nach den Gesetzen des Korans den Tod verdient.

[2] Die Kiptschaken, die nur noch in geringer Zahl im Nordosten des Chanats von Chokand sich aufhalten, werden für den tapfersten und meist kriegerischen türkischen Stamm und für Nachkommen jener Mongolen gehalten, die früher unter dem Namen Dschete-Mogul mit Timur den so erbitterten Kampf führten und später unter den Söhnen Junis Chans sich dieses östlichen Theiles Turkestans bemächtigten.

einen Sohn Mohemmed Ali's,[1] der sich zu ihnen geflüchtet hatte, auf den Thron. Da es in Chokand jedermann bekannt war, dass Nasrullah Rache nehmen werde, so wurden vorzeitig die energischsten Massregeln zum Widerstand getroffen. Chokand wurde bei dieser Gelegenheit das erstemal mit einer dicken Lehmmauer umzogen und kaum war diese fertig, als eine aus 15,000 Mann bestehende bocharaische Armee unter Anführung eines Kronprätendenten und alten Schützlings von Nasrullah vor derselben erschien. Musulman Kul (so hiess dieser), schien sich aber schon auf dem Wege mit seinen Landsleuten verständigt zu haben, die Stadtthore wurden ihm bald geöffnet und sein erster Schritt war, dass er sich gegen Nasrullah, der ihn hierher geschickt hatte, um ihn später zum Chan zu machen, sofort auflehnte und mit seinen Landsleuten vereint, die Bocharaer, die mit ihm gekommen waren, in die Flucht jagte. Zum viertenmale schickte nun der von Wuth aufs Krankenlager geworfene Emir von Bochara unter Anführung Schahruch Mirza's eine Armee nach Chokand; doch drang diese nur bis nach Oratepe vor, denn der Tod des Tyrannen, wie wir weiter sehen werden, machte dem Krieg ein Ende und das Resultat der gegen Chokand gehegten Pläne war für letzteres nur in sofern nachtheilig, dass Russland bei seinem Vordringen am unteren Laufe des Jaxartes auf weniger Widerstand stiess, in Chokand selbst blieb jedoch alles beim alten.

Nicht viel besser war das Verhältniss Nasrullah Chans zu seinem westlichen Nachbar, dem Chane von Chiwa, wo zur Jahrhunderte alten Fehde seit dem Auftreten des Hauses Mungit sich ein ganz plausibler Casus belli gesellt hatte. In dem Masse, dass Russland die Vorposten seines mit zeitweiliger Unterbrechung und im Stillen operirenden Eroberungsheeres dem rechten Ufer des Jaxartes und den Gestaden des Aralsees näher brachte, in demselben Masse zogen einzelne, mit der russischen Botmässigkeit unter keinem Verhältnisse zufriedene Kazaken, aus der kleinen sowohl als aus der mittleren Horde,

[1] Ueber die genealogischen Verhältnisse der Familie Mehemmed Ali Chans siehe meine Reise in Mittelasien S. 311.

gegen die bewohnten Theile der turkestanischen Oaseuländer
sich zurück, um so zu sagen im Schatten jener unabhängigen
islamitischen Staaten Schutz zu suchen. Dass sie hier keinen
Schutz und Wehre, sondern das Gegentheil fanden, darauf
werden wir noch zurückkommen, doch war ihre Annäherung
für die Chanate selbst sehr unheilvoll, denn Chiwa sowol als
Bochara behauptete, sie ins Verband seiner Unterthanen aufgenommen zu haben und abgesehen davon, dass die Kozaken
von zwei Herrn besteuert und geschoren wurden, geriethen
auch letztere unter einander in heftigen Streit und kaum verging ein Jahrzehnt, dass diese Kuzaken nicht Anlass zu einem
Kriege gaben. Während der Regierungszeit Nasrullahs war
die Feindseligkeit geradezu eine ununterbrochene und selbst
zur Zeit als die russische Expedition unter General Perowsky
Allahkuli Chan den Herrscher von Chiwa in die äusserste Gefahr brachte, selbst damals hatte der Fürst des „heiligen Bochara's" seine Raubzüge bis nach Hezaresp ausgedehnt und so
dem gemeinsamen Feind zur Erreichung seiner Zwecke nicht
nur im Nordosten, sondern auch im Westen verholfen. Unter
Rehimkuli Chan, der von 1841—1843 in Chiwa regierte, dauerte
die Feindseligkeit der Bocharaer immer fort, nur der kräftige
Arm Mehemmed Emin Chans (1843—1855) vermochte dem
Wütherich am Zerefschan Halt zu gebieten, Nasrullah jedoch
war und blieb ein erbitterter Feind seiner Stamm- und Glaubensgenossen am unteren Laufe des Oxus.[1]

Von einer freundlichen Gesinnung Persiens konnte in Bochara zu keiner Zeit, am allerwenigsten aber unter Nasrullahs
Herrschaft die Rede sein. Mehr als 20,000 Perser schmachteten
damals im Chanate von Bochara in Gefangenschaft. Sie gehörten zumeist den nordöstlichen Provinzen Irans an und wenn
gleich mehrere von ihnen zu hohen Aemtern gelangten, so war

[1] Trotzdem (Özbegen und zwar von gemeinsamen Stammesverhältnissen,
leben die türkischen Einwohner Bochara's und Chiwa's schon seit Jahrhunderten in bitterer Feindschaft mit einander. Der Özbeg von Bochara hält
seinen westlichen Stammesgenossen für ungeschliffen, raub und barbarisch;
während letzterer wieder jenen als schlau, betrügerisch, mit einem Worte
als einen von Tadschik'schen Lastern behafteten Menschen ansieht.

das Bild des Elends dieser gewaltsamen Entvölkerung ganzer Städte und Dörfer doch zu schreckenvoll, als dass Abbas Mirza den strebsamen und tüchtigen Sohn Feth Ali Schahs, der damals in Chorasan sich aufhielt, noch ferner ein gleichgültiger Zuschauer hätte bleiben können. Besagter Prinz hatte eben die Turkomanen von Sarachs und Merw vertrieben und seine Stellung mit einer starken und zahlreichen Armee im letztgenannten Orte hatte dem Emir von Bochara eine ziemlich begründete Furcht eingeflösst. Wäre nicht die Feindseligkeit Allahkuli Chans von Chiwa, der die Turkomanen gegen Persien fortwährend anstachelte im Wege gewesen, so hätte der ruhmsüchtige Abbas Mirza wol einen Abstecher, wenngleich nicht gegen die Hauptstadt, doch gegen die nächsten Städte im Chanate von Bochara unternommen; doch es musste diesmal nur bei einer Drohung bleiben und Nasrullah, der sich einbildete der Angriff wäre aus Furcht vor seiner Macht unterblieben, wurde um so kühner Persien gegenüber. Nicht minder günstig gestalteten sich die Verhältnisse in Afganistan zur Befriedigung der Raub- und Herrschsucht dieses blutdürstigen Tyrannen. Das Afganenreich, das die ersten Fürsten aus dem Hause Durani gegründet hatten, war infolge der ewigen Brüderkämpfe indessen schon beinahe gänzlich zerfallen. Rendschit Singh, der „Löwe des Pendschab," hatte nach dem für die Afganen so unglücklichen Treffen von Nutschero die Grenzen seines Landes bis nach Peschawer vorgeschoben. Persien hatte nicht nur einen Theil Chorasans zurückerobert, sondern wollte sogar auf dem afganischen Territorium sich vergütigen und griff Herat an. Ueber die Dschemschidi's, ein Nomadenvolk iranischer Abkunft, am oberen Laufe des Murgab, hatten die Chiwaer während der Regierungszeit Rehimkuli Chans triumphirt, kein Wunder daher wenn Nasrullah, von den günstigen Umständen Nutzen ziehend, seinen Machteinfluss auf das linke Ufergebiet ausdehne, um daselbst die alten Ansprüche Bochara's wieder zu Geltung zu bringen. Die faktische Einverleibung Belchs, Chulms, Andchoi's und Meimene's konnte ihm wol nicht gelingen, bei der argen Verwüstung, in welche diese

Gegenden gerathen waren, schien ihm an diesen auch nicht besonders viel gelegen gewesen zu sein, doch übte er, solange dass der Feldzug Jar Mohammed Chans ihm nicht einen Strich durch die Rechnung machte, volles Suzeränrecht über diese Duodez-Chanate aus, die gerne jährlich einen bescheidenen Tribut entrichteten, um unter dem Schutze des diesermassen zu Ansehen gelangten Emirs von Bochara gegen afganisch-persische oder sonstige Uebergriffe gesichert zu sein.

Wir sehen daher, dass Nasrullah Chan, in seinem Grössenwahne von den Umständen möglichst unterstützt, trotz aller zeitweisen Widerwärtigkeiten, die ihn befielen, sich dennoch vom strahlenden Glanze eines Schehinschah (König der Könige) umgeben sah. Wol war dies ein ebenso lächerliches als dummes Traumgebilde, doch immer hinreichend genug, um den Barbaren, der im Schutze seiner Sandwüsten sich sicher fühlte und von der Aussenwelt gar nichts wusste, dazu zu bewegen, dass er den europäischen Grossmächten gegenüber einen Hochmuth und Verwegenheit zur Schau trug, als wenn er mit Chokand und Chiwa zu thun gehabt hätte. Im Angesichte der politischen Combinationen, mit welchen Russland und Grossbritannien den Grenzen Transoxaniens sich näherten, war es ihm vergönnt, das kecke Spiel ungestraft zu treiben, obwol er mit wenig Umsicht schon damals sich hätte überzeugen können, dass der Schatten jener Grossmacht, der von Norden aus über Turan hereinbrach, sich mit der Zeit verlängere und die Existenz seiner nächsten Nachkommen verdunkeln wird. — Was nun speciell Russland betrifft, so hatte dieses schon in den vergangenen Jahrhunderten mit Bochara einen staatlichen Verkehr gepflogen. Die alte, noch aus dem Mittelalter herrührende Handelsstrasse, aus dem Innern Asiens, der Wolga entlang, nach Moskau und Nowogorod hatte die zeitweise Berührung der Grossfürsten von Russland mit den Chanen von Bochara nöthig gemacht, doch waren es bloss einfache Agenten, welche Handelsinteressen halber zwischen beiden Machthabern verkehrten, und die erste diplomatische Gesandtschaft im europäischen Sinne des Wortes fand unter Leitung des Herrn

Negri im Jahre 1820 statt, bei welcher Gelegenheit wir durch
den Baron G. von Meyendorff, ein Mitglied dieser Mission, den
ersten authentischen Bericht über Bochara erhielten. Die Colonnen der russischen Eroberungstruppen fingen an damals
erst am südlichen Rand der Steppe aus dem Sande hervorzu-
tauchen, wobei man bloss mit Chokand und Chiwa in grenz-
nachbarlichen Streitigkeiten sich einliess, mit Bochara aber
auch schon deshalb auf freundschaftlichem Fusse sich verhielt,
weil die Russen diesen bedeutendsten und verhältnissmässig
stärksten Theil der Chanate so lange schonen wollten, bis sie
mit den kleinern und schwächern fertig geworden sind. Diese
Politik war jedenfalls eine gesunde und der Hof von St. Petersburg hätte in derselben auch fernerhin noch verharren können,
wenn nicht Grossbritannien, sein Rivale auf dem Felde asiatischer Eroberungen, die Wichtigkeit Bochara's nicht in gleicher
Weise aufgefasst, nicht etwa um Eroberungen zu machen, sondern um das Eroberte zu schützen, mit dem Staate am Zerefschan in Berührung zu kommen, nicht Lust gezeigt hätte.
Dieser politische Wetteifer zweier christlich europäischen Staaten
in Bochara, welcher, wie wir später sehen werden, den eingebildeten, hochmüthigen Nasrullah halb toll machte, nahm eng-
lischerseits 1832 durch die halbofficielle Reise Alexander Burnes
ihren Anfang. Russland legte der Reise dieses genialen Schott-
länders mehr Wichtigkeit bei als sie in der That hatte. 1834
ging von St. Petersburg der Gesandte Demaison, 1835 der politische Agent Vitkowitsch nach Bochara, um, wie es hiess, die
Befreiung russischer Sklaven zu erwirken, im Grunde genommen
aber, um den Emir im landesüblichen ganz unterthänigen Style
der ungeheuchelten Freundschaft, ja der Ergebenheit des russischen Czars (es war dies der stolze Nikolaus!) zu versichern. Diese
Freundschaftsversicherung war übrigens ganz zeitgemäss, denn
während die russisch-diplomatischen Aktenstücke den stolzen
Nasrullah mit hochtrabenden Titulaturen so sanft hinter dem
Ohre kitzelten, [1] näherten sich die russischen Waffen immer

[1] Russland hatte den guten Takt, das Princip Si fueris Romae etc.
immer vor Augen zu halten. Mit orientalischen Fürsten hatte es die Regeln

mehr dem bebauten Theile der Steppenländer, und dem Dröhnen der russischen Kanonen am Jaxartes wurde in Bochara auch nicht die mindeste Aufmerksamkeit geschenkt. Auch gegenüber der Art und Weise, in welcher der Emir von Bochara die russischen Gesandtschaften erwiederte, zeigte der russische Hof eine auffallende Nachgiebigkeit und Geduld. Wenn Nusrullah einem seiner Kammerdiener (Mehrem) oder einem sonstigen Officiere seines Hauses ein einträgliches Amt zukommen lassen wollte, so wurde dieser als Repräsentant nach Petersburg geschickt um dort reiche Geschenke einzuheimsen, und auch welche für ihn selbst mitzubringen. Ein anderesmal wurde diesem Pseudo-Diplomaten der Auftrag mitgegeben, von der russischen Regierung militärische Instructeure, geschickte Bergwerker oder sonstige kunsterfahrene Männer sich zu erbitten, deren Dienste der Emir beanspruchen und reichlich belohnen wollte. Natürlich waren diese Ideen nur Ausgeburten irgend einer Laune, denn wie hätte der misstrauische Emir es auch gestatten können, sein Land von fremden Officieren durchreisen und durchforschen zu lassen? ¹ Schliesslich jedoch fand auch die russische Ge-

der orientalischen Etiquette und Stylistik streng beobachtet. In Zalesoffs Aufsatz über die diplomatischen Relationen zwischen Russland und Bochara in den Jahren 1836—1843 wird als Specimen der officiellen Correspondenz ein Schreiben des Generals Perowsky, des damaligen militärischen Gouverneurs von Orenburg, mitgetheilt, in welchem der Emir folgendermassen betitelt wird: „Dem Ausleger aller Weisheit und Gesetze, dem hochgeehrten, ganz vollkommenen, glorreichen und grossen Emir (nämlich Nasrullah!); diesem Sprossen des mildthätigen Chakan, diesem Mittelpunkt der Gelehrsamkeit, der Ordnung und des Ruhmes; diesem Ausstreuer aller Glückseligkeit, bieten wir unsere aufrichtige Achtung und Ergebenheit dar! Möge der allerhöchste und mächtige Gott ihn auf dem Throne der Herrschaft und der Glückseligkeit vor allen Stürmen und Missgeschicken bewahren und ihm ein langes Leben gewähren." (Siehe The Russians in Central-Asia. Translated from the Russian by John and Robert Mitchell. London 1865. S. 409.)

¹ Später während der Anwesenheit Butenieffs hatte eine russisch-wissenschaftliche Expedition wol einen kleinen Ausflug in die gebirgige Gegend von Samarkand unternommen, doch wurden die Herren Exploratoren gleich gefährlichen Spionen auf jedem Schritte sorgfältig überwacht, so dass die Arbeiten Lehmanns und Jakovleffs in der That als ein Wunder zu betrachten sind.

duldsamkeit ihre Grenzen. In Afganistan war die Gegenpartei der Briten erlegen. Dost Mohammed Chan, ihr Anführer, musste sich nach Bochara flüchten, und auf die Nachricht, dass die englischen Vorposten schon dem linken Ufer nahe gekommen wären, wollte Russland mit Bochara ins Reine kommen und schickte 1840 den Major Butenief an der Spitze einer politisch-wissenschaftlichen Mission nach der Hauptstadt am Zerefschan. Dieser mit Vollmacht versehene Diplomat sollte in erster Reihe den Emir von der reinen und uninteressirten Liebe in Kenntniss setzen, welche der Hof von St. Petersburg gegenüber mohammedanischen Staaten, als z. B. Sultan Mahmud II. in seiner Schwierigkeit mit Mehemmed Ali von Egypten oder Mohammed Schah von Persien zu Tage gelegt hat, — eine Liebe, der auch Nasrullah theilhaftig werden könne, im Falle, dass er die Verpflichtung auf sich nehme: 1) weder offen noch geheim mit Russland in Feindseligkeiten zu treten; 2) keine russische Sklaven zu halten, und die Person sowol als das Eigenthum jedes russischen Unterthanen zu beschützen; 3) das Vermögen eines in Bochara gestorbenen russischen Unterthanen nicht zu confisciren, sondern unversehrt nach Russland zurückzuschicken; 4) den Bocharnern strengstens zu verbieten, an russischen Unterthanen Raub oder Gewaltsamkeit zu begehen, und alle diesem Befehle Zuwiderhandelnden fortan zu bestrafen; 5) russische Waaren einem einzelnen gleichen Zolltarife zu unterwerfen, und dieser soll nicht 5 Procent des reellen Werthes überschreiten; 6) russische Kaufleute sollen auf bocharaischem Territorium keinen Plackereien ausgesetzt sein und desselben Schutzes sich erfreuen, die Bocharaer auf russischem Boden geniessen. Diesen Stipulationen wurden russischerseits entsprechende Vortheile und Zugeständnisse zugesagt, und wenn wir den Kostenaufwand, welchen die russische Regierung zur Ausrüstung dieser Mission bewerkstelligte, theils die Tüchtigkeit der einzelnen Mitglieder derselben in Anbetracht ziehen, so darf es uns gar nicht wundern, dass man in St. Petersburg von dem mit dem ersten Wehen des Mailüftchens von Orenburg aufbrechenden Butenief das Lösen einer wichtigen Frage erwartete.

Und selbst Russland, dieses asiatische Russland, war unerfahren genug, Nasrullah gegenüber sich gewisser Illusionen hinzugeben! Was hätte wol der tolle Wüstling auf dem Throne Bochara's von dem Unterschiede zwischen der Sendung eines einfachen Agenten und der Mission eines bevollmächtigten Gesandten wissen können, oder hätte vielleicht sein früherer Schandbube, der 10jährige Vezir Abdul Chalik, über den Inhalt des kaiserlichen Handschreibens und der Graf Nesselrode'schen Depesche seinem Herrn Aufschluss geben sollten? Wol liess der Empfang und die Bewirthung, welche der russischen Gesandtschaft zu Theil wurde, nichts zu wünschen übrig, doch in geschäftlicher Hinsicht hatte die Mission so gut wie gar nichts ausgerichtet. Nasrullah nahm die Geschenke und Freundschaftsbezeugungen seines kaiserlichen Bruders an der Newa huldreich entgegen, er nahm auch die mineralogischen Kenntnisse einiger Mitglieder der Gesandschaft in Anspruch, doch zu Unterhandlungen über den russischerseits gewünschten Vertrag war er nicht zu bewegen. Bald hatte er Eile, an der Spitze seiner siegreichen Armee sich nach Chokand zu begeben, bald hatte er dieses, bald jenes zu thun, und als Major Butenief nach achtmonatlichem Aufenthalt in Bochara, während welcher Zeit er mehreremale, aber immer vergebens, um eine Audienz nachgesucht hatte, am 14. April 1841 die huldreichen Worte des Emirs zu vernehmen gerufen wurde, traf er letzteren gestiefelt und gespornt im Hofe des Palastes an, als er eben zu Pferd steigen wollte, um aufs neue zu dem Feldzug nach Chokand sich zu begeben. Dem ausserordentlichen und bevollmächtigten Gesandten des Kaisers Nicolaus wurde nun in aller Eile mitgetheilt, dass die Schlichtung seiner Angelegenheit dem obersten Tafeldecker (Destur-chandschi [1]) übergeben wurde, und ein „Leben Sie wohl" zurufend, ritt

[1] Destur-chan d. h. Tafel-Ceremonie heisst eigentlich das Tischtuch, welches unter den Speisen in Centralasien ausgebreitet wird, aber auch jene Sitte, nach welcher jedem Gast beim Eintritte ins Haus Tafel gedeckt wird, von welcher er unter jeden Umständen etwas geniessen muss. Desturchandschi heisst der Mann, der mit diesem Dienste betraut ist.

Nasrullah zum Thore hinaus. Nun erst merkte der russische
Gesandte, mit welcher Geringschätzung er, eigentlich sein
kaiserlicher Herr, von diesem Barbaren behandelt wurde.
Die Russen waren mit Recht über diesen Akt der Barbarei
entrüstet, doch was kümmerte sich Nasrullah über diese offene
Verletzung der Regeln des internationalen Verkehrs? Durch
seine Siege in Chokand war seine Eitelkeit noch grösser geworden
wie vorher, und er träumte wirklich schon von der
Rolle eines Dschengiz und Timurs. Auch vom drückenden
Alp einer englischen Invasion sah er sich befreit, denn mittlerweile
war die Nachricht der Katastrophe in Kabul, der Ermordung
und Vertreibung der Engländer angelangt, und als er
sah, dass die Afganen, denen gegenüber er sich ein Alexander
der Grosse zu sein dünkte, über das hochgepriesene reguläre
Heer einer europäischen Grossmacht triumphiren konnten, was
hätte er wol von dem Zorn seines nordischen Feindes, dessen
Hauptquartier von den Grenzen seines Landes in so grosser
Entfernung lag, noch zu fürchten gehabt?

Wer wird wol nach Gesagtem sich noch wundern können,
wenn England, das an den Principien der europäischen Moral
selbst verstockten Asiaten gegenüber sich fest anklammerte, in
seinen politischen Transactionen mit Bochara noch weniger
Erfolg erntete, ja sich noch tiefer beleidigt sah, als Russland?
Die Begebenheiten, durch welche die britische Regierung mit
der Hauptstadt am Zerefschan in Berührung kam, sind zu neu,
zu allbekannt, als dass hier eine ausführliche Erörterung nöthig
wäre. Von dem Augenblick angefangen, dass die anglo-indischen
Truppen den Indus überschritten hatten, war der Umgang
mit Mittelasien und die Annäherung an Bochara, diesem
hierarchisch-politischen Mittelpunkt der innerasiatischen Islamwelt,
unvermeidlich geworden. Es waren namentlich zwei
Hauptbeweggründe, welche diesen Verkehr unvermeidlich
machten. Erstens war Bochara, trotz seiner innern Fäulniss
und Zerfallenheit, noch immer die tonangebende Macht bei den
übrigen centralasiatischen Völkern, denn vom Nimbus der Vergangenheit
der alten Herrscher Transoxaniens konnten die Chane

um Zerefschan noch immer einen gewissen Schimmer in die Nachbarländer verbreiten. Was Bochara billigte, war gebilligt, was Bochara liebte, war geliebt. England musste daher, um seine leider frühzeitige [1] und voreilige, daher auch unglücklich geendete Politik jenseits der Suleïmanskette zu begründen, der Freundschaft Bochara's versichert sein, und hat demzufolge schon früh die nöthigen Schritte gethan. Zweitens hatte der Umstand dass, wie schon angedeutet, eine andere europäische Macht, nämlich Russland, in Bochara ein ähnliches Ziel verfolgte, eben die erwähnte Hauptstadt zum eigentlichen Schauplatze des Rivalitätskampfes gemacht, ein Kampf, um dessen Ausgang das damalige England um so mehr besorgt war, da man im Falle einer etwaigen Niederlage nicht so sehr den Verlust der Stellung in Afganistan, sondern die Gefährdung des schönen indischen Kaiserreiches befürchtete. Ob nun diese Befürchtung grundlos, oder vielleicht übertrieben gewesen sei, darüber wäre schwer noch jezt ein entscheidendes Urtheil zu fällen, denn das wird uns erst die Zukunft sagen. Wir müssen hier die historische Thatsache des Vorhandenseins derartiger Gefühle registriren, und abgesehen von meinen, über diese Frage kundgegebenen persönlichen Ansichten,[2] will ich eben diese Gefühle als zweite Ursache des anglo-bocharaischen Verkehres anführen. Da die Reise Alexander Burnes nur einen halb officiellen Charakter hatte, und nur als eine geheime politische Recognoscirung betrachtet werden kann, so war die Mission des Oberst Stoddart nach Bochara im Jahr 1838 die erste.

[1] Ich sage frühzeitig, denn hätten die Engländer zuerst den Sutledj überschritten, ihre Herrschaft in Peudschab befestigt und die Afganen nach mehrjähriger unmittelbarer Beobachtung besser kennen gelernt, hätte der Feldzug in Afganistan gewiss kein so trauriges Ende genommen. Aller Wahrscheinlichkeit nach wäre er übrigens gar nicht unternommen worden.

[2] Die grössern Arbeiten, die ich über diese Frage veröffentlichte, sind folgende: 1) Schlusskapitel meiner 1867 erschienenen „Skizzen aus Mittelasien." 2) Unsere Zeit. Deutsche Revue der Gegenwart, und zwar: in den November- und Decemberheften des Jahres 1868; im Julihefte 1869; in den Februar-, Mai- und Novemberheften des Jahres 1870 und im Novemberhefte 1871. Ferner im Globus, eine durch Dr. K. Andrée redigirte geographische Zeitschrift, XX. Band, S. 81, 105 und 172.

durch welche die englische Regierung mit Bochara in Berührung kam. Stoddart erhielt von J. Mac-Neil, dem britischen Gesandten in Teheran den Auftrag, den Emir von Bochara zu versichern, dass er von dem Einflusse der Briten in Afganistan nicht das mindeste zu fürchten habe. England sei vielmehr bereit mit Bochara ein Freundschaftsverhältniss zu unterhalten und dem Emir bereitwillig beizustehen, falls sein Land durch eine fremde Macht angegriffen werde. War es schon an für sich unpraktisch genug, dem fanatischen Nasrullah, dem jeder Christ aus der tiefsten Seele verhasst war, ein Freundschaftsanerbieten zu machen, so war noch obendrein der Mann, der zu dieser delicaten Mission bestimmt wurde, sehr unglücklich gewählt. Obrist Stoddart war unstreitig ein tüchtiger Officier, mit allen Tugenden seines Standes geschmückt, doch sein aufbrausendes Naturell, seine barschen, streng militärische Manieren und sein Mangel an Biegsamkeit mögen ihm an der Fronte seines Regimentes gewiss bessere Dienste geleistet haben, als bei der Diplomatie. Mit diesen Eigenschaften vermochte er natürlicherweise einem Tyrannen gegenüber, wie Nasrullah war, gar nichts auszurichten; er hatte durch lächerliche Hartnäckigkeit sich gewissen landesüblichen Sitten und Ceremonien nicht unterworfen und schon bei seiner Ankunft in Bochara des Emirs Widerwillen und Zorn erweckt. Ein Ungläubiger, der es wagte, im „edlen Bochara," ja selbst auf Rigistan, wo alles absteigen muss, zu Pferd herumzuparadiren, der dem Fürsten der Rechtgläubigen die gebührliche Reverenz versagte und der schliesslich ohne Geschenke vor den Stufen des Thrones erschien, war in der That zu viel für die reizbare Natur des tyrannischen Nasrullah. Schon zwei Tage nach seiner ersten Audienz beim Emir wurde Stoddart in schändlicher Weise gefangen genommen und in ein scheussliches Gefängniss geworfen. Wie ein Tiger mit seiner sichern Beute, so spielte der Emir mit dem unglücklichen Officier. Bald liess er ihn im Gefängniss durch unsägliche Qualen peinigen, bald wurde er aus demselben befreit und mit Ehrenbezeugungen überhäuft, denn die Art und Weise der Behandlung wechselte je nach

den Berichten, die über die Lage der Engländer in Afganistan
eintrafen; das Opfer aus den Klauen des blutdürstigen Tyrannen
zu befreien gelang aber weder den Bitten des Sultans, des
Scherif von Mekka, des Schah von Persien und der benachbarten Fürsten, ja auch nicht der Vermittlung Russlands, das
durch seinen Gesandten, den erwähnten Major Butenief, sich
vergeblich alle mögliche Mühe gab, das Werkzeug seines politischen Gegners vom sichern Verderben zu retten. Stoddart,
der zur Annahme des Islams gezwungen, jedoch die Lehre des
arabischen Propheten öffentlich desavouirte, behielt während
dieser nahezu vier Jahre langen Torturen und Erniedrigungen
jeder Art seine stolsche englische Natur, bis er endlich in
der Person eines Landsmannes seinen Leidensgefährten erhielt,
in Begleitung dessen er auch den letzten Weg zur Hinrichtung
antrat.

Capitän Arthur Conolly, so hiess der Leidensgefährte
Stoddarts, trat von Kabul aus den 3. September 1840 seine
diplomatische Mission nach Mittelasien an. Da die englischen
Politiker allmälig zur Ueberzeugung gelangten, dass die diplomatischen Unterhandlungen der Kabinete von London und
St. Petersburg zu keinem Ziele führen werden, und dass die
Russen ihre aggressive Politik gegenüber den drei Chanaten
ungestört fortzusetzen gesonnen sind, so blieb wol kein anderer
Ausweg übrig als eben an die Fürsten der drei Chanate sich
selber zu wenden, diesen über die drohende Gefahr die Augen
zu öffnen und dahin zu wirken, dass sämmtliche, nämlich
Chiwa. Bochara und Chokand, in einem Schutz- und Trutz-
bündnisse vereinigt, dem gemeinsamen Feinde vereint die
Stirne bieten mögen. An die Allianz dieser mehrere Jahrhunderte hindurch in erbitterter Feindschaft einander gegenüber-
stehenden Länder zu denken, war die unpraktischste und un-
glücklichste Idee der Welt, aber noch unglücklicher war auch hier
die Wahl des Mannes, der mit der Lösung dieses ephemeren
Problems betraut wurde. Conolly, der so edel und zart fühlende Mensch, dessen Seele von den reinsten, christlichen
Ideen durchdrungen war und vor dessen Augen nun das Bild

der Befreiung aller Sklaven Asiens, ja die Beglückung des
ganzen Menschengeschlechtes schwebte, diese Taube des Weltfriedens sollte mit den schwarzen Geiern auf den centralasiatischen Herrschersitzen in Unterhandlungen treten! Und doch
war es so. In Chiwa, wo die englischen Officiere Abbot und
Shakespear in der humanen Mission der Befreiung russischer
Sklaven ihm schon vorausgegangen waren, wurde er von Allahkuli Chan freundlich aufgenommen, doch waren seine Bemühungen in der Politik ebenso erfolglos, als sein humanes Bestreben in der Frage der Sklavenemancipation. Bei den kriegerischen Özbegen sind Sklaven und Irrigationskanäle gleich
nöthige Gegenstände zur Herschaffung des alltäglichen Brodes,
in den Allianzfragen mit Bochara und Chokand meinte der
Chan nicht der fremden Rathschläge zu bedürfen und als Ausdruck britischer Freundschaft wollte er sofort reiche Subsidien
und Waffenvorräthe haben. Conolly ging daher von Chiwa
re infecta nach Chokand und zwar mit Umgehung Bochara's
durch das nördliche Steppengebiet, eine Strasse, die, so viel
ich weiss, bei Dschizzak mündet und noch von keinem Europäer besucht wurde. Sein Empfang in diesem östlichen Theile
Turkestans war nicht minder herzlich wie in Chiwa. Mehemmed
Ali stand eben mit Nasrullah im Kriege, die Ankunft eines
der europäischen Waffen und Taktik kundigen Officiers war
ihm daher sehr willkommen und in der Hoffnung, die Anwesenheit in militärischer Hinsicht verwerthen zu können, war Ursache, dass er dem Fremdling die glänzendste Gastfreundschaft
zu Theil werden liess. Zu welchem Resultate die politischen
Unterhandlungen Conolly's mit Mehemmed Ali führten, darüber ist uns gar nichts bekannt, da die Chokander Noten erstgenannten Officiers in Verlust gerathen sind. Von Belang
müssen sie keinesfalls gewesen sein, denn die kritische Lage,
in welcher der Fürst von Chokand sich durch den Krieg versetzt sah, muss ihm alle Lust zu Zukunftsplänen genommen
haben und Conolly, der auch hier keine Aussicht auf erfolgreiches Wirken fand, war unvorsichtig genug den trügerischen
Einladungen Nasrullahs zu folgen und diesem in seinem unweit

Chokand im Orte Mehrem befindlichen Lager seine Aufwartung zu machen. Der argwöhnische Emir von Bochara hatte nämlich geglaubt, dass Conolly seinen östlichen Nachbar zum Kriege gegen Bochara aufgestachelt habe; um ihn in die Falle zu locken, musste Stoddart seinen Landsmann zu diesem Schritte auffordern, und es ist daher sehr begreiflich, dass Conolly, den seine Chokander Freunde auf die Bosheit des Emirs vergebens aufmerksam gemacht hatten, gleich bei seiner Ankunft ins bocharaische Lager festgenommen, seines Habs und Guts beraubt nach Bochara abgeführt wurde, um mit Stoddart das Loos der schrecklichen Gefangenschaft zu theilen. Der angloindische Schriftsteller J. W. Kaye, ein Mann von grossem Wissen und meisterhafter Feder, hat in seinem Buche „Lives of Indian Officers" [1] einige Bruchstücke aus dem Tagebuche, das Conolly im Gefängnisse schrieb, mitgetheilt. Es sind dies nur schwache Skizzen des traurigen Bildes, aber dennoch von tief erschütternder Wirkung auf den Leser und hinreichend um uns einen wenn auch nur schwachen Begriff von den Leiden und Qualen zu geben, welche diese unglücklichen Europäer während ihrer letzten beinahe sechsmonatlichen Gefangenschaft in einem dumpfigen, feuchten und finstern Loch, bei Kälte und Nässe, in einen nur dürftigen Fetzenanzug gehüllt, mit Ungeziefer überschüttet, bei einer ekelhaften Verpflegung unter steter Todesangst zu ertragen hatten. So lange die russische Gesandtschaft unter Butenief, dessen humane Bestrebungen zur Befreiung der gefangenen Europäer nicht zur Genüge bekannt sind, in Bochara sich aufhielt, strahlte den Unglücklichen noch immer ein schwacher Hoffnungsglimmer, doch mit dessen Abreise schwand auch dieser letzte Funken. Nasrullah, der um diese Zeit über die Katastrophe von Kabul authentische Nachrichten erhalten haben muss, sah, dass er für sein schändliches Benehmen von keiner Seite her Rache zu fürchten habe, und liess die Gefangenen, denen der Tod ein willkommener Retter war, am

[1] Dieses Werk besteht aus zwei Banden und ist in London bei Strahan and Co. 1867 erschienen.

17. Juni 1842 [1] auf einem öffentlichen Platze in Gegenwart neugieriger Zuschauer hinrichten. Zuerst wurde Stoddart der Kopf abgeschnitten; als die Reihe an Conolly kam, hielt der Henker inne, denn es hiess, man werde ihm das Leben schenken im Falle er zum Islam übertreten wolle; doch der fromme Mann sagte mit Widerwillen: „Stoddart ist Mohammedaner geworden und ihr habt ihn dennoch hingerichtet. Ich sterbe gerne." Er reichte ganz geduldig seinen Nacken dem Henker hin, der mit einem Schnitt das edle Haupt vom Körper trennte, und die entseelte Hülle der beiden Märtyrer wurde in einem gemeinsamen Grabe, das vor ihren Augen gegraben wurde, beigesetzt.

So endeten die ersten Gesandten des christlichen Abendlandes seit Clavijo's Reise nach Samarkand in der Hauptstadt Transoxaniens, man könnte fast sagen die ersten Apostel der neuen Welt, denn was immer die Motive der Intervention der britischen Regierung jenseits des Oxus gewesen sein mochten, so viel ist gewiss, dass diesen keine Eroberungslust, sondern das humane Bestreben der Civilisation Centralasiens, in welcher man das beste Bollwerk gegenüber den Uebergriffen des nordischen Rivalen zu finden glaubte, zu Grunde lag. Dass der elende Nusrullah es wagen konnte, gegenüber einer europäischen Grossmacht, welche den Ruf hat, dass sie zum Schutze ihrer Unterthanen die grössten Opfer nicht scheuet, ein solches schändliches Spiel in Scene zu setzen, das ist natürlich in erster Reihe eben jenen Unfällen zuzuschreiben, welche sie in den Thälern des Hindukusch erlitten. Bei der Anwesenheit der Briten in Kabul hätte Nusrullah sich nicht erkühnt, diese selbst nach mohammedanischen Gesetzen sündige Verletzung des Völkerrechtes zu vollführen und wenn ja, so wäre die gerechte

---

[1] Dieses Datum wird von Kaye in seinem oben erwähnten Werke angegeben. General Ferrier in seiner History of the Afghans, S. 460 behauptet den 24. Juni und zwar auf Grund der Aussage Achundzadeh's, welcher den Tag der Hinrichtung muthmasslich auf den zweiten Dschemaziul ewwel oder Dschemaziul sani versetzt, was jedoch irrig ist, denn der Anfang der fraglichen Monde des Hidschrajahres 1258 fällt am 12. Mai oder am 10. Juni.

Strafe einer britischen Invasion über Belch und Karschi gewiss
nicht ausgeblieben. Zweitens konnte der Tyrann die Ungestraftheit seiner Schandthat der unseligen Rivalisation beider
Grossmächte verdanken. Um den Emir eines bessern zu belehren, wäre niemand tauglicher und gerechter gewesen als
Persien, das hunderttausende seiner Unterthanen daselbst in
Ketten schmachten sah. Doch hat es diesem Lande stets an den
nöthigen Mitteln gefehlt, und da seine Sympathien zu Russland
kein Geheimniss waren, wie hätte England das Werkzeug
seines Nebenbuhlers kräftigen und vergrössern können?
Von solchen Umständen begünstigt konnte Nasrullah nach
dieser traurigen Begebenheit noch lange fortfahren, mit seinen
schmutzigen Handlungen den Thron, den er einnahm, zu besudeln. Ausser den erwähnten Engländern[1] fielen noch als
Opfer seiner Henkerslust die Italiener Giovanni Orlando, Flores
Naselli und der Grieche Joseph. Ersteren bewog die Wanderlust, in Gesellschaft eines chokandischen Gesandten, den er
in Constantinopel kennen lernte, nach dem fernen Chokand
zu ziehen, und mit letztgenannter Stadt fiel auch er in die
Hände Nasrullahs. Eine Zeit lang wurde er von letzterem als
Hofuhrenmacher verwendet, doch als einmal im Räderwerk
der Uhr des Tyrannen eine Störung eintrat, wurde Orlando
herbeigerufen und zur Strafe wurde auch ihm das Räderwerk
des Lebens vom Henker zum Stehen gebracht. Der zweite, ein
Soldat von Profession und wahrscheinlich durch das glänzende
Loos seines Landsmannes, des Generals Avitabile im Dienste

[1] Der Missionär Dr. Joseph Wolff, ein sonderbarer, aber jedenfalls belesener Mann, berichtet in seinem Buche: „Sendung nach Bochara," deutsch
von Dr. Eduard Amthor, Leipzig 1840. I. Band S. 294, dass Lieutenant
Wyburt auf dem Wege nach Chiwa ergriffen, durch Turkomanen nach
Bochara gebracht, dort jahrelang im Gefängniss gehalten und kurz vor der
Ankunft Stoddarts hingerichtet worden sei. — Andererseitige Nachrichten
über das Schicksal dieses Mannes stimmen nicht mit der Nachricht Wolffs
überein. Wyburt, der ohne jegliche Kenntniss der Sprache und Sitten in
Mittelasien auf die turkomanische Steppe losging, wurde in Teheran vergebens auf den sichern Tod, in den er sich stürzen wollte, aufmerksam
gemacht. Er folgte jedoch seiner Leidenschaft und hat sein tragisches Ende
schon in der Wüste erreicht.

Itendschit Singhs, nach dem fernen Osten hingezogen, kam eben einige Zeit nach Hinrichtung der Engländer in Bochara an. Er wollte seine militärischen Kenntnisse im Dienste des Emirs verwerthen, doch war der Mann ohne alle Sprachkenntnisse dahin gekommen, und da der verrätherische Abdul Samed Chan, dieser Erzfeind der Europäer, in ihm einen Rivalen befürchtete, so wurde er gleich in der ersten Woche seiner Ankunft als Spion angeklagt und hingerichtet. Der dritte war ein Diener Conolly's, und trotzdem er sich als Unterthan des Sultans legitimirt hatte, musste er doch seinem Herrn im Tode vorauschreiten. Was kümmerte sich wol Nasrullah um den Sultan, den er aus religiöser Nothwendigkeit als hierarchisches Oberhaupt anerkannte, aber an weltlicher Grösse zu übertreffen glaubte? Fiel ja selbst ein moslemitischer Unterthan des Grossherrn als Opfer seines Blutdurstes! Mustafa Tscheusch, den Reschid Pascha auf Ansuchen des Emirs in der Qualität eines Instructeur militaire nach Bochara geschickt hatte, wurde nach dem kurzen Aufenthalt einiger Monate für unreligiös befunden, ins Gefängniss geworfen, und da er über die Strenge des Gesetzes sich beklagte, mit dem Tode bestraft. Nichts, gar nichts war in den Augen des elenden Tyrannen heilig genug, um die Ausbrüche seiner Wuth und seine lüsterne Natur zu zähmen. Als Dost Mehemmed Chan, von den Engländern in die Flucht geschlagen, in Begleitung seiner Familie am Hofe Nasrullahs Zuflucht suchte, hatte gleich bei der ersten Zusammenkunft die auffallende Schönheit Sultan Dschans, des jüngsten Sohnes Dost Mohammeds, die schmutzige Leidenschaft des Emirs erweckt, und trotz aller Heiligkeit der Gastfreundschaft, die selbst die rauhesten Barbaren Asiens nur selten verletzten, war er unverschämt genug, dieses schöne Kind (Sultan Dschan war damals 14 Jahre alt) vom Vater selbst zu verlangen. Dost Mohammed, dem die niederträchtige Leidenschaft des Wüstlings nicht unbekannt war, wollte sein Kind durch eine schnelle Flucht retten, die jedoch misslang. Sultan Dschan wurde sammt seinem älteren Bruder Ekber Chan eingeholt, trotz seiner verzweifelten Gegenwehr gefangen genommen und nach Bochara abgeführt. Was ihn da erwartete, kann und braucht nicht gesagt zu werden. Dost Mohammed selbst konnte sich nur mit schwerer Noth aus den Klauen des Ungeheuers retten. Der reine Born des bocharaischen Islams wird ihn wahrscheinlich nicht sehr entzückt haben, wenn er später die ehrenvolle Behandlung seiner britischen Haft in Loodianah mit jener Gastfreundschaft verglich, die ihm sein Glaubensgenosse und Nachbarfürst zu Theil werden liess, und wie wir im nächsten Abschnitte sehen werden, wollte er dieses schändliche Benehmen noch in seinen alten Tagen rächen.

Nasrulluh selbst wurde jedoch von dieser gerechten Rache nicht erreicht. Seine Feinde von aussen waren nicht in der Lage, ihn zur Rechenschaft zu ziehen, und sein Nachfolger musste, wie wir sehen werden, für seine Sünden büssen. Im Innern, nämlich in Bochara selbst, war alles von Schrecken gelähmt. Väter sahen ihre Töchter und Söhne gewaltsam in den Ark (Palast) schleppen, ohne dass sie es wagten, auch nur einen Laut des Widerwillens von sich zu geben, denn nach Aussage der Molla's konnte der Fürst eben so unumschränkt über sein Volk, wie der Schäfer über seine Heerde schalten. Im Anfange der vierziger Jahre (die genaue Jahreszahl konnte ich nicht eruiren) hatte sich eine bedeutende Partei der Unzufriedenen gebildet, an deren Spitze man den ältesten Sohn Nasrullahs, der als präsumtiver Thronerbe die Statthalterschaft von Karschi inne hatte, vermuthete. Schon der leiseste Verdacht war genug, mehr als vierzig der Verschworenen dem Henker zu übergeben, und Mozaffar-ed-din, so hiess der Sohn Nasrullahs, wurde nach Kermineh versetzt, wo er einen kleineren Wirkungskreis hatte, auch in der unmittelbaren Nähe des Vaters besser überwacht werden konnte. Je mehr nun letzterer in Jahren vorschritt, desto häufiger und heftiger wurden seine Wuthparoxismen, die auch 1860 nach einer vierunddreissigjährigen Regierung seinem Leben ein Ende machten. Ausser den häufigen Revolten in Chokund soll ihn besonders der halsstarrige Kampf, den sein Schwager Wellnaam von Schehri Sebz gegen ihn führte, zu Tode gekränkt haben, und nur als er in den letzten Zügen war, langte die Nachricht der Einnahme dieser Festung an. Schon kaum seiner Sinne mehr mächtig, befahl der Wütherich noch, den abtrünnigen Schwager sammt allen seinen Kindern zu ermorden; doch weil er seine Augen am Blut nicht sättigen konnte, liess er kurz vor seinem Tode seine eigene Frau, die Schwester Welinaama, zu sich rufen. Das arme Weib, Mutter zweier Kinder, zitterte, das rührte jedoch den sterbenden Tyrannen nicht, nahe an seinem Lager liess er sie enthaupten, und auf das Blut der Schwester seines Erzfeindes hinstarrend, hauchte er seine abscheuliche Seele aus.

XIX.

Emir Mozaffar-ed-din und das Haus Romanoff.

1277 (1860) — 1287 (1870).

Das alte orientalische Sprichwort: „Die Väter essen saucre Trauben und die Zähne der Kinder werden stumpf," hat sich selten in so vollem Masse und in solch überraschender Schnelligkeit bewährt, wie bei Mozaffar-ed-din Chan, dem Sohn und Nachfolger Nasrullahs. Wol eilte die gerechte Nemesis vom starken Nordwind getragen noch zur Lebenszeit des Sünders den Oxusgestaden zu, doch als sie daselbst ankam, war der Tod mit seinem rächerischen Arm ihr zuvorgekommen, und für die Schuld des Vaters hatte nun der Sohn mit seiner Krone, das Land mit seiner Unabhängigkeit zu büssen. Seine erste Jugend hatte Mozaffar-ed-din in Karschi in der Dauphinée und Hauptsitz der Mangiten verbracht, um wie einst sein Vater hier inmitten der Stammesgenossen die Kunst des Regierens zu erlernen. Was ihn schon früh kennzeichnete, war der Fleiss, mit welchem er seinen Studien oblag, nicht minder aber auch seine glänzende Befähigung, und dass er in der That ein gründlich gebildeter Mohamedaner, natürlich im turkestanischen Sinne des Wortes sei, davon hat Schreiber dieser Zeilen sich persönlich die Ueberzeugung verschafft. Demungeachtet soll Mozaffar-ed-din schon früh seinem Vater ein Dorn im Auge gewesen sein. Letzterer hatte, aus seinem eigenen schändlichen Betragen seinem Vater Emir Saïd gegenüber folgernd, in der Person seines Kindes immer den gefährlichen Thronrivalen gefürchtet; er sah immer das Gespenst einer Verschwörung von

Karschi her aufsteigen, und um von diesem steten Alp sich zu befreien, ernannte er seinen Sohn zum Statthalter von Kermineh, um ihn ganz in der Nähe zu haben und besser überwachen zu können. Hier war es, wo Mozaffar-ed-din von 1842 bis zum Tode seines Vaters verblieb und zwar in ziemlicher Zurückgezogenheit und Ungnade, und von hier aus bestieg er den Thron Transoxaniens, um in der Geschichte als jener Fürst bezeichnet zu werden, der die lange Reihe der selbstständigen Herrscher, die von den Samaniden angefangen aus so vielen Dynastien tausend Jahre hindurch am Zerefschan regierten, geschlossen hatte.

Es kann übrigens nicht ganz unbedingt behauptet werden, dass Mozaffar-ed-din, was seinen persönlichen Charakter betrifft, an dem Unglück, das sein Herrscherhaus betroffen, so ganz und gar schuldlos wäre. Es war zu allen Zeiten und in allen Ländern ein bedeutender Unterschied in den Charakteren der Thronfolger und der spätern Herrscher. Auch Mozaffar-ed-din hatte als Emir die friedliebende Mollanatur des einstigen Ketle-Töre's[1] eingebüsst und gleich nach seiner Thronbesteigung den Kampf mit dem rebellischen Schehri Sebz, der bald nach dem Tode seines Vaters die Fahne der Revolte ausgesteckt hatte, wieder aufgenommen. Es war sein erstes Waffenstück, doch blieben seine Anstrengungen sowie die seines Vaters erfolglos, und er war eben mit der Belagerung Tschiraktschi's, einer der Festungen Schehri Sebz', beschäftigt, als die Vorgänge in Chokand ihn in einen neuen Krieg verwickelten und auch hier ihn zur Fortsetzung jener Politik nöthigten, die sein Vater zu seinem eigenen und ganz Mittelasiens Schaden begonnen hatte. Musulman Kul, der wie meine Leser sich erinnern werden, in Chokand die Herrschaft an sich gerissen hatte, wurde indess durch den Dolch, den bocharaische Intriguen gemiethet hatten, bei Seite geschafft und die Krone fiel dem

---

[1] Dieses Wort, welches in der Neuzeit dem Abendlande bekannt wurde, ist mit dem Weli Ahd (Thronfolger) der westlichen Mohammedaner gleichbedeutend. Kette = gross und Töre = Prinz, folglich der grosse ältere Prinz, der herkömmlicher Sitte gemäss der eigentliche Thronerbe ist.

dritten Enkel Mehemmed Ali's, nämlich dem Prinzen Chudajar
Chan zu. Dieser schwache, furchtsame Prinz wurde unter der
unmittelbaren Aufsicht Nasrullahs in allen Lastern des bocharischen Hofes erzogen. Er war daher für Bochara aber alles
eingenommen und sehnte sich selbst vom Throne des primi-
tiven, aber nicht verdorbenen Chokands nach den verfeinerten
Orgien der hypokritischen Hauptstadt am Zerefschan. Wenn
der weisse Filz im alten Fergana seinem Geschmacke wenig
behagte, so war die Erfüllung der Fürstenpflicht, die ihn häufig
an der Spitze seiner Armee gegen die am untern Laufe des
Jaxartes vordringenden Russen schickte, wol noch beschwer-
licher. Er hatte obendrein von den tapfern Söhnen des Nordens eine Schlappe nach der andern erhalten und eine Festung
nach der andern verloren. Ak-Mesdschid, auf dem damals
unter dem russischen Namen Fort Peroffsky schon die Fahne
des Karakusch (schwarzer Vogel, Unglücksvogel, Adler) flat-
terte, sollte zurückerobert werden, und als Chudajar eben von
einem der wie gewöhnlich erfolglos gebliebenen Religionskriege
heimkehrte, fand er die Thore seiner Hauptstadt verschlossen,
denn während seiner Abwesenheit hatte sein älterer Bruder
Molla Chan ihn des Thrones verlustig gemacht und zur Flucht
nach Bochara genöthigt. Hätte Mozaffar-ed-din, anstatt seine
erheuchelte Friedfertigkeit Lüge zu strafen, den arabischen
Satz: „Der Friede ist das beste von allen Urtheilen" befolgend,
den Kampf in der Familie Mehemmed Ali's friedlich geschlichtet
und dem Schützling seines Hauses nur stille Gastfreundschaft
angeboten, so hätte er mehr als einer Unannehmlichkeit aus-
weichen können; doch wie alle asiatischen Fürsten geizte auch
er nach dem Titel eines „Welteroberers", und aus dem Hilfe-
ruf Chudajars ein Capital schlagend, verliess er eiligst Schehri
Sebz, um an der Spitze eines zahlreichen Heeres Chokand zu
erobern. Auf diesem ersten Feldzuge hatte wieder der geheime
Dolch das Werk der offenen Waffe verrichtet. Molla Chan wurde
von bocharaischen Parteigängern, zu denen seine eigenen Diener
gehörten, eines Abends im Bette ermordet, und während seine
eifrigen Parteigänger, die Kiptschaken, welche in Chokand die

Tonangeber waren, sich anschickten, Schahmurad, den ihnen
gefälligen jüngern Bruder Chudajars auf den Thron zu erheben,
hatte Mozaffar-ed-din letztern wieder eingesetzt und den Rückweg nach Bochara angetreten. Sein Schützling konnte sich
jedoch nur vier Monate lang in der Stellung behaupten, und
als der Emir von Bochara in seiner Protectorrolle sich so ver-
spottet sah, blieb ihm nichts anderes übrig, als zur Herstellung
seines Ansehens mit um so grösserer Machtentfaltung gegen
Chokand zu ziehen und seine begonnene Politik um jeden
Preis durchzusetzen. Nachdem Schahruch Chan, sein Serdari
Kul (Obercommandant) mit 4000 Mann und Mehemmed Hasan
Beg mit 30 Kanonen vorausgeschickt wurden, eilte er selbst,
von einigen hundert Tekke-Turkomanen begleitet, gen Osten
mit dem festen Entschluss, nicht umzukehren, ehe er bis zur
chinesischen Grenze alles unter seinen Scepter gebracht habe.
Im Angesichte derartiger Massregeln hatte sich auch Chokand
bis aufs Äusserste gerüstet. Die Kiptschaken, das meist kriegerische Element letztgenannten Chanates, erklärten sich bereit,
für die Sache des ihrem Schutze befohlenen Prätendenten alles
aufs Spiel zu setzen, und wenn sie gleich der überlegenen
Truppenzahl, namentlich aber der Artillerie des Emirs, die sich
in ganz Mittelasien eines hohen Rufes erfreute, aus dem Wege
gingen, so dass dieser ungestört bis nach Oosch vordringen
konnte, so war der mit grosser Redeschwulst ausposaunte
Erfolg Mozaffar-ed-dins doch nur höchst illusorisch. In dem
ganzen fürchterlichen Feldzuge waren auf beiden Seiten
zusammen höchstens hundert Mann gefallen, und die Armee
des sich einen zweiten Timur dünkenden Herrscher Bochara's
war kaum von einem Ort ausgezogen, als die Kiptschaken
wieder daselbst einrückten, und jede Spur der bocharaischen
Obrigkeit vernichteten. Das Endresultat des Spiels war, dass
Chokand in zwei Theile getheilt wurde. Der Osten dieses
Chanates, nämlich von Oosch bis Mehrem, fiel dem Schützling der Kiptschaken zu, während der nördliche Theil, nämlich
von Oratepe bis über Tuschkend hinaus, unter Botmässigkeit Chundajar Chans gerieth, der aber seinen Hauptsitz in

Samarkand, um ganz in der Nähe seines Protectors zu sein, aufschlug.

Wäre dieser Protektions- und Eroberungspolitik Mozafferedine in der That die Idee einer Allianz oder Vereinigung der Streitkräfte zur Abwehr des am untern Laufe des Jaxartes vorrückenden fremden Feindes zu Grunde gelegen, so hätte sein Angriff auf das Nachbarland wol einigermassen gerechtfertigt werden können. Doch er war weit entfernt Zukunftspolitik zu treiben, ja die Haupttriebfeder dieser Handlung, nämlich die lächerliche Ruhm- und Habsucht, hatte anstatt ihn für die Zukunft sicher zu stellen, sein Verderben um so mehr beschleunigt, da das Protektorat über Chudajar Chan ihn mit einem solchen Gegner zusammenbrachte, dem nicht er, nicht Mittelasien, ja der ganze Islam nicht gewachsen sein konnte.

Russland, das nach dem verunglückten Versuche der Peroffsky'schen Expedition von 1830 und nach dem Fehlschlagen der diplomatischen Missionen seine Operationslinie vom Südosten des Aralsees nach den Ufern des Jaxartes verlegt hatte, war um diese Zeit schon bis zum bewohnten Theile des chokandischen Territoriums vorgedrungen. 1847 wurde das Fort Orenburg am Flusse Turgai, im darauf folgenden Jahre das Fort Karabulak am Kurabut angelegt.[1] Die Ansicht, dass der Oxus die Hauptader des Verkehres, die beste Wasserstrasse nach dem Innern Turkestans sei, hatte sich nicht bewährt,[2] und so musste

[1] The Russians in Central-Asia by John and Robert Michell. London 1865, S. 320.

[2] Der geistreiche und sonst wohl unterrichtete Sir Alexander Burnes war der erste in Europa, welcher die Ansicht zur Geltung bringen wollte, dass die Russen den Oxus als die Hauptader der Communication nach Turkestau gebrauchen werden. Später hat Admiral Butakoff in seinen zwischen 1848 und 1859 fallenden Studien über den untern Lauf des Oxus, namentlich über dessen Mündungen, eben das Gegentheil gründlich bewiesen. Aus seinen Forschungen wird es ganz klar und ersichtlich, dass keiner der vier Hauptarme, in welche dieser Fluss am Ende seines Zieles sich spaltet, schiffbar gemacht werden kann. Erstens ist das Bet dieser Flüsse an und für sich seicht, zweitens verändert sich die Strömung in Folge des massenhaften Sandes fast täglich bei niederem Wasserstand. Nur wenn einige hinter Kungrat und Tschortankul in die Ebene brechende Kanäle, die theils natürlicher, theils künstlicher Anlage sind, vom Ableiten des Wassers verhindert

der Jaxartes hierzu gewählt werden. 1847 liess General Pe-
rofl'sky, der General-Gouverneur von Orenburg, durch Capitän
Schultz an den Mündungen letztgenannten Flusses das Fort
Aralsk errichten, das selbstverständlich den Özbegen von Chiwa
ein Dorn im Auge war, von dem sie sich aber trotz wiederholter
Anstrengungen nicht befreien konnten, und so ganz ruhig zusehen mussten, wie der russische Adler seine Fittige, deren
ominöse Schatten ihren Zukunftshimmel zu verdunkeln droht,
am linken Ufer des Jaxartes immer mehr und mehr ausbreitet.
Da Fort Aralsk, welches später Fort Nro. 1 genannt wurde,
einen sichern Ausgangspunkt bildete, so war es leicht vorauszusehen, dass Fort Nro. 2, Fort Nro. 3 und so fort nachfolgen
werden, und dass die vordringenden russischen Colonnen bald
mit Chokand, als jener Macht, die nominell diese Gegend be-
herrschte, in Berührung kommen werden. Anfangs war es
die Besatzung der chokandischen Festung Ak Mesdschid, die
die undankbare Aufgabe auf sich nahm, den Vorposten des
nordischen Colosses den Weg zu verrammeln, indem sie theils
die Russen, theils die deren Schutz befohlenen Kirgisen angriff, wie gewöhnlich aber mit bedeutendem Verluste zurückgeschlagen wurde. Diese Neckerei zog sich mehrere Jahre
hindurch in die Länge. Da die Chokander zumeist mit kleinern
russischen Heeresabtheilungen zu thun hatten, so konnte die
Uebermacht der russischen Waffen auf sie nicht den ge-
bührenden Schreckenseindruck ausüben, während die Moskowiten hingegen, mit den Kniffen und der Kriegführung ihrer
Gegend vertraut werdend, eine tüchtige Vorschule zu den
turkestanischen Eroberungen durchmachten. Mittlerweile langten
die zur Beschiffung des Stromes bestimmten Dampfschiffe, welche
von Schweden nach dem Aral zu Land transportirt wurden, in
den dunkelgrünen Fluthen des alten Chahrezmer See's an. In
Ermanglung von Steinkohlen mussten die Dampfer mit dem

werden konnten, wäre die Schiffbarkeit bis Kiptschak vielleicht erreichbar.
Ausführliches über diese Frage ist im Journal der Grographical Society of
London 1867 in einem von Admiral Butakoff selbst verfassten Aufsatze
zu lesen.

knorrigen festen Strauchholz, Saksaul genannt, geheizt werden, aber trotz allen Beschwerden, mit welchen die ersten dampfenden Fahrzeuge die Fluthen des altklassischen Stromes spalteten, hatten sie doch dem im Auge habenden Zwecke gänzlich entsprochen. 1852 brach Obrist Blaramberg mit einem Recognoscirungs-Corps gegen die Festung Ak Msedschid auf, drang mit seiner Handvoll Leute bis unter die Mauern genannten Ortes, und wenn gleich dieser tollkühne Zug, denn er hatte es gewagt 250 Meilen weit von der russischen Grenze sich zu entfernen, zu keinem Erfolg führen konnte, so hatte der ernste Angriff im darauf folgenden Jahre um so glänzender sich belohnt. Die Expedition nahm diesesmal schon etwas grössere Dimensionen an.[1] Inmitten eines überaus heissen Frühlings drangen die Russen durch den meist unwirthbaren Theil der grossen Steppe von Orenburg zum Fort Nro. 1 vor, um sich von hier aus an dem rechten Ufer des Jaxartes nach Ak Mesdschid zu gelangen, während der Dampfer „Peroffsky" stromaufwärts nachfolgte. Drückende Hitze, dichte Gelzen- und Heuschreckenschwärme, hell lodernder Steppenbrand, nichts vermochte die entschlossenen Söhne des Nordens auf ihrem Wege aufzuhalten. Ak Mesdschid wurde cernirt, und der Kampf um diesen ersten festen Ort auf turkestanischem Boden nahm hiermit seinen Anfang. Zuerst liess General Peroffsky die Chokanden zur friedlichen Uebergabe auffordern;[2] doch ihre Antwort ging darauf

[1] Sie bestand aus 2168 Mann mit Inbegriffen die Officiere mit 2442 Pferden, 2038 Kameelen und 2280 Ochsen, die zum Transport der Bagage verwendet wurden. The Russians in Central-Asia, S. 339.

[2] Das hierauf bezügliche Aktenstück, aus welchem hervorgeht, dass die Russen mit den Mittelasiaten, wenn es die Umstände erheischten, eine regelrecht ozbegische Sprache führten, lautete folgendermassen:

„Vom Generalgouverneur von Orenburg an den Festungscommandanten von Ak-Mesdschid.

„Auf Befehl meines Fürsten, des Kaisers aller Reussen, bin ich gekommen, um die Festung Ak-Mesdschid, welche die Chokander auf russischem Gebiete zur Unterdrückung der im Unterthanenverbande seiner kaiserlichen Majestät sich befindlichen Kirgisen errichtet haben, einzunehmen.

„Ak-Mesdschid ist schon genommen, obwol ihr noch darin wohnt, und ihr werdet euch überzeugen, dass ich in der Lage bin, ohne den Verlust eines einzigen meiner Leute, euch alle zu vernichten."

hin, so lange Widerstand zu leisten zu wollen, bis nur ein Korn Pulver in ihren Pulverhörnern, und ein Kesek (Erdscholle; in Ermanglung von Steinen geworfen) in ihren Strassen noch vorfinden wird und bis die Klingen ihrer Schwerter und die Kolben ihrer Speere zersplittert sind. In der That wurde auf beiden Seiten tüchtig gefochten, und nur nachdem die Erdmauern von der russischen Artillerie an mehreren Punkten zerstäubt, und die Besatzung durch das anhaltende Bombardement stark mitgenommen wurde, konnte die erste Sturmcolonne von einem Ungar, dem Lieutenant Erdélyi [1] geleitet, am 8. August 1853 in die Festung eindringen. Die Chokander vertheidigten sich noch immer Schritt für Schritt mit einer seltenen Tapferkeit, trotzdem ihr Commandant Medweli (Mehemmed Weli) gleich im Anfang an der Spitze seiner Getreuen gefallen war, fast sämmtliche Befehlshaber blieben todt auf dem Platze, und nur wenige konnten in der Flucht ihr Heil finden. Es war der erste Ort von strategischer und politischer Bedeutung, den die Russen am nördlichen Saume der Steppe erobert hatten, aber auch der erste und zugleich der letzte Beweis heroischer Aufopferung, den die Mittelasiaten den eindringenden Fremden gegenüber an den Tag legten.

Nach dem Falle Ak Mesdschids verging kein Jahr, dass

„Die Russen sind nicht hierhergekommen auf einen Tag oder auf ein Jahr, sondern für immer. Sie werden sich nicht zurückziehen."

„Habt Ihr Lust zu leben, so bittet um Gnade, wollt Ihr aber in Ak-Mesdschid sterben, so steht euch auch dieses frei. Ich habe keine besondere Eile und werde mit euch auch nicht so schnell abthun. Nicht eine Schlacht anzubieten bin ich gekommen, sondern euch so lange zu prügeln, bis Ihr die Thore öffnet.

„Dieses alles hätte ich euch schon am ersten Tag meiner Ankunft, als ich unbewaffnet euern Mauern mich nahte, gesagt, würdet Ihr nicht auf mich gefeuert haben, was unter respectabeln Kriegern gar nicht üblich ist." (The Russians in Central-Asia S. 348.)

[1] Im letzterwähnten englischen Werke finde ich zwar nur Erdell, doch vermuthe ich, dass der ungarische Diphthonge ly (= gl im Italienischen) nur der Fremdartigkeit halber einer Veränderung unterging. Erdélyi (der Wortdeutung nach Siebenbürger) ist ein in Ungarn vielfach gebrauchter Familienname, und der erste auf den Zinnen der ersten mittelasiatischen Festung war daher mein Landsmann.

die Chokander zur Rückeroberung dieses Ortes nicht bedeutende und häufige Versuche gemacht hätten,[1] ohne jedoch zu einem Resultat zu gelangen, trotzdem eben dieser Zeitpunkt nämlich von 1853 bis 1856 zur Reparirung des Verlustes am geeignetsten gewesen wäre. Russland musste eben damals seine Kräfte aus allen Gliedern des gigantischen Körpers zusammenraffen und in der Krim concentriren. An seine Besitzungen im fernen Süden Asiens konnte ihm wenig gelegen sein, und hätten die Fürsten Centralasiens, denen die Kämpfe um Sebastopol herum kein Geheimniss blieb, im Bewusstsein der eminenten Gefahr ihrer gemeinsamen Interessen auch nur auf eine kurze Zeit eine Einheitspolitik befolgen können, so wäre es noch ein leichtes Spiel gewesen, nicht nur die angelegten Forts zu bezwingen, sondern die Russen bis zum nördlichen Rand der Steppe zurückzudrängen; dies um so mehr da Izzet Kulibar,[2] der kirgizische Steppenfürst, eben damals die russische Suprematie in der kleinen und der mittlern Horde untergraben hatte. Wie sehr jedoch in Mittelasien die Fürsten des Regierens, das Volk der Unabhängigkeit vollauf unwürdig sei, ist am besten dadurch bewiesen, dass von dieser Möglichkeit eben das Gegentheil geschah, denn in den Momenten des Drangsales war es eben in den Oxusländern, wo Russlands Politik sich am wenigsten gefährdet befund. Umsonst hatte die Pforte den jahrelang mit grossem Kostenaufwand unterhaltenen Gesandten Chiwas und und Bochara's es aus Herze gelegt: sie mögen eiligst heimkehren und ihre betreffenden Souveraine auf den günstigen Un-

[1] Einer der grösseren Angriffe von Seite Chokands geschah vom 14. bis 17. December 1853, bei welcher Gelegenheit das aus 12,000 Mann bestehende Heer der Chokander von sechshundert Russen nicht nur im Schach gehalten, sondern sogar in die Flucht gejagt wurde.

[2] Kulibar (= er hat Glück), ein echtes und treues Specimen der fahrenden Ritter des kirgisischen Steppengebietes, machte sich schon 1822 durch seine kühnen Ueberfälle und Räubereien berühmt. Früher plünderte er unter russischem Schutz die reichen Karavanen aus Chokand und Bochara und erhielt in St. Petersburg für seine vielfachen Dienste die goldene Medaille (doch nicht für Kunst und Wissenschaft?). Später vergriff er sich jedoch an seinem eigenen Patron, und nur nach einem ziemlich langen und hartnäckigen Kampfe gelang es, ihn unschädlich zu machen.

stand aufmerksam machen zur Sicherstellung ihres Landes, ja zur Befreiung des ganzen Islams nur alle Kräfte aufs Spiel setzen. Chiwa, anstatt die Offensive zu ergreifen, schickte Gesandte mit Freundschaftsbezeugungen nach Ak Mesdschid, und Bochara, es war damals noch der schändliche Nasrullah auf dem Thron, um das Unglück des geschwächten östlichen Nachbars auszubeuten, fiel in Chokand ein, und schätzte sich glücklich, einen Ort nach dem andern seinem Lande einzuverleiben. Unter solchen Umständen war es ganz natürlich, dass Russland nach dem Pariser Friedenschluss seine Eroberungspläne mit desto grösserem Eifer und Erfolg fortsetzte. 1859 fiel die kleine Festung Tschölek, zwei Jahre darauf das Fort Jengi Kurgan am Jaxartes, an dessen linkem Ufer die russischen Vorposten immer mehr und mehr dem schon gut bevölkerten Theile des nördlichen Chokands sich annäherten und im Juni 1864 fiel auch die Stadt Turkestan oder Hazreti Turkestan, der Ruheort des berühmten Asceten, Chodscha Ahmed Jesewi, in russische Hände. Dieses war die erste Schreckensnachricht, welche den vom Religionsfanatismus erhitzten Centralasiaten einen Schauder verursachte. Chodscha Ahmed, ist nach Baba-ed-din der zweite Nationalheilige Turkestans und besonders in Chokand hochgeehrt. Man hatte vorausgesetzt, dass die Kiptschaken nun mit Chudajar Chan gemeinschaftliche Sache machen, und vereint über die Ungläubigen herfallen werden. Doch Groll und Hass waren von jeher in Turan am schrecklichsten, und die Kiptschaken, viel kriegerischer als die übrigen Chokander, sahen mit sichtlichem Wohlgefallen zu, wie die Russen nach dem glücklichen Treffen bei Tschemkent[1] über Sairam gegen Taschkend vorrückten und diese in politischer und commercieller Hinsicht gleichwichtige nördliche Pforte Centralasiens in Besitz nahmen.

Nun erst hielt Mozaffar-ed-din Chan es an der höchsten Zeit, die Angelegenheit seines Schützlings Chudajar Chans in die Hand zu nehmen und der russischen Occupationsarmee, wenn gleich unmittelbar einen Riegel vorzuschieben. Zuerst

---

[1] Siehe Note 1 S. 2 dieses Buches.

brach er (im Mai 1865) gegen Chokand auf, um die Kiptschaks zu züchtigen, denn in Bochara hatte man die falsche Nachricht verbreitet, ihre passive Haltung hätte die russischen Pläne begünstigt, was natürlich eine böswillige Erfindung war, da eben die Kiptschaken den heftigsten Widerstand leisteten, und ihr tapferer Führer Alemkul vor Taschkend auch sein Leben eingebüsst hatte. Nachdem dieser entschlossene Gegner Mozaffar-ed-dins das Feld geräumt hatte, war die Eroberung des östlichen Chokands nur ein leichtes Spiel. Der Puppenfürst Mir Said, ein Sohn Sarimsaks, wurde gefangen nach Bochara geführt und Chudajar Chan, der durch das Vordringen des ungläubigen Feindes schon beinahe seine sämmtliche Besitzungen verloren hatte, auf den Thron Chokands erhoben. Zu gleicher Zeit schickte er an den commandirenden General Tschernajeff, der nach Peroffsky an der Spitze des russischen Heeres gestellt wurde, ein insolentes Schreiben, in welchem er ihn unter Drohungen, alle Rechtgläubigen Turans¹ gegen die Russen ins Felde bringen zu wollen, zur Räumung des eroberten Territoriums aufforderte und des Nachdruckes halber das Vermögen der zufällig in Bochara sich aufhaltenden russischen Kaufleute confiscirte. Die Antwort aus dem russischen Hauptquartier war nicht minder höflich, und als die Russen ähnliche Repressalien an den Bocharaern in Orenburg nehmend, von den Drohungen des Emirs sich nicht einschüchtern liessen, da schickte letzterer noch bevor diese Correspondenz sich in offenen Feindseligkeiten zugespitzt hatte, den Chodscha Nedschm-ed-din mit einer freundschaftlichen Mission nach St. Petersburg, um beim Czar über die Aggression seiner Generale Klage zu führen. Die Absicht des Emirs war, durch diesen diplomatischen Griff Zeit zu gewinnen und die Empörung in Scheri Sebz zu unterdrücken, doch er wurde diesesmal von den russischen Behörden überlistet.

[1] Man sieht, der Emir hatte um diese Zeit noch immer eine hohe Meinung von der Superiorität seiner Armee und von seiner geistigen Machtstellung über sämmtliche Moslimen Turkestans. Dass die Russen am Jaxartes zehn- ja zwanzigmal stärkere chokandische Armeen zu Paaren trieben, das war in Bochara nie bekannt geworden. Solche Nachrichten hätte niemand zu erzählen gewagt und gewiss, niemand hätte sie geglaubt.

Nedschm-ed-din wurde unterwegs aufgehalten und im Fort Kazala internirt, und da der Herrscher Bochara's in Erwiederung der mittlerweile freigelassenen Bocharaer Kaufleute die russischen Unterthanen noch immer in Haft hielt, so sendete General Tschernajeff den Oberst Struve in Begleitung mehrerer Officiere nach Bochara,[1] um womöglich eine friedliche Beilegung des Streites zu bewirken, da wie es scheint der General zur Fortsetzung der Offensive entweder nicht autorisirt oder aus Mangel an Hilfsmitteln nicht befähigt gewesen war. Dass der Emir nun mit Oberst Struve nicht besser verfuhr[1] als die Russen mit Nedschm-ed-din, ist leicht erklärlich. Demungeachtet fühlte Tschernajeff über den ihm zugefügten Schimpf (?) sich beleidigt, überschritt im Februar 1866 ohne weiterers den Joxartes, und zog mit Umgehung Chodschends, durch die Wüste auf Dschizzak, den ersten Platz auf dem eigentlichen Territorium Bocharas, los. Diesesmal hatten sich aber die Russen verrechnet. Als sie nach sieben forcirten Märschen durch eine öde wasserlose Gegend vor letztgenanntem Ort anlangten, fanden sie, dass sie hier inmitten eines nicht wie gewöhnlich zehnfach, sondern zwanzigfach grössern Feindes gerathen sind, und nur zu spät wurde es entdeckt, dass der beste Erfolg hier nur aus einem glücklichen Entrinnen besteht. Es wurde daher ein

[1] Die Mission bestand aus dem Astronomen Hofrath von Struve (nach andern Berichten Oberst Struve und nicht der bekannte Gelehrte) mit dem Bergingenieur Oberstlieutenant Tatarinoff und zwei Officieren, nämlich dem Rittmeister Gluchoffsky und dem Fähnrich Kolesnikoff. (Die Russen in Centralasien. Eine geographisch-historische Studie von Friedrich von Hellwald. Wien 1869. S. 65.)

[2] Die russische Mission blieb von der Zeit ihrer Ankunft bis 1. Februar 1866 in Gefangenschaft zwischen den vier Wänden ihres Wohnhauses. Sie wurden alsdann von der Stadtbehörde zur Uebergabe ihrer Waffen aufgefordert, doch dieses wurde rundwegs abgeschlagen. Aus diesem entspann sich nun eine Rauferei, in welcher ein Aksakal sammt fünf Bocharaern schwere Verletzungen erhielten, die Russen aber trotz ihres mehr tapfern als vernünftigen Betragens doch schliesslich nachgeben mussten. (Edinburgh Review. January 1867. S. 40. Dieser von dem geistreichen und wohlunterrichteten, leider zu früh gestorbenen Mr. Wyllie unter dem Titel Foreign Policy of Sir John Lawrence anonym erschienene Aufsatz ist einer der besten, den die englische Presse je gebracht hat.)

eiliger, aber dennoch ordentlicher Rückzug angetreten, und
selbst auf der Flucht konnten die Russen gegenüber den sie
umschwärmenden zahllosen Horden noch immer ihre Tapferkeit wahren. So feig sind die heutigen Nachkommen der einst
so fürchterlichen turanischen Krieger!

Tschernajeff erhielt seine wohlverdiente Rüge, und wurde
durch den Generalmajor Dimitri Iljitsch Romanoffky ersetzt.
Das Fehlschlagen der russischen Pläne hatte auf die Özbegen
ermuthigend gewirkt, denn sie hatten nun selber die Offensive
ergriffen und am 5. April desselben Jahres sich in einen nicht
unbedeutenden Kampf bei Tschinaz, eine kleine Festung am
linken Ufer des Jaxartes, sich eingelassen, ja Emir Mozaffared-din, im glücklichen Wahne mit den Russen so leicht fertig
zu werden wie früher mit den Chokandern, brach an der Spitze
einer Armee, die aus 5000 Serbaren, 30,000 Kirgisen, 10,000
Turkomanen und 21 Kanonen bestand, in eigener Person auf,
um den ungläubigen Söhnen des Nordens Taschkend mit Gewalt abzunehmen. Unter solchen Umständen konnte der russische General nicht in fernerer Unthätigkeit verbleiben. Wie
Romanoffsky selber in einer über diesen Feldzug veröffentlichten
Schrift[1] mittheilt, waren es nicht mehr als 4000 Mann, welche
von dem damals 15,000 Mann starken turkestanischen Armeecorps ihn auf seinem Zuge gegen Süden begleitet hatten. Und
doch musste er den Kampf aufnehmen. Bei dem Orte Jirdschur, welches am linken Ufer des Jaxartes einige Meilen nordwestlich von Chodschend sich befindet, kam es am 20. Mai 1806
zur entscheidenden Schlacht, bei welcher die russische Artillerie
in den dichten özbegischen Reiterhaufen eine Strasse öffnete,
und als das Häuflein entschlossener Russen daselbst eindrang,
da war ihr Erscheinen schon genug, um in die Reihen der
fanatisirten Religionskrieger die grösste Verwirrung zu bringen

[1] Mir ist diese Schrift nur durch einen Auszug bekannt, welchen der
Berliner Correspondent der Times, dessen Dienste auf dem Felde centralasiatischer Politik nicht zu überschätzen sind, 1869 in den Nummern vom
16. und 26. März dieses Blattes gebracht hat. Herr General Romanoffsky
erscheint in denselben als gründlicher Kenner asiatischer Verhältnisse und
als ein Mann von sehr gesundem Urtheil.

und alles in wilder Flucht gegen Süden zu treiben.[1] Das ganze Lager, darunter das reiche Zelt des Emirs sammt dem ganzen Artillerie-Park, wurde im Stich gelassen, und Mozaffar-ed-din konnte nur mit schwerer Noth sich nach Dschizzak flüchten. Der Verlust der Bocharaer belief sich über 1000 Mann, besonders hart wurden die Mangiten aus Karschi, welche die Elite der Armee bildeten, mitgenommen, obwol die Zahl der todten und verwundeten Russen sich höchstens auf 50 belief. Und doch war die Schlacht von Jirdschar das Cannä von Turkestan, in welcher es seine staatliche Unabhängigkeit von mehr als tausend Jahren, sein Ansehen und seinen Machteinfluss auf die übrigen Völker Centralasiens, und hiermit auch die ganze Sache des innerasiatischen Islams zu Grunde gerichtet hatte. Der russische General hätte sofort seinen Marsch auf Samarkand mit Aussicht auf sicheren Erfolg fortsetzen können, so panisch und allgemein war der Schrecken dieser Katastrophe, doch er begnügte sich, nachdem er eine kleine Verstärkung vom Fort Körütschi an sich gezogen hatte, am 28. Mai die kleine Festung Nau zu besetzen, und da dieser Ort im Süden Chodschends den Scheidepunkt der Strassen nach Osten und Norden hin bildet, so musste das Loos letztgenannter Stadt und Festung, die hiermit von Bochara abgeschnitten wurde, auch bald entschieden werden. Chodschend, das von zwei Seiten her vom Jaxartes, nämlich südöstlich von dem Hauptstrom und südwestlich von einem Nebenarm geschützt ist und das zu allen Zeiten in den Augen der Asiaten für uneinnehmbar galt, hatte obwol zu Chokand gehörig, eine bocharaische Garnison, die Widerstand leistete. Die Bürgerschaft, zumeist Kaufleute und von der russischen Supremalie gründlich überzeugt waren zur Uebergabe geneigt. Die Besatzung jedoch, von den fanatischen Molla's angespornt, leistete einen hartnäckigen Widerstand,

[1] Die beste und ausführlichste bis jetzt erschienene Beschreibung von der entscheidenden Schlacht bei Jirdschar befindet sich in Fr. v. Hellwalds oben genanntem Buche S. 68. Fr. v. Hellwalds Buch kennzeichnet sich überhaupt durch eine gründliche Sachkenntniss und geschickte Schreibart; nur Schade, dass er in seinem Eifer für russische Interessen den Engländern an mehreren Orten Unrecht thut.

und nur nach siebentägiger harter Belagerung konnte die Festung mit Sturm genommen werden, eine Affaire die den Russen mehr Mannschaft kostete als die entscheidende Schlacht vor Jirdschar, während der Verlust der Özbegen auf etwa 2500 Todte und Verwundete geschätzt wird.

Hiermit waren, wie Hr. v. Hellwald richtig bemerkt,[1] die hervorragendsten Plätze Chokands in den Händen der Russen, und der Schottenmonarch Chudajar Chan fiel rath- und thatlos auf einmal aus den schützenden Armen des Emirs von Bochara unter die Protection des russischen Adlers, in die er, wie die Gegenwart zeigt, sich auch bald hineinfinden konnte. Wäre nicht er, sondern ein anderer energischer Fürst in Chokand auf dem Throne gesessen oder hätte eben in dieser Zeit das ohnehin nicht besonders stark vertretene kriegerische Element Chokands sich nicht unter die Fahnen Jakub-Kuschbegi's in Ostturkestan geschaart, so hätten die Waffen der Moskowiten sich wenigstens nicht so schnell und leicht mit dem Siegeskranze schmücken können. Doch so hatte der Erfolg die Russen selber überrascht, und Chudajar Chan musste sich glücklich schätzen, unter der Botmässigkeit des weissen Czars auf dem alten Sitze Babers verbleiben zu können. Er musste die Thalgegend des Jaxartes, von Mehrem angefangen, entlang dem ganzen fernern Laufe dieses Flusses abtreten, seine Städte den russischen Unterthanen öffnen, ja für deren Hab und Gut Bürgschaft leisten und noch obendrein in die russische Staatskasse eine solche Kriegscontribution zahlen, die ihm wol noch jahrelang zu jedwelcher Action die Lust benehmen wird. Seine Macht ist null und nichtig, und nach seinem Tode wird selbstverständlich dieses ganze östliche Chanat in den Staatenverband des russischen Reiches aufgenommen werden.

Was hätte wol nun Mozaffar-ed-din, der isolirt, von der Wucht des Unglückes gebrochen da stand, zu seiner Rettung noch thun können? Vergebens schickte er nach allen Richtungen um Hilfe, wer hätte es wol gewagt mit ihm dem

---

[1] Siehe oben öfter genanntes Werk S. 70.

Besiegten gegen den mächtigen Urus in Verbindung zu treten! Bei Chiwa, dem nächsten Nachbar hatte ihn die stete, alte Feindschaft, noch mehr aber der Stolz von einem solchen Schritte abgehalten; auch hätte dieses in sich zerfallene kleine Ländchen wol wenig nützen können. Das südliche Afganistan, das um diese Zeit ein heftiger Bürgerkrieg in Flammen gesetzt hatte, war mit sich selber genug beschäftigt, und während ein Theil der Nachkommen Dost Mohammed Chans Ihm vielleicht gerne beigestanden wäre, hatte der andere den gerechten Groll ihres alten Vaters geerbt, und freuete sich ob der Schmach, die der hochmüthige Özbegenfürst von den Ungläubigen erlitten hatte. Die Befolgung einer gemeinsamen Politik ist den im Grunde nur nach Raub sinnenden Fürsten Mittelasiens auch nie eingefallen, ja die Afganen freueten sich vielmehr, dass dem nun geschwächten Bochara die Duodez-Chanate um linken Oxusufer desto leichter entrissen werden können; was sie auch zu thun nicht versäumten, wenn Russland diesen integrirenden Theil Bochara's später für sich nicht verlangen wird. Nur der neue Herrscher Ostturkestans, Jakub Kuschbegi war es, der im eigenen Interesse sich Bochara gerne angeschlossen hätte. Die Schatten der russischen Colonnen an Nariu, in der Entfernung von blos einigen Tagereisen von seiner Hauptstadt hatte ihm Furcht eingejagt. Er hatte jedoch von der Superiorität der russischen Kriegskunst in seinen früheren Jahren sich überzeugt,[1] und war mit Kundgebung seiner Sympathien äusserst vorsichtig, während andererseits durch den Keil, den die russische Eroberung Chokands zwischen ihm und dem Herrscher am Zerefschan eingeschoben hatte, ein einheitliches Wirken factisch unmöglich wurde. Nicht minder hoffnungslos waren die Aussichten Mozaffar-ed-dins in der weiten Ferne. England

[1] Jakub Kuschbegi, der heutige Fürst Ostturkestans, hat nämlich seine Waffenschule am untern Laufe des Jaxartes in den Kämpfen gegen die Russen gemacht und als Commandant der Festung Ak-Meschehid durch sein heroisches Betragen, das selbst die Russen anerkennen, sich einen Namen erworben. Wenn dem turkestanischen Leumund zu glauben ist, wurde sein Eifer für die Sache Chokands später durch russische Ducaten erschüttert, man legt ihm wenigstens die verrätherische Uebergabe einiger Orte zur Last.

hat trotz allen russischen Verdächtigungen[1] auch nie daran gedacht, dem Laude, wo ihm der grösste diplomatische Schimpf zugefügt wurde, wo zwei seiner Gesandten den Märtyrertod erleiden mussten, in den letzten Kämpfen mit Wort oder That beizustehen. Nicht minder war die Türkei gesonnen, die über seinen politischen Horizont ohnehin fortwährend schwebenden Unglückswolken durch Machinationen im fernen Osten auf sich herabzuleiten. Die Herren auf der hohen Pforte wissen von Özbegen, Tadschiks u. s. w., von Chiwa, Bochara, Chokand, dem Oxus und Jaxartes eben so wenig, als sie von der Insel Haiti wissen; dass früher zur Zeit der Schejbaniden und Aschtarchaniden ein lebhafter diplomatischer Verkehr unterhalten wurde, davon hat die neue Generation der Osmanli auch keine Spur — und wenn dies alles auch nicht der Fall gewesen wäre, wie hätten die selbst mit der Existenz schwer kämpfenden Osmanlis dem sinkenden Religions- und Stammesgenossen im fernen Osten die Hand der Rettung reichen können? Oder hätte etwa das schiitische Persien, dessen Kinder zu Tausenden in özbegischer Sklaverei schmachten, in dessen Gauen das Wort „Turkestan" schon seit undenklichen Zeiten der verzweiflungsvollste Schreckensruf war, mit Mozaffar-ed-din sich verbinden sollen? Wohl besteht zwischen Kadscharen und den Herrschern Bochara's ein ferner Grad der Verwandtschaft, doch der Hass ist um so grösser und wilder und um so gerechter von Seiten Irans, das über die russischen Erfolge am Jaxartes und am Oxus nun von Herzen frohlockte und sich gewiss hüten wird, seinem Wohlthäter störend in den Weg zu treten.

[1] Die russische Presse hat es sich angelegen sein lassen, gewisse Nachrichten zu verbreiten, nach welchen während des bocharisch-russischen Krieges in der Hauptstadt am Zerefschan immer englische Diplomaten (?) sich befanden, die den Emir zur Feindseligkeit aufstachelten, dass die Özbegen mit Enfield-Gewehren versehen waren u. s. w., ja in einer turkestanischen Correspondenz des „Invalide Russe" (englische Uebersetzung in der Times vom 19. October 1869) wird sogar dem Emir selbst in den Mund gelegt: dass die Engländer den Krieg zwischen ihm und den Russen angefacht hätten. Dass diese Erdichtung eben so boswillig als unsinnig sei, wird jedermann, der die Apathie der heutigen Briten kennt, wol bald einsehen.

Inmitten dieser allgemeinen Hilflosigkeit muss Mozaffur-eddin vom Verhalten seiner Unterthanen, seiner Sipahis (vornehme Beamtenclasse) ja seiner eigenen Verwandten am tiefsten gekränkt gewesen sein. Er, der einige Jahre früher, nämlich zur Zeit meines Aufenthaltes in Bochara, nicht nur gefürchtet, sondern geehrt und geliebt war, musste nun vernehmen, dass man im Bazare und am Rigistan ihn ganz frank und frei der Feigheit gegenüber dem Feinde zeiht, denn es hiess, er hätte durch übereilte Flucht vom Schlachtfelde bei Jirdschar die Katastrophe herbeigeführt. Es wurde ihm Veruntreuung des Staatsschatzes zu Schuld gelegt, da er in äusserster Geldnoth erst zur Valuta, später aber zu dem seculären Vermögen der Priesterclasse seine Zuflucht nehmen musste; und schliesslich traf ihn die schreckliche Klage, dass er, der ehemalige „Fürst der Rechtgläubigen" „mit den Ungläubigen selbst im geheimen Bund stehe, und den Preis für das verkaufte „edle Bochara" schon eingestrichen habe. Um sich den Beleidigungen des von den Molla's aufgestachelten Pöbels, und von den Flüchen und Verwünschungen der Weiber zu entgehen, wagte er es nur bei Nacht oder in Verkleidung seinen Palast zu verlassen. Wer Bochara, das bis zum Wahnsinne eingebildete, ignorante und fanatische Bochara nicht gekannt hat, der wird es nur schwer begreifen, welche Bestürzung und rasende Wuth der durch russische Waffen enttäuschte Grössenwahn am Zerefschan hervorgerufen hat.[1] Also der Emir ist kein Timur, nicht unbesiegbar; die Serbaze und die berühmten Krieger von Karschi keine Rusteme, und die Gebete der in Bochara ruhenden zahlreichen Heiligen wäre den Ungläubigen gegenüber fruchtlos geblieben! Nein, das war zu viel der bittern Erfahrungen, und musste nothgedrungen aller Welt den Sinn benehmen. Bege, Scheiche, Sufis, Derwische, Kaufleute, Handwerker und Bettler, alles gerieth durch-

[1] Als schwacher Beweis dieses beispiellosen Eigendünkels diene, dass der Emir mich selbst in vollem Ernst frug, ob denn der Sultan von Constantinopel eine so zahlreiche, wohlgerüstete und tapfere Armee besitze, wie jene, die ich bei seiner Rückkehr aus Chokand in Samarkand durchpassiren sah. Was würden wol die Helden von Balaklava zu dieser Muthmassung sagen?

einander, und nur darin war die Mehrzahl einig, dass der Kampf
erneuert und bis aufs Messer fortgesetzt werden müsse. Ein
Dschihod wie noch in keinem Lande und unter keinem Verhältnisse des Islams wurde beschlossen, an dem sich Jung und
Alt, Molla oder Krieger, gleichfalls betheiligte, was natürlich den Wirrwarr noch mehr vergrösserte, aber der Emir
musste nachgeben und den Krieg mit den Russen aufs neue
beginnen.

Dass den Russen dieses tolle Gebahren der Bocharaer und
die Kopflosigkeit ihres Fürstens ganz gut zu statten kam, braucht
kaum gesagt zu werden. Nach dem Falle Chodschends hatte
die russische Armee sich nur so lange Ruhe vergönnt, bis ihr
die nöthige Verstärkung und Munition nachgeschickt werden
konnte. Auch im Commando trat ein Wechsel ein, da an
die Stelle Romanoffsky's der Graf Daschkoff gesetzt wurde,
der auch den siegreichen Zug seines Vorgängers weiter gegen
Süden verfolgte und im Anfang Oktober 1866 die wichtige
Festung Oratepe einnahm. Nach dieser fiel auch bald Dschizzak, die eigentliche Grenzfestung Bochara's gegen Chokand zu.
In beiden Orten fanden die Sieger einen bedeutenden Vorrath
von Munition und Waffen, und in Anbetracht der grossen Verluste, die der Emir bis jetzt erlitten hatte, als auch der engen
Grenzen, in die er zurückgedrängt worden war, war die Hoffnung wohl gerechtfertigt, dass das Kriegsgetümmel in den
Thalgegenden des Ak-Tau-Gebirges auf einige Zeit verstummen
werde. Indess hatte die Stellung beider Parteien dies rein unmöglich gemacht. Mozaffar-ed-din war, wie wir sahen, von
seinen eigenen Unterthanen zum Kriege genöthigt. Dschura
Bai von Schehri Sebz hatte für den Preis der Unabhängigkeit
seine Mitwirkung im Gaza (Religionskrieg) zugesagt, auch
Turkomanen und Afganen hatten sich in beträchtlicher Zahl
unter die Fahnen Bochara's geschaart und dennoch ist es nicht
überraschend gewesen, wenn Mozaffar-ed-din von den Zinnen
des befestigten Samarkands der von Norden hereinbrechenden
Gefahr mit weniger Zuversicht entgegengesehen hätte, als einst
der Chahrezmer Fürst zur Zeit des mongolischen Einfalles. Aber

auch den Russen fiel es bei ihrer Stellung in Dschizzak schwer, des fernern Vordringens sich zu enthalten. Erstens war und ist es die Politik des Hofes von St. Petersburg, trotz der zeitweiligen Dementi's und der officiellen Desavouirung der allzu eifrigen Generäle, das Schwert der Eroberung nicht eher in die Scheide zu stecken, bis nicht durch Unterwerfung sämmtlicher drei Chanate die natürliche Wassergrenze des Oxus erreicht worden ist, und zweitens hatten die Bocharaer durch ihre Einfälle in das neu erworbene russische Gebiet und durch ihre ewigen Neckereien die Ausführung dieser Politik selber beschleunigt. Im Jahre 1867 beschränkten sich die gegenseitigen Feindseligkeiten auf einige Scharmützel, wobei aber die russische Armee, an deren Spitze nun General Kauffmann, ein ebenso tüchtiger als energischer Officier sich befand, das kleine Fort Jengi Kurgau genommen und ihre Vorposten bis Taschköprük, (eine Steinbrücke auf dem halben Wege zwischen letztgenanntem Orte und Samarkand) vorgeschoben hatte. Am 13. Mai[1] des darauf folgenden Jahres wurde daher der Befehl zum definitiven Marsche gegen Samarkand ertheilt, und schon war alles in Bewegung, als Oberst Petruschewsky, welcher die Avantgarde am rechten Ufer eines Arms des Zerefschan führte, dem schon früher erwähnten bocharaischen Gesandten Nedschm-ed-din begegnete, durch den der Emir dem nun in vollem Marsche sich befindenden Feinde Friedensvorschläge machte, und denselben behufs der Unterhandlungen zum Stillstehen bringen wollte. Wäre nicht dicht am jenseitigen steilen Ufer ein bedeutender Theil der über 40,000 Mann starken bocharaischen Armee aufgestellt gewesen, so hätte man dem russischen General eine gewaltsame Vermeidung des friedlichen Ausgleiches vorwerfen können, doch da das ganze Parlamentiren nur auf eine ungeschickt angelegte, und russischerseits auch bald durchblickte List hinzielte, so handelte General Kauffmann ganz recht,

[1] Capt. F. Trench nennt in seinem Buche The Russo-Indian Question, London 1869 (S. 81) den 30. April als den Tag des Aufbruches der Russen. Dieses wird wahrscheinlich das Datum des russisch-griechischen Kalenders sein, sonst wäre die allzugrosse Abweichung von den übrigen Versionen kaum erklärbar.

dem Emir nicht mit der Feder, sondern mit gezogenen Kanonen die gewünschte Antwort zu geben. Die aus 21¹/₄ Compagnien Infanterie, 18 Geschützen, einer Raketendivision und 450 Kosaken, im Ganzen also aus etwa 8000 Mann bestehende russische Armee wurde daher in Schlachtordnung aufgestellt und begann im Angesicht des Feindes den Zerefschan zu überschreiten. Bis an die Brust im Wasser watend und unbeachtend das heftige Feuer der feindlichen Artillerie, hatte der vom Generalmajor Golowatscheff commandirte linke Flügel eine Viertelstunde lang auf dem sumpfigen Terrain umherzusuchen, bis eine zur Erreichung des jenseitigen Ufers passende Stellung gefunden werden konnte. Das fünf- oder sechsfach überlegene Özbegenheer hatte in grossen Haufen an verschiedenen Punkten den Uebergang verwehrt, doch alles war vergebens, denn kaum waren die Russen nahegekommen, als sie die vortheilhafte Stellung auf den Anhöhen verliessen und sämmtliche Geschütze zurücklassend in eiliger Flucht davonjagten. Die ganze Affaire hatte sich in geringer Entfernung von Samarkand zugetragen, dessen Einwohner von der verzweiflungsvollen Flucht ihrer Landsleute ärgeres befürchtend, als von der Besitznahme des christlichen Feindes, ersteren das Thor vor der Nase zusperrten, und letzteren durch eine aus den vornehmen Molla's und Aksakals bestehende Deputation zu sich einluden. Den nächstfolgenden Tag rückte ein Theil des russischen Heeres in Samarkand ein, auch General Kauffmann hielt seinen Einzug daselbst an der Spitze eines reichen Gefolges, unter welchem sich der afganische Prinz Iskender Chan, der Sohn Sultan Dsans aus Herat befand. Begeisterung für die gefährdete Sache des Islams soll ihn angeblicherweise zur Hülfe des edlen Bochara's gerufen haben, doch als das edle Bochara ihm den versprochenen Sold nicht zahlen konnte, recitirte er eine Fatiha zum Heil seiner Seele und trat in die Dienste des Doppelkreuzes ein. Ein prächtiges Specimen mittelasiatisch-islamitischen Religionskriegers!

So fiel am 14. Mai 1868 die ehemals glänzende Hauptstadt Timurs, der Geburts- und Ruheort so vieler im Islam

hochgefeierten Männer, ja das zu allen Zeiten als helle Leuchte
mohammedanischer Gelehrtheit bekannte Samarkand in die
Hände des christlichen Russlands, und mit ihr ging auch der
schönste Theil Transoxaniens aus den Händen der özbegischen
Dynastie Mangit in den Besitz des Hauses Romanoff über. Ein
Alexander (der Macedonier) war, soweit die Geschichte uns
lehrt, ihr erster Eroberer und ein Alexander (II. Romanoff)
sollte auch der letzte sein. Vor mehr als 2000 Jahren einem
kleinen Ländchen im Süden Europas tributpflichtig, wird Samarkand nun wieder von einer nordischen Hauptstadt desselben
Welttheiles beherrscht und wenn wir in Anbetracht nehmen,
was diese Stadt von Griechen, Arabern, Türken, Mongolen
und Özbegen während der heissen Kämpfe so vieler verschiedenen Dynastien auszustehen hatte, so wird es wahrlich
schwer sein, einen zweiten Ort in Asien zu finden, der in
Hinsicht der sonnigen und stürmischen Tage seiner Vergangenheit mit ihr zu vergleichen wäre! Während die entferntesten Gegenden des Morgenlandes schon im vergangenen
Jahrhundert unserer Erkenntniss näher gerückt und im alten
Kathai und Zipangu kein Städtchen mehr dem abendländischen
Forscherblick sich entziehen konnte, hat Samarkand noch bis
zur Neuzeit den Zauberschleier der Romantik bewahren können.
Ihr Fall war daher in Europa um so mehr überraschend,
und in der That ist mit ihrer Erschliessung das interessan-
teste Phantasiegebilde des mittelalterlichen Asiens zu Grunde
gegangen.

Nach der unglücklichen Schlacht von Samarkand musste
der Emir in aller Eile sich nach Kermineh flüchten. Sein Sohn,
der 10jährige Kette Töre (Thronfolger) Abdul Melik Mirza,
hatte noch während der Schlacht Reissaus genommen und nach
Bochara sich gerettet und so gross war die allgemeine Bestürzung, dass ganze Karavanen der friedlichen Einwohner des
Bezirkes von Mijankal Haus und Hof im Stich lassend, über
Karschi und den Oxus sich nach Andchoi und Meimene flüch-
teten. Was die Russen anbelangt, so hatten sie zuerst um
die neue Stellung zu sichern, die auf einer kleinen Anhöhe

gelegene Citadelle in Vertheidigungszustand gesetzt, mittlerweile aber theils zur Verfolgung des Emirs, theils auch zur Unterwerfung der nahe gelegenen Orte ihren Marsch auf der Strasse nach Bochara fortgesetzt. Zuerst sliess das unter Befehl des Generalmajor Golowatscheff aus 14 Infanterie-Compagnien, acht Kanonen und drei Kosaken-Sotnia's bestehende Corps auf die am Zerefschan gelegene starke Festung Kette-Kurgan (grosse Festung), die ich zur Zeit meiner Vorbeireise als unbezwingbar schildern hörte, in der That auch ziemlich starke Vorwerke hatte, nun jedoch trotz der zahlreichen Garnison, die sie beherbergte, ohne Widerstand dem Feind ihre Thore öffnete. Der Emir schien seine letzten Kräfte concentriren zu wollen und schlug in Mir¹ sein Hauptquartier auf, von wo auch einzelne Reiterhaufen die Russen vor Kette-Kurgan fortwährend beunruhigten, bis endlich General Kauffmann, müde der ewigen wenn gleich unschädlichen Neckereien, den Beschluss fasste, gerade auf Bochara zu ziehen und die Trümmer der özbegischen Armee gänzlich zu vernichten. Und noch war der bocharaische Eigendünkel nicht gänzlich gebrochen, denn der Emir, ob aus eigenem Willen oder von fanatischen Haufen angetrieben, wagte noch immer Widerstand zu leisten und zog den Russen entgegen. Bei Serpul, dort wo 379 Jahre früher zwischen Scheïbani, Mehemmed Chan und Baber der Kampf einer Dynastie gefochten wurde, dort wurde in derselben Jahreszeit, ja vielleicht am selben Tage der Kampf um die Krone Transoxaniens zwischen dem Hause Romanoff und der Familie Mangit gefochten und wie sich leicht denken lässt, zum grossen Nachtheile der letzteren. Die Russen stürmten gleich bei ihrem Erscheinen auf dem Schlachtfelde die zu beiden Seiten der Strasse sich befindlichen und von den Özbegen besetzten Anhöhen mit gewohnter Bravour, und so allgemein und wild war die Flucht, dass die ganze Strasse bis nach Kermineh von den weggeworfenen Waffen der Fliehenden dicht besäet war.

¹ Mir, ein kleines anmuthiges Dorf auf der Strasse von Bochara nach Samarkand, ist eine Mittelstation zwischen Kermineh und Kette-Kurgan. (Siehe meine Reise in Mittelasien S. 162.)

Inmitten dieser harten Schicksalsschläge hatte Mozaffar-ed-din Chan selber das schrecklichste Loos getroffen. Zurück nach Bochara zu fliehen wagte er nicht, da sein Sohn, von jeher ein halsstarriges und widerspenstiges Kind, sich dort an die Spitze der malcontenten Fanatiker gestellt hat und dem Vater diesen ärmlichen Ueberrest des Thrones streitig machte. Vorwärts konnte er nicht, da die Russen nun ernste Miene machten, die Fahne des schwarzen Adlers bis ins „edle Bochara" zu tragen, und als schliesslich auch der verrätherische Angriff auf Samarkand im Rücken des Generals Kauffmann durch wunderbare Tapferkeit der Russen vereitelt wurde,[1] so blieb dem Emir wol nichts anderes übrig, als mit dem siegreichen Feinde Frieden zu schliessen und durch Bezahlung einer Kriegscontribution von 125,000 Tilla (500,000 Thaler), dem nur aus Schonung der Name Tribut nicht gegeben wurde, wenigstens für seine Lebensdauer sich den Schatten der Herrschaft zu retten. In dem hierauf bezüglichen Friedenstractate versprach der Emir: 1) den russischen Unterthanen ohne Glaubensunterschied den freien Handelsverkehr im ganzen Chanate zu gestatten und für deren Vermögen und persönliche Sicherheit gut stehen zu wollen ; 2) den russischen Kaufleuten an allen Punkten des Chanates

[1] Als General Kaufmann mit dem Gros der russischen Armee Samarkand im Rücken hatte, wurde die Citadelle letztgenannten Ortes von den Samarkandern und Özbegen aus Schehri Sebz, deren Gesammtzahl auf 25,000 Mann geschätzt wird, auf verrätherische Weise überfallen und in die äusserste Gefahr versetzt. Die russische Garnison unter dem Befehle des Major Baron von Stempel bestand aus 685 Mann inclusive der Kranken und Nichtcombattanten, und die heroischen Anstrengungen dieser Handvoll Leute, von denen viele ihr Bett verliessen, um die Waffen zu ergreifen, sind wahrlich bewunderungswürdig. Ihre blutige Waffenspiel dauerte sechs volle Tage, nämlich vom 12. bis zum 18. Juni und kostete die Russen 49 Todte und 172 Verwundete. Dennoch konnte der Feind, der ein Thor schon verbrannt und eine Bresche geöffnet hatte, nichts ausrichten. Tag und Nacht stürzten sich stürmende Colonnen mit Hollengeschrei auf die Mauern los, die Russen eilten von einem Punkt zum andern und warfen immer den nach ihrem Blut lechzenden Feind mit grossem Verluste zurück, bis endlich der von dem Vorfalle nur spät unterrichtete General Kaufmann in Eilmärschen heranrückte und sie von der grossen Gefahr befreiete. Diese Episode des russisch-bocharischen Krieges gibt uns den schlagendsten Beweis von der Ohnmacht und Nichtswürdigkeit asiatischer Horden!

die Anstellung von Handelsagenten zu erlauben; 3) den Zoll
für russische Importwaaren auf 2½ Procent des nominellen
Werthes festzusetzen; 4) russischen Kaufleuten die freie Durchreise durch das Chanat von Bochara nach den Nachbarländern
zu gestatten.

Mit Russland war demnach der Frieden hergestellt, doch
desto grösser wurde die Feindseligkeit, in die nun Mozaffar-ed-
din mit seinen eigenen Unterthanen gerathen war. So viele
Niederlagen, so viele wuchtige Schicksalsschläge, der Verlust
so vieler fester Orte, ja selbst die grosse Zahl der im Kriege
gefallenen, nichts vermochte die eingebildeten, fanatischen,
halbrasenden Mollas in der Hauptstadt am Zerefschan zur
wahren Erkenntniss der Sachlage zu bringen. Menschen, die
vor einigen Jahren noch der Ansicht waren, dass Bochara kraft
seiner Truppen und der Vollkommenheit des Islams sich selbst
mit dem Sultan von Constantinopel, geschweige mit der ganzen
Christenwelt messen könne, sollten nun zur Ueberzeugung gebracht werden, dass ein Häuflein von Ungläubigen dem zehn-
ja fünfzehnmal grösseren Moslimenheere überlegen sei, und
dass die teuflischen Erfindungen der neuen Waffen und der europäischen Kriegskunst erspriesslicher als die Segensformeln und
der heilige Hauch der Ischane (Ordensoberhäupter) seien. Nein
das wird man nie und nirgends den mohammedanischen Fana-
tikern einreden können! So wie überall im Unglücke, so wurde
daher auch hier das leitende Oberhaupt des Verrathes verdächtigt, und da die wahnsinnige Rotte den Russen, dem
eigentlichen Gegenstande ihres Hasses, nicht zu nahe kommen
wagte, so fiel sie über den Emir her, wiegelte das Volk gegen
ihn auf und wollte den Kette-Töre auf den Thron erheben.
Mit letzterem standen ausser der starken Partei in Bochara
und Karschi noch Dschura Dai und Baba Bai aus Schehri Sebz
in enger Verbindung, auch das nördliche Gidschdovan, Nurata
und Chatirdscha kokettirten mit ihm, und als er von seinem
Vater sich nach Karschi zurückzog, hatte er nichts eiligeres
zu thun, als sich zum Fürsten proclamiren zu lassen, in welcher
Eigenschaft er mit dem Chan von Chiwa in Verbindung trat,

ja seine Sache wurde so populär, dass er in erstaunlich kurzer Zeit sich an der Spitze eines beinahe 10,000 Mann zählenden Heeres befand. Unter solchen Verhältnissen konnte Mozaffared-din nicht länger müssiger Zuschauer bleiben. Die spärlichen ihm zu Gebote stehenden Kräfte zusammenraffend, brach er daher zur Besiegung seines eigenen Sohnes gegen Kurschi auf, doch auf dem halben Wege dahin vernahm er, dass auch der nördliche Theil des Chanates wahrscheinlich in Uebereinstimmung mit dem Ketle-Töre die Fahne der Revolte aufgesteckt habe, und dass Sadik Bai der Hauptrebelle jener Gegend, gerade auf Kerminch marschire. Da der Feind im Norden unverhofft auftrat und die Gefahr drohender schien, so liess der Emir plötzlich Kehrt commandiren und eilte nach seiner Hauptstadt zurück. Der Ketle-Töre, ermuntert durch den Rückzug des Vaters, wollte diesem auf dem Fusse nachkommen und hätte auch bei der geschickten Anlegung des Planes gewiss Erfolg geerntet, wenn die Russen, denen diese Wirren bei dem unconsolidirten Zustande der neueroberten Provinz nicht angenehm sein konnten, sich auf Ansuchen des Emirs nicht ins Mittel gelegt und durch Concentrirung einer kleinen [1] Streitmacht bei Dscham unter Oberst Abramoff den im Vordringen begriffenen Prinzen nicht im Schach gehalten hätten. Mittlerweile wurde Mozaffar-ed-din im Nordosten mit Sadik Bai fertig, den er bei Kerminch aufs Haupt schlug, und um seine Operationen auch im Süden, wo nebst dem rebellischen Sohne auch Schehri Sebz ihm gegenüberstand, mit gleichem Erfolg zu beenden, ersuchte er die Russen nun um Mitwirkung, welche letztere ihm auch in vollem Masse gewährten. Oberst Abramoff brach mit dem erwähnten Observationscorps von Dscham auf. In der Entfernung einer kleinen Meile dem Emir vorausgehend traf er im October, nach andern im November mit den Truppen des Ketle-Töre zusammen, schlug und zersprengte diese nach einigen leichten Scharmützeln und nachdem Karschi, die zweite Stadt des Chanates, zwei Tage hindurch von den

[1] Diese bestand aus sieben Compagnien Infanterie, zwei Sotnien Kosaken, sechs Raketen- und sechs Rohrgeschützen. (Fr. v. Hellwald S. 85.)

Russen besetzt blieb, wurde dieselbe sammt der Citadelle und der darin befindlichen Waffen zum grossen Staunen der Mittelasiaten dem Emir von Bochara wieder zurückgegeben. Mozaffar-ed-din hatte die Absicht, die russische Hilfe noch ferner gegen Schehri Sebz gebrauchen zu wollen, denn es war sein Hauptziel die Vernichtung Dschura Bai's und nicht die seines eigenen Sohnes, den er als blindes Werkzeug des ersteren ansah, doch so weit dachte General Kauffmann die Zärtlichkeit gegenüber dem neuen Alliirten nicht zu treiben und liess nach der Räumung Karschi's die Truppen das Winterquartier von Dscham beziehen. Was den Kette-Töre betrifft, so liessen ihn seine Ansprüche auf den Thron noch lange nicht ruhen und seine abenteuerliche Laufbahn hatte dem Vater, den Russen und den Engländern mehrmals Unruhe verursacht. Bald tauchte er mit seinen Haufen Tekke- und Ersari-Turkomanen, die ihm sehr zugethan waren, aus der Steppe auf dem einen oder andern Punkte des Chanates hervor, bald verband er sich mit Chiwa, bald war er in Kabul, um Schir Ali Chan zum Kampfe gegen den Emir zu bewegen, doch überall vergebens. An Gastfreundschaft und Beweisen der Sympathie liess man es ihm nirgends fehlen, ja Schir Ali Chan gab ihm sogar seine eigene Tochter zur Frau, doch zu helfen wagte niemand, und so starb auch Abdul Melik auf seinen Wanderungen in Chiwa, wie sich vermuthen lässt, eines gewaltsamen Todes.

Nachdem der Emir von dem schwer auf ihm lastenden Alp sich befreit sah, und die innere Ruhe der im Gnadenwege ihm überlassenen Theile Bochara's wieder hergestellt war, hatte die bittere Nothwendigkeit allmälig ihn das harte Loos ertragen gelernt. Die fälligen Raten der Kriegscontribution wurden mit ziemlicher Pünktlichkeit in klingender Münze in Samarkand ausgezahlt. Zwischen dem Ark in Bochara und der Citadelle in der Timurstadt wurde ein regelmässiger Verkehr unterhalten und um sich gegenüber seinem höchsten Lehnsherrn in gebührender Unterthänigkeit zu zeigen, liess er eine Ehrengesandtschaft nach St. Petersburg abgehen, an deren Spitze sich sein jüngster und meist beliebter Sohn Abdul Fettah Mirza, ein zwölfjähriger Knabe befand. Dieser vierte Sohn Mozaffar-eddin Chans, den der Vater zu seinem Nachfolger bestimmt hatte, sollte nebstbei nun an der Newa die Sanctionirung dieses väterlichen Willens erlangen, was natürlich noch sehr fraglich ist; Nicolaus hat wol seiner Zeit den jetzigen König von Persien, damals noch in den Kinderjahren, in Tiflis auf den Knieen schaukelnd, die erste Lection in russischer Liebe gegeben; Alexander II. kann sich diese Mühe ersparen, denn die Tutorstelle über Abdul Fettah ist von unbegrenzterer Natur. Uebrigens wurde die Gesandtschaft von den fernen Gestaden des Zerefschan am russischen Hofe den 3. November 1869 in vollen Ehren empfangen. Der Czar überfloss in Zärtlichkeiten für seinen „guten Bruder," richtiger gesagt Vasallen in Turkestan, und nahm in Gegenwart der Kaiserin folgende Geschenke des Emirs entgegen: 1) einen Ring mit einem Diamant von bemerkenswerther Grösse; 2) einen Damenkopfputz, mit kostbaren Steinen verziert; 3) ein silbernes mit Türkisen verziertes Geschirr für die binnen kurzem zu erwartenden vier turkestanischen Hengste; 4) drei Pelze von schwarzem Pferdefell mit dem feinsten Kaschmirstoff überzogen; 5) drei Pelze von grünen Lämmerfellchen, mit dem bocharaischen Stoffe „Schuli" überzogen; 6) zwei Kaschmirkleider; 7) ein Stück ungewöhnlich feinen und vorzüglichen Kaschmirs; 8) achtzehn Stück dortigen Seidenstoffes; 9) achtzehn Stück des „Atlres" genannten Halbseidenstoffes.[1] Die bei den turko-tatarischen Völkerschaften übliche Neunerzahl der Geschenke wurde mit entsprechenden Spenden erwiedert, und dieser Austausch von Geschenken musste nöthigerweise einen gewissen Grad des gegenseitigen Verständnisses, wenn auch nicht der Freundschaft, herstellen. Seit der Einnahme Samarkands durch General Kauffmann, hat Mozaffar-ed-din sich auch in der That jeder thätlichen Feindseligkeit gegenüber Russland enthalten. Im Geheimen wird wol eine Allianz mit dem mächtigen Herrscher Ostturkestans angestrebt, auch in Constantinopel und in Kalkutta wird hie

[1] Nach Fr. v. Hellwalds im „Ausland" 11. März 1872 unter dem Titel: „Neue Forschungen in Centralasien" erschienenen Aufsatze.

und da eine Nachfrage gewagt, denn die letzte Hoffnung zur Rückerlangung seiner frühern Machtstellung hat der Emir von Bochara noch nicht aufgegeben, doch ist all sein Bemühen der Wahrscheinlichkeit nach null und vergebens. Russische Fussstapfen in umgekehrter Richtung, nämlich von Süden gen Norden gewandt, sind bis jetzt auf asiatischem Boden noch nicht vorgefunden worden, und Mozaffar-ed-din Chan wird nun einmal der letzte seines Hauses und der letzte jener Fürsten sein, die seit den ersten Samaniden den Thron des staatlich selbstständigen Transoxaniens eingenommen haben.

Somit hätte ich nun mein Buch über Transoxaniens Geschichte beendet. Von dem Augenblick angefangen, dass auf der Citadelle von Samarkand die russische Fahne aufgehisst wurde, hat dieses alte und ferne Land Asiens die Bahn der der neuen Welt und der neuen Ideen angetreten. Städte und Gegenden, die bis jetzt dem Abendländer verhüllt waren, haben sich geöffnet, und Orte, wo der europäische Reisende selbst im strengsten Incognito nur mit Lebensgefahr sich bewegen konnte, sind nicht nur frei und offen, sondern werden sogar von Christen regiert und verwaltet. In Taschkend, Chodschend und Samarkand sind Clubhäuser und Kirchen eröffnet worden; in erstgenaunter Stadt erscheint sogar eine Zeitung (Turkestanskia Wjedomosti = Turkestaner Nachrichten), und in die melancholisch düstern Töne des Muezzin (mohammedanischer Gebetausrufer) mischt sich nun das muntere und häufige Geläute der griechischen Kirchenglocken und gellt gewiss fürchterlicher in den Ohren der Rechtgläubigen, als der Donner der verheerenden Kanonen. In den Strassen Bochara's, wo Schreiber dieser Zeilen noch vor einigen Jahren nur mosliminische Hymnen singend umhergehen konnte, dort bewegt sich nun der Pope, Soldat und Kaufmann mit dem stolzen Blick des Eroberers, und in dem ehemals prachtvollen Palaste Timurs, wohin zu einer Zeit alle Fürsten Asiens ihre Huldigungsgesandtschaften schickten, wo sogar der stolze König Castiliens um Freundschaft bettelte und wo die turanische Nachkommenschaft am „Grünen Stein" als am Piedestal des Thrones Timurs mit religiöser

Pietät sich die Stirne rieb, dort in denselben Räumen ist nun ein russisches Lazareth und Proviantmagazin angebracht! Ob, wie und warum diese ausserordentliche Umgestaltung der Dinge zum wirklichen Wohl der mittelasiatischen Völker gereichen wird, ist eine Frage, die in den Rahmen gegenwärtiger Arbeit nicht passt, und ich kann hier nur auf meine, diese Frage betreffenden anderwärtig veröffentlichten Ansichten hinweisen.[1] Eines wichtigen, ja sehr wichtigen Umstandes muss ich jedoch auch hier erwähnen und dies ist, dass durch die russische Erfolge in Centralasien der Islam im Allgemeinen die gefährlichste Wunde erhalten hat, welche das Kreuz in dem mehr als tausendjährigen Kampfe ihm bis jetzt beizubringen im Stande war. In der Neuzeit, wo der mächtige Einfluss des christlichen Abendlandes das mohammedanische Westasien in allen Theilen und Richtungen durchwühlt und durchdrungen hat, wo selbst die heiligsten Orte als Mekka und Medina den Wirkungen des gewaltsam erweckten Geistes der Neuerungen nicht fern bleiben konnten, war es nur der Mohammedanismus im fernen Centralasien, welcher lange den Ruf des unverfälschten und unverdorbenen, von nirgends und von niemand beeinträchtigten Glaubens bewahren konnte. Nicht Mekka, sondern Buchara war daher das geistige Centrum des Islams. Hierher sehnte sich der Ascet, der fromme Ordensbruder und der begeisterte Theologe, und von hier aus, es ist dies eine bisher unbekannte Thatsache,[2] haben eifrige Moslimen aus allen Theilen des ottomanischen Kaiserreiches, Egyptens, Fez und Marokko's die belebende Kraft ihres Religionsfanatismus erhalten. Dass nun

[1] Siehe Note 2 S. 180.
[2] Unter anderem will ich auf die bocharaischen Tekke's = Klöster, eigentlich Herberge für mittelasiatische Derwische und Hadschi's hinweisen, die in Constantinopel durch Unterstützung der frommen Osmanlis sich erhalten. Die bekanntesten befinden sich im Stadtviertel Ejub, in Skutari und in der Umgebung der Aja Sophia. Hinsichtlich der geistigen Communication des islamitischen Westens muss ich bemerken, dass es eine bedeutende Zahl von Türken und Arabern gibt, die als Murid (Lehrling) der in Buchara wohnenden Sche'iche sich ausgaben, und ich habe selbst an solche geistige Oberhäupter von Türken aus Constantinopel, Engürü und Erzerum Empfehlungsschreiben erhalten.

jener heilige Boden von Ungläubigen betreten, ja beherrscht wird, muss die frommen Gemüther aller Völker des Islams schrecklich erschüttert haben und der Staub, welcher von den Trümmern dieses Hauptpfeilers des Islams, wie Bochara stets genannt wurde, aufwirbelte, wird gleich einer schwarzen Unglückswolke, lange lange, wenn nicht auf ewig den Zukunftshimmel des Islams verdunkeln.

Register.

Die arabischen Ziffern, denen eine römische II vorangeht, beziehen sich auf die Seiten des zweiten Bandes, die ohne dieses römische Zahlzeichen angeführten bezeichnen die Seitenzahl des ersten Bandes. Sonstige römische Zahlen bedeuten die betreffende Seite der Einleitung. — Die Personennamen mit vorgesetztem Abu sind unter dem zweiten Theile der Zusammensetzung zu suchen, so z. B. Abu-l-Gasi unter Gazi.

A.

Abaka, mongolischer Fürst, wird durch Borak bekämpft 165 ff.
— verwüstet Buchara 168.
Abbas Schah „der Grosse" II. 69, 93, 101, 105.
— II., Urenkel Abbas' d. Gr. II. 118.
— Mirza II. 179.
Abbot II. 152 (Anm.). 189.
Abd-ul-Aziz, Sohn Obeidullahs II. 75.
— rebellischer Sohn Nasr Mohammeds II. 110.
— im Kampfe gegen Abulgazi II. 121.
Abd-ul-Fettah Mirza, bucharischer Prinz II. 222.
Abd-ul-Gazi Chan, der letzte Fürst Transoxaniens II. 147.
— wird durch Emir Maasum abgesetzt II. 150.
Abdullah Chan, der Grösste der Scheibaniden II. 76 ff.
Abdullah Mirza, Enkel Schahruchs II. 13.
Abd-ul-Latif, der Sohn Ulug Begs, empört sich gegen letzteren II. 12 ff.
Abd-ul-Melik, Samankle, Nachfolger Nuhs 85. 92.
— Mirza, bucharischer Prinz II. 217.
— — dessen Verrath an seinem Vater II. 218.
Abd-ul-Mumin, Sohn Abdullahs des Scheibaniden II. 83.
— als Rivale seines Vaters II. 87.
— Nachfolger Abdullahs II. 91.
Abd-ur-Rezzak, Historiker der Timoriden II. 31.
Abd-ul-Samed, ein persischer Abenteurer II. 174. 193.
Abd-ul-Wasi, Liebling des Imamkuli II. 109.
Abd-ul-Wasi Bi, Haupt der Verschwörung gegen Abd-ul-Mumin II. 92.
Aberzi, Fürst von Bejkend 1.
Abramoff, Oberst II. 221.

Achschid, samarkandischer Fürst XXIX.
Ackerbau und Handwerke durch die Mongolen erschüttert 136. 165.
Afganen, von Emir Massum bekämpft II. 157.
— von Nasrullah bekämpft II. 179.
— durch die Engländer besiegt II. 183.
Ahmed II., Sultan von Constantinopel II. 130.
— b. Arabschah, arabischer Historiker 182. 210.
— b. Ismail, samanidischer Fürst 81.
— b. Oweis im Kampfe gegen Timur 199. 202.
— Kermani, Hofpoet Timurs 230.
— Mirsa, Sohn des Timuriden Ebu Said II. 18. 41.
— — seine literarischen Versuche II. 27.
Ain al Hikmet, Werk des Emirs Massum II. 148.
Ajaz Bai, Schwiegervater Kurchbegi's II. 168.
Akkojunlu und Karakojunlu, turkomanische Dynastien II. 17.
Ak Kotel, Kampfplatz zwischen Abdullah Chan und Choeru Sultan II. 78.
Ak Mesdschid II. 198. 201. 202.
Aladschu, mongolischer Fürst, bekämpft den Scheibani II. 50.
Ala-ed-daulet, Gegner Ulug Begs II. 11.
Alak Nojan, General des Dschengiz 131.
Aldomás, alte ungarische Weise ein Bündniss zu schliessen 164 (Anm.).
Alem Chan, Fürst von Chokand II. 162 (Anm.).
Algu, Fürst aus der Familie Tschagatai's 162.
Ali's des Chalifen vermeintliches Grab II. 103 (Anm.).
Ebu-Ali und Falk, ihre Kämpfe gegen das Samanidenreich 80. 81.
Ali Hamadani, Mystiker zur Zeit Timurs 228.
Ali Kiatib, Hofpoet unter den Scheibaniden II. 97.
Ali Taz, Höfling des Pir Muhammed II. 2. 4.
Allahkuli Chan, Fürst von Chiwa II. 178 f.
Alp Arslan, Sohn Tschakar Begs, Fürst aus dem Hause der Seldschukiden 104.
Amr b. Leith, sein Krieg gegen Ismail den Samaniden 67.
— seine totale Niederlage 69.
Amul, transoxanische Provinz XXI.
Anda, mong. = Verbündeter 164 (Anm.).
Andschud oder Andschuj, Ortsname II. 103 (Anm.).
Angora, s. Engürik.
Anuscha Chan, Sohn Abulgasi's II. 131. 129.
Architektonik zur Zeit Timurs 222. 226.
— unter Ulug Beg gepflegt II. 8.
— Bauten unter Sultan Ahmed II. 20.
— unter den Timuriden überhaupt II. 32.
— Bauten unter dem Scheibaniden Abdullah II. 80.
— pietistische Tendenz unter den Scheibaniden II. 97.
— Bauwerke unter den Aschtrachaniden II. 143.
Arik Buga, Berechtzer, nachher Feind des Algu 161 f.
Asa, Bettelstab der Derwische II. 60.

Arebnas, bocharischer Ort XXVI.
Astrachan, Ableitung des Namens II. 109 (Anm.).
Astronomie, s. Wissenschaft, Tabellen.
Ata, Stadtname XXXI.
Atalik, Hofcharge bei turko-tatarischen Völkern II. 117 (Anm.).
Aurengzib, Regent von Indien II. 130.
Auschar (Afschar) II. 103 (Anm.).
Aziz, Chabrezmerfürst 117.

B.

Baba-Chan, Sohn Burak Chans II. 78. 85.
Baber Mirza, Ebulkasim, Enkel Schahrnebs II. 15. 27.
— der geniale Timuride II. 24. 42.
— bemächtigt sich Samarkands II. 66.
— seine Niederlage II. 69.
Bagdad, durch Timur erobert 202.
— Concil in — II. 82 (Anm.).
Baba-ed-din, Vorstadt Bochara's XXXI.
— seine grausame Hinrichtung durch Ebüskün 160.
— Gründer des Nakschbendiordens 229.
— — sein Mausoleum II. 98.
Bal oder Bi, Amtstitel II. 166 (Anm.).
Bairam Ali Chan, Commandant der Festung Merw gegen Maasum II. 151.
Baisonkur Mirza, Sohn des Timuriden Mahmud II. 72.
— seine Liebhaberei für Künste II. 28.
— war heimlicher Schiite II. 58.
Bajesid, Sultan der Osmanen, durch Timur bekämpft 202.
— ein Verbündeter Schenbasi's II. 63 (Anm.).
Bajat Kara, Özbegenhäuptling II. 127.
Baki Mehemmed Chan, Fürst von Transoxanien II. 102.
Banquiers in Bochara XXV.
Bauten, s. Architektonik.
Bazar von Bochara II. 90.
Bedi-ez-zeman, Nachfolger Husein Baikara's II. 53.
Begdschan, s. Maasum.
Hejkend, bocharische Stadt XXV.
— von Obeid Allah b. Ziad eingenommen 21.
— wird durch Kuteibe erobert 27.
Belkh, Erklärung dieses Namens 12.
— der grosse Kurilitai daselbst 187.
— Wiederauflsau der Stadt II. 92.
— grosse Hungersnoth daselbst II. 118.
— angeblich hohes Alterthum der Stadt II. 137 (Anm.).
— durch Nadir eingenommen II. 138.
— Bedeutung dieser Stadt unter den Arabchaniden II. 143.
— -el-Belchi, Abu Zeid XIX (Anm.).
Bend-i-Merw, ein Bewässerungsdamm bei Merw II. 152 (Anm.).

Beudun, Herrscher Bochara's am Anfang der muhammed. Aera 2.
— s. Efrasiab.
Berde, bucharischer Ort XXX.
Berk-Jaruk, Seldschukidenfürst 108.
Bettelsack ⎰ s. Keschkul und Asa.
Bettelstab ⎱
Bi, s. Bai.
Bisaket, von den Mongolen erstürmt 136.
— später Schahruchije genannt II. 12. 15 (Anm.).
Bi nakat, eine Art von poetischen Kunstprodukten II. 97.
Al-Bîrûnî, seine Aufschlüsse über iranische Alterthümer 7.
Disu, durch Kujuk als Erbe Tschagatai's eingesetzt 160.
Blaramberg, Obrist II. 202.
Bleigiessen, abergläubische Sitte II. 26 (Anm.).
Blocqueville II. 151 (Anm.).
Bochara, Beschreibung des alten Bochara XXIV.
— politische Eintheilung des Chanats von — XXXI.
— Erklärung des Namens 13.
— wird von den Muhammedanern erobert 23.
— empört sich gegen die neue Herrschaft 24.
— wird durch Mohallab wieder erobert 25.
— wird durch Kuteibe wieder bezwungen 32.
— Widerspenstigkeit der Bewohner und Zwangsmassregeln der Eroberer 33—35.
— Schauplatz schiitischer Parteibewegung 45, des Aufstandes des Hafs b. Leith 58.
— wird unter den Oberbefehl der Samaniden gestellt 62.
— grosse politische und religiöse Bedeutung B.'s unter den Samaniden 72. 94.
— Verschönerung der Stadt durch Emir Ismail 77.
— durch Dschengiz erobert 132.
— durch Tschagatai wieder hergestellt 158.
— sonderbare Eintheilung seiner Einwohner unter den Nachfolgern Tschagatai's 161 (Anm.).
— durch Abaka verwüstet 168.
— erst unter den Scheibaniden zur Hauptstadt gemacht II. 168 (Anm.).
— die Russen marschiren gegen Bochara II. 214.
Al-Bochari, der berühmte Traditionensammler 74.
Betik, Ortsname XXXI.
Boghra Chan, türkischer Fürst 89.
Borak stürzt den Mularekschah 163.
— sein Kampf gegen Kaidu und ihr Friedensschluss 164.
Borak Chan, mittelasiatischer Häuptling II. 20.
— Oglan, Sohn des Chanes von Kiptschak II. 8.
Boran, Nachfolger des Tarma Schirin 172.
Bürge Sultan, ein tatarischer Häuptling II. 15.
— seine Treulosigkeit an Ebul Chair II. 39.
— wird durch Scheibani hingerichtet II. 41.

— 231 —

Butakoff, Admiral II. 200 (Anm.).
Butenieff, Führer einer wissenschaftlichen Expedition nach Bochara II. 182 (Anm.). 183. 188.
Brittanien, dessen Verhältniss zu Bochara II. 181. 185. 187.
— Siege über die Afganen II. 183.
— Russische Verdächtigungen gegen — II. 212 (Anm.).
Brücke über den Zerefschan II. 90.
Buddhismus in Centralasien 15 f.
— in seinem Verhältnisse zum Islam zur Zeit Tschagatai's 155 (Anm.)
Bujidendynastie, ihre Herrschaft wird von den Seldschukiden vernichtet 103.
Buka Boscha = Vogt von Bochara unter den Mongolen 158.
Burhan Chan, Enkel Obeidullah Chans II. 78.
— Abdullah Chan lasst ihn hinrichten II. 77.
Burnes Alex. II. 152 (Anm.). 167. 209 (Anm.).
— politische Bedeutung seiner Reise II. 184. 186.
Byzantinisches Kaiserreich, von den Seldschukiden bekämpft und besiegt 103. 105.

C.

Chadim Bi Atalik II. 127.
Chahream, Aussprache XXI.
— Timurs Feldzüge gegen diese Provinz 101 f.
Ebu-l-Chair, Usbegenhäuptling II. 11. 32.
— seine Söhne II. 39 (Anm.).
Chaïrabad, Ort unweit von Bochara XXXI. II. 68.
Chair Hafiz, Sänger und Musiker II. 97.
Chaladsch, Name eines Türkenstammes 12.
Chalil Mirza, Enkel Timurs II. 2. 7.
— seine literarischen Arbeiten II. 27.
Chan als Fürstentitel II. 80.
Chancke, mongolischer Fürst, bekämpft Scheibani II. 50.
Chanikoff, seine Ansicht über die Ursitze der Iranier 8.
Chanzade, Schwiegertochter Timurs 221.
Chatirdscha, Stadtname XXXI.
Chatlan, transoxanische Provinz XXI.
— Name eines Bezirkes XXX.
Chatun, Fürstin von Buchara 3.
— ihr Kampf gegen Said b. Osman 22.
— schliesst mit Mohallab Frieden 25.
Chawend, Name einer berühmten Gelehrtenfamilie in Bochara 175.
China, dessen Einfluss auf das Reich der Tschagataiden 161.
— durch Timur mit Krieg bedroht 208.
— chinesische Maler durch Ulug Beg verwendet II. 9.
— schickt Gesandte an den Hof Abdullah Chans II. 80.
Chiwa, Zugehörigkeit dieser Provinz 191.
Chodschend, Festung, von den Mongolen eingenommen 137.

Chodschend, Festung, von den Russen erstürmt II. 210.
Chodscha Salu, Ortsname XXII.
Chokand, seine Geschichte II. 172 ff.
— Theilung Chokands II. 190.
— Russlands Kämpfe gegen Ch. II. 201.
Chosru-Schah, Vezir am Hofe des Timuriden Mahmud II. 21. 51.
— Sultan, Fürst von Samarkand II. 78. 85.
Choschnuwas, türkischer Fürst; sein Verhältniss zu Firuz 19.
Choten, Etymologie dieses Ortsnamens 9 (Anm.).
Chudabende, s. Oldschaitu.
Chudadad, rebellischer Emir Chalil Mirza's II. 5 ff.
Chudajar Chan, Prinz von Chokand II. 198.
— wird auf den Thron erhoben II. 206.
— seine Abhängigkeit von Russland II. 210.
Chodai, vornehme Türkengeschlechter 2.
Chuluk, s. Kuluk.
Clavijo, spanischer Gesandter an Timurs Hofe 208. 212 (Anm.). 215.
Collegien in Bochara II. 90. 98. 161.
Conolly, Capitän Arthur, seine Mission nach den Chanaten II. 188.
Contarini, venetianischer Gesandter am Hofe Usun Hasans II. 18 (Anm.).

D.

Dabistan, religionsgeschichtliches Werk II. 31.
Dadchah, Amtstitel II. 113.
Danial Bai, Stammesoberhaupt der Mangit II. 147.
Daschkoff, Graf II. 211.
Debus, bucharaischer Ort XXIX.
Dejlemitendynastie im Kampfe gegen die Samaniden 84.
— — im Kampfe gegen die Seldschukiden 104.
Demaison, russischer Gesandter nach Bochara II. 181.
Denkmäler Timurs und Abdullah Chans II. 79.
Destur-chan II. 184 (Anm.).
Din Mehemmed Chan, Prinz von Balch II. 87. 101.
Disabul, Erklärung dieses Titels 13 (Anm.).
Dost Mohammed Chan, Anführer der Afganen gegen die Engländer II. 183.
— Nasrullah verfolgt dessen Sohn II. 193.
Dschadsch, Grenzprovinz Transoxaniens XXII.
Dscham, Grenzort von Persien II. 73.
— Schlacht bei — II. 94 (Anm.).
Dschanl Chan, aschtarchanidischer Fürst II. 100.
Dschebrail b. Jahja wird von den Rechtgläubigen gegen die Schaaren Mokanna's geschickt 50.
Dschelal Dschulbari, gelehrter Theolog II. 86.
Dschelal-ed-din, s. Mangbirdi.
Dschemal-ed-din Schadschi, Exeget und sufischer Dichter. 175.
Dschend, bucharaischer Ort XXVI.

Dschendcb, Statthalter Chorasans II.
Dschet, Name türkischer Stämme 180.
— Ihr Krieg gegen Timur 182.
— sie werden endlich besiegt 181.
Dschlganian, Bezirk XXX.
Dschigdelik, Schlachtfeld zwischen den Nachkommen Timurs II. 4.
Dschihangir, Regent von Indien II. 111.
Dschügi Mohammed, Sohn des kiptschakischen Chans Kowardschak II. 8. 15 ff.
Dschungsan Tai fu, Titel des mongolischen Stadtvogtes von Samarkand 156.
Dschüdschi, Sohn des Dschengis und seine Feldzüge 134.
Dschnweini, der Historiker, s. Uignren.
— Schems-ed-din, des ersteren Bruder, Vezir des Alaka 104.
Dschnwanmerd Ali Nahadur, Fürst von Samarkand II. 85.
Dua, mongolischer Beherrscher Transoxaniens 168.
Durani, afganische Dynastie II. 150.

E.

Ebul-Feis, Sohn Sabhankuli's II. 136. 138.
Ebüskün, die Mutter und grausame Mitregentin Kara Hulagu's 159.
Efrasiab, sein Schloss angeblich durch Rendan wieder aufgebaut 3.
Ekber Schah, Enkel Baber» II. 98.
Eltschik, Ortsname XXXI.
Eugurü, Schlachtfeld zwischen Timur und Bajazid 207.
Erdélyi, ungarischer Lieutenant in russischen Diensten II. 203.
Ernak, s. Irnak.
Ersari, s. Lebab.
Esed u. Abdullah, Gouverneur von Chorasan 11.
Esenbuka, Fürst des Tschagatairelches 170.
Expeditionen, russisch-wissenschaftliche nach Centralasien II. 182(Anm.). 183.

F.

Fachr-ed-daule, Statthalter von Dschordschan, Freund und Beschützer
    Tarichs 87.
Falk, s. Ebu Ali.
Famury, bucharnischer Ort XXIX.
Fasilh-rd-din, gelehrter Theolog II. 31.
Fedawi's 201.
Fedschenko, russischer Reisender XXXII. XXXIV.
Feizabad, Ortsname XXXI.
Ferachacha, Ortsname XXVI.
Fergana, später Chokand genannt II. 172.
Ferld-ed-din Attar II. 123.
Feridûn Bey, Sammler der türkischen Reichsactenstücke II. 131.
Ferrudsch, Sultan von Egypten 207.
Feuerwaffen (Kanonen und Flinten) durch Tumasp bei den Persern ein-
    geführt II. 72.

Firuzkubi, ein iranischer Stamm II. 61.
Flinten, s. Feuerwaffen.
Fort, russische Forts in Centralasien II. 198. 201.
Frauen, Hofdamen an Timurs Hofe 221.
— Kopfputz derselben, s. Kopfbekleidung.
Freundschaftsbecher bei den Mongolen 161 (Anm.).

G.

Gajas-ed-din Pir Ali, Chef der Kerfdynastie zur Zeit Timurs 182.
Gnai II. 150 (Anm.).
Abul-Gasi Bahadur Chan II. 120.
Gefässe, Silber- und Goldgefässe am Hofe Timurs 216 f.
Getränke, übermässiger Genuss geistiger Getränke bei den Mongolen 220 (Anm.). II. 19 (Anm.).
Giaz oder Guzz, Name türkischer Nomadenstämme 10 f. 91.
Gleichberechtigung der Confessionen unter Dschengiz 152. 153 (Anm.).
— s. Toleranz.
de Goeje M. J. XIX.
Golubatscheff, Generalmajor II. 210. 218.
Gowher Schad, Gemahlin Schahruchs II. 5. 22.

H.

Habesch Amid, Vezir der Ebüskün 160.
Haidar Sultan, Sohn und nomineller Nachfolger Ebul Chairs II. 39.
Haidar Türe, Sohn Emir Maasums II. 162.
Hakim Bai, s. Kuschbegi.
Hamuje, General des Samanidenemirs Ebul-Hasan Nasr 82.
Handel unter Timur 227.
Handwerke, s. Ackerbau.
Hasan Beg, Chef der turkmanischen Dynastie Akkojunlu II. 11.
Ebu-l-Hasan Nasr, samanidischer Fürst 81.
Hedschir, Vezir des Tschagatai 136.
— wird durch Ebüskün hingerichtet 160.
Hellwald, Friedr. v. II. 207 (Anm.). 209 (Anm.). 210.
Heraldik, s. Wappen.
Herati, beliebter Tanz in Iran II. 33.
Hexen in Transoxanien und Turkestan 156.
Ebu Hifz, berühmter Gelehrter in Buchara 74.
Hissar, Stadtname XXXI.
Hungersnoth in Belch II. 118.
Husein, Emir, Enkel Kazgans und Schützling Timurs 182.
— bekämpft den Ilias Chodscha gemeinschaftlich mit Timur 183.
— seine Intriguen gegen Timur 184.
— seine Niederlage und sein Tod 186.
Husein Baikara, Rivale des Timuriden Ebu-Said II. 10. 10.
— wird von Scheibani bekämpft II. 49. 52.

Husein b. Tahir bekämpft die Samanidenherrschaft in Buchara 63.
Husein Kert, berüchtigter Tadschik 173.
Husein Sufi, durch Timur angegriffen 191.
Hut, s. Kopfbedeckung.
Hypokrisie, islamitische II. 108.

L

Ibad-ullah, Sohn Subhankuli's II. 126.
Ibrahim der Samanide 84.
Il Arslan, Fürst aus der Chahrezmerdynastie 118.
Ilchani, Dynastie in Iran 191.
Ilik Chan bedrängt die Samanidendynastie 92.
— seine Beziehungen zu den ersten Seldschukiden 98. 99.
Iljas Chodscha, Fürst von Samarkand, wird von Timur Beg bekämpft 181 ff.
Imamkuli Chan, Rivale des Weli Mehemmed II. 106.
— als Dichter II. 109.
Indien, durch Timur erobert 201.
— Imamkuli's Beziehungen zu — II. 111.
— Subhankuli's Beziehungen zu — II. 130.
Industrie, durch Timur befördert 220.
Iranier, s. Chauikoff.
— in Buchara XXXVII.
— Wanderungen der transoxanischen Iranier 8 ff.
— ihre Cultur und Nationalität wird durch den Mongoleneinbruch beeinträchtigt 119.
— zur Zeit Timurs noch nicht mit dem Türkenthume amalgamirt und Ursachen dieser Erscheinung 212 (Anm.).
— Baustyl der Iranier von Timur angewendet 223.
— Ende des Kampfes zwischen Iran und Turan II. 102.
Irnak oder Ernak, Name II. 129 (Anm.).
Isam-ed-din, Mowlana, Gelehrter am Hofe des Obeidullah II. 96.
Ebu Ishak, der letzte Fürst aus der alten Herrscherfamilie Buchara's 4.
Iskender Chan, Fürst von Herat II. 216.
Islam, seine Verbreitung in Centralasien 23 ff.
— s. Muhammedanische Nachfolger Tschagatai's.
— Özbeg bekehrt seine Unterthanen zum Islam II. 30.
Ismail b. Ahmed, samanidischer Statthalter und seine Kämpfe 61—65.
— seine Alleinherrschaft über Transoxanien 66.
— sein Krieg gegen Amr b. Leith 67 ff.
— sein Krieg gegen Muhammed b. Zeid 72.
— seine Frömmigkeit und Liebe zur Wissenschaft 75.
— sein Gerechtigkeitssinn 76.
Ismail Sebah, der Seferi II. 57.
— misst sich mit Scheibani II. 61.
— wird von den Özbegen besiegt II. 70.
Isset Kulibar, kirgisischer Abenteurer II. 201.

J.

Jade taschi, Zahlenstein II. 94.
Jabja Chodscha, s. Ebul Mekarim.
Jar Mehemmed, s. Nedschmi Sani.
Jar Mehemmed Chan, aschtarchanidischer Fürst II. 100.
Jasau, Gesetzbuch des Dschengis, von Timur hoch gehalten 188.
Jassawer führt gegen seinen Bruder Esenbuka Krieg 121.
Jekebag, Ortsname XXXI.
Jengi Kurgan, Stadtname XXXI.
Jenkinson, Anthony II. 145 (Anm.).
Jessewi Ahmed, Nationalheiliger der Kirgisen und Uzbegen II. 38.
— seine Grabstätte durch die Russen erobert II. 205.
Jesid b. Muhallab, Nachfolger Kuteibe's in der Statthalterschaft Chorasans 30.
Jirdschar, Schlacht bei — II. 208.
Johnson, Gebrüder II. 145 (Anm.).
Jolbars Chan, Fürst von Chiwa II. 138.
Joseph, griechischer Diener Conolly's II. 192.
Juden, angebliche Ausnahmsgesetze für sie unter den Mongolen 156 (Anm.).
Jusuf Sufi, Sohn Huseins 192.

K.

Kabilschah, von Timur zum Herrscher des tschagataischen Reiches eingesetzt 183.
Kadscharen, ihre Verwandtschaft mit den Aschtarchaniden II. 114. 151 (Anm.).
Kaidu, aspirirt auf die Herrschaft in Transoxanien 163.
— Zahl seiner Siege 169.
— die nach ihm auftretende Dynastie der Anarchie II. 78 (Anm.).
Kair Chan, Festungscommandant von Otrar 135.
Kalligraphie unter den Timuriden II. 32.
Kalmüken, von Scheibani unterworfen II. 50.
Kamar-ed-din, Dschetischer Fürst 180.
Kanigul, Ebene vor Samarkand 217.
Kanonen, s. Feuerwaffen.
Karabagi, Jusuf, gelehrter Molla zur Zeit Imamkull's II. 100.
Karadschurin, ein Turkenfürst 1.
Kara Hulagu, Nachfolger Tschagatai's 158.
Karai-Turkomanen II. 104.
Karakojunlu, s. Akkojunlu.
Karakul
Karasu { Ortsnamen XXXI.
Karatepe
Karschi
Kasani Chodschaki, ein Chalscha am Scheibanidischen Hofe II. 77. 95.
Kaschan, s. Ziegel.
Kasim Mehemmed Sultan, Sohn Nezr Mehemmede II. 120.

Kasim Mehemmed Scheich Asizan II. 95.
Katar II. 116 (Anm.).
Katharina, Kaiserin von Russland II. 155.
Kauffmann, General II. 215. 218. 222.
Kaye, J. W., anglo-indischer Schriftsteller II. 180.
Kasaken II. 93.
— von Imamkull bekämpft II. 108.
— ziehen sich vor den Russen zurück II. 177.
Kasgan, Vezir des blutdürstigen Husein Kert 173.
— Timur heirathet dessen Enkelin 181.
Kebek, turhagataischer Regent XXX. 170. 171.
Keichoarn, Verbündeter und Schwiegervater Timurs 183.
Kemal-ed-din Chawend, Gelehrter 175.
— Chodschendi, Kasidendichter zur Zeit Timurs 228.
Kenne chane, Torturanstalt in Buchara II. 170 (Anm.).
Kerki, Ortsname XXXI.
Kerminch, Ortsname XXVI.
Kerwanserai in Buchara II. 90.
Kesch, bocharaische Provinz XIX.
— dessen üppige Vegetation 179.
— Bauten des Timur daselbst 221.
Keschie, bucharaischer Ort XXX.
Kreschkul, Bettelsack der Derwische II. 60.
Keschkuschau, ihre ethnographische und religiöse Stellung 17.
Kette Kurgan, Provinz des heutigen Buchara XXXI.
Kette Tore = Kronprinz II. 197 (Anm.).
Kilif, Ortsname XXXI.
Kiptschak, Freund Buraks 168 (Anm.).
— Steppe Kiptschak II. 38 (Anm.).
— Stamm der Kiptschake II. 176 (Anm.).
Kitab, Festungsort XXXI.
Kleidung der Mittelasiaten 213.
— Hofcostüm des Timur 216.
Knute, deren Gebrauch durch Timur untersagt 189.
Kubik, Flussname XXXIV.
Kokeltasch, Kul Baba, Fürst von Herat II. 82.
— — wird durch Abdulmumin verfolgt II. 91.
— Schabbeg, grausamer Vezir II. 106.
Koktasch, Krönungsstein in Samarkand II. 166 (Anm.).
Kokürtlik II. 121 (Anm.).
Köndschbuk, turhagataischer Regent, regiert nur kurze Zeit 169.
Kopfbedeckung, chinesisch-mongolische 213.
— der Frauen am Hofe Timurs 216.
Kopfsteuer unter den mongolischen Herrschern 155.
Kötschkündschi Sultan, Sohn Ebul Chairs II. 67. 69.
— seine ascetischen Neigungen II. 74.
Kriegspauken 189.

Kubilai, mongolischer Thronprätendent 161.
— seine Einflussnahme auf das Reich der Tschagataiden 163.
Kudatku Bilik 58 (Anm.). II. 29 (Anm.).
Kujuk, die durch ihn beabsichtigte Umwälzung in der Tschagatai-
familie 160.
Kulab, Bezirk XXX.
Kuluk (oder Chalak), türkischer Anhänger Mokanna's 50.
Kurchan, mächtiger Uigurenfürst 112.
— bekämpft die Cimbreunier 118.
— der Charesmerfürst Kutb-ed-din befehdet ihn 122 ff.
— seine Kämpfe gegen Kötschlük Chan 125 f.
Kuschbegi Hakim Bai, Parteimann Nasrullahs II. 166. 211 (Anm.).
— sein Fall II. 168.
Kutb-ed-din Mohammed, Fürst aus der Charesmerdynastie 121.
Kuteibe b. Muslim zieht gegen Transoxanien 28.
— sein Friedensschluss mit dem Fürsten von Samarkand 30.
— setzt seinen Eroberungszug gegen Osten fort 34.
— revoltirt gegen den Chalifen 35.
— sein Tod 37.
Kutlug Inandsch, ein Grosser im Seldschukidenreiche 121.
Kutluk Sultan, Bruder des Nesr Mehemmed Chan II. 117.
— Timur, dschengisidischer Häuptling, Gründer der Aschtarchaniden-
dynastie II. 100.
Kütschlük Chan, ein tatarischer Häuptling 125.
— übt Bekehrungsversuche zum Budhismus an den Muslimen 133 (Anm.).

L.

Lebab, Name einer Provinz XXXI.
— oder Enari Turkmen, eine Turkomanenabtheilung II. 130.
Lustgärten in Mittelasien II. 91.
Lutf-ullah Nischabari, Dichter zur Zeit Timurs 229.

M.

Maasum Birdi, turkomanischer Söldling im Dienste Nasrullahs II. 168.
— Emir, Sohn Danial Bai's II. 147.
— wird Amtsnachfolger seines Vaters II. 149 ff.
— sein Tod II. 160.
Machdum A'zam, s. Kasani.
Mahmud, prophetischer Siebinscher 158 f.
— der Gasnevide knüpft Verbindungen mit den Seldschukiden an 92.
Mahmud Bi Atalik II. 128.
Mahmud Chan, Sohn Junis Chans, revoltirt gegen Scheibani II. 50.
Mahmud Sultan, Regent aus der Timuridendynastie II. 20.
Malerei unter Ulug Beg II. 9.
— Verwüstung der Gemälde durch die Özbegen II. 12.
— unter den Timurkiden gepflegt II. 32.

Manap, kirgisischer Fürstentitel 14.
Mangit, Stammesname II. 146.
Manlach, Bedeutung dieses Titels 14.
Ebul Mansur, Sohn Subhankuli's D. 127.
Mansur ebul Harith, Samanidenfürst 172.
Mansur b. Nuh, Fürst aus der Samanidendynastie 85.
Mansur Schah, mozaffericlischer Herrscher 201.
Martschah, s. Merwitschak.
Medschd-ed-din Bagdadi, ein Mönch 126.
Medweli, Commandant Ak Mesdschids II. 203.
Mehemmed, Aga Meh. Chan, Gründer der Kadscharendynastie in Persien II. 154.
— Ali Chan, Fürst von Chokand II. 174.
— Emir Choiseha, Wunderthäter in Bochara II. 107.
— Ibrahim, Günstling Abbas d. Gr. II. 103.
— Salih, Dichter der Scheibaniden D. 17.
— Timur, Sohn Scheibani's II. 67.
Meilenzeiger in Centralasien II. 80.
Ebul Mekarim, Vezir des Sultanali II. 24. 43.
— sein Tod II. 48.
Mekim Chan, Sohn Subhankuli's II. 135.
Mekruh, religionsgesetzlicher terminus technicus II. 50.
Melik, Name eines Sees und einer Wüste bei Bochara XXXIII. D. 68.
Melikschah, der dritte Fürst der Seldschukidendynastie 107.
Mengbirdi = Hadorag. Nethanjā 146 (Anm.).
— Dschelal-ed-din, der letzte Charezmerfürst 144.
Mengka. Erklärung dieses Namens 160 (Anm.)
Merw unterwirft sich zu allererst den Seldschukiden 102.
— wird durch Masnm erobert II. 151.
Merwitschak, Kampfplatz zwischen Scheibani und den Timuriden II. 53.
Mesdschid-i-Mogau in Bochara 34 (Anm.).
— wird unter den Scheibaniden renovirt II. 98.
Mes'ud, der Gaznevide, will die Seldschukiden in seinem Reiche nicht aufnehmen 101.
— zieht gegen Merw und Nisabur 103.
Mes'ud Beg, durch die Mongolen eingesetzter Statthalter Transoxaniens 155 ff.
— muss vor Hissi flüchten 160.
— Vermittler zwischen Alga und Arik Buga 162.
— unter Borak 165.
Mes'udije, berühmtes Collegium von Bochara wird eingebüschert 168.
Meyendorff, Baron G. von II. 181.
Mezid Tarchan, Statthalter des Timuriden Ebu Said II. 11.
Mijankal, Bezirk des bucharischen Gebietes XXV. XXXI.
Mil Keschideu, orientalische Bezeichnung der Blendung II. 23.
Mir, Stadtname XXX).
Miranschah, Sohn Timurs, tatarischer Herrscher 206 (Anm.).

Miri Kulel, Vorstadt Buchara's XXXI.
Mischehen vom muhammedanischen Standpunkte II. 59 (Anm.).
Miten, Vorstadt Buchara's XXXI.
Mohallah, General Muslim b. Ziads 24.
Mohammed Chan, Enkel Timurs II. 2. 4.
Mohammedanischer Nachfolger Tschagatai's 163. 169. 171. 172. 176.
Mokanna und die durch ihn angeregte Rebellion 46 ff.
— sein Ende 55.
— seine Lehren 47. 58.
Mongolen, ihre Colonien in Mittelasien XXX.
— ihre Verheerungen in Centralasien 142.
— Ursachen ihrer Erfolge 151.
Nordtmanns Untersuchungen über die Keilinschriften zweiter Gattung 11 (Anm.).
Moslema, Statthalter Chorasans 40.
Moskau durch Tochtamisch eingeäschert 186.
— durch Timur geplündert 203.
Mosaffer-ed-din, Sohn und Nachfolger Nasrullahs II. 196 ff.
— sein Kampf gegen Russland II. 206 ff.
— sein Friedensschluss mit Russland II. 218.
— zieht gegen seinen Sohn II. 221.
Mozafferiden, Iranische Dynastie zur Zeit Timurs 199.
Mu'azz b. Muslim, Statthalter Chorasans 52.
— seine Kampfe gegen Mokanna 53 ff.
Mubarek Schah, Sohn des Kara Hulagu 163.
Mudschawir Bolmak II. 115.
Ebul Mohsin Mirza, timuridischer Prinz von Neberland II. 55.
Mumin Bai, Parteimann Nasrullahs II. 166.
Mundschenke am Hofe Timurs 220.
— der Frauen 221.
Muntasir, der letzte Samanide 93.
— sein Verhältniss zu Seldschuk 97.
Münzen, die Sitte Gold- und Silbermünzen vor den Herrscher zu streuen 203.
Murad III. Sultan II. 79. 84. 90.
Muschfiki Mollah, berühmter Dichter II. 67.
Musiker unter den Timuriden II. 33.
Ebu Muslim, Agitator für die Abbasidendynastie in Chorasan 43.
Muslim b. Ziad zieht gegen das empörte Buchara 24.
Mustapha Tschausch, osmanischer Gesandter am Hofe Subhankuli's II. 130.
— am Hofe Nasrullahs II. 143.
Musulman Kul, Schützling Nasrullahs II. 177.
— wird ermordet II. 197.

N.

Nachli Molla, Hofpoet Imamkuli's II. 109.
Nachscheb, Provinz XXX.
Nadir Schah, sein Sektenvereinigungsplan II. 82.

Nadir Schah erobert Centralasien II. 132 f.
Nafile, Zugabgebiet II. 27 (Anm.)
Nakschbendi-Orden, s. Baha-ed-din.
Namen schöner starker Thiere als Mannernamen bei den Türken 89 (Anm.).
  117 (Anm.); als Stammesbenennung 131.
Naselli Flores II. 152 (Anm.). 192.
Nasr b. Ahmed, der Samanide, im Streit gegen seinen Bruder Ismail in
  Bochara 64 ff.
Nasr b. Sejjár, Gouverneur von Chorasan 42.
Nasr-ed-din Töre, Sohn Emir Masums II. 162.
Nasrullah Bahadir Chan, Emir von Buchara II. 165 ff.
  — seine Kriege gegen Chokand II. 172 f. 184.
  — seine Beziehungen zu Russland II. 182 ff.
  — seine Beziehungen zu England II. 187.
Nedschm-ed-din, bucharischer Gesandte nach Russland II. 208. 215.
  — Kubera, Oberer eines Mönchklosters 127.
Nedschm Sani, Statthalter von Chorasan II. 69.
Negri, russischer Gesandter in Buchara II. 181.
Nestorianisches Christenthum in Centralasien 16. 07.
Nenn Galen II. 118. 223.
Newai, Mir Ali Schir II. 26. 28.
  — seine Bauten II. 32.
Nezr Diwanbegi, Vezir des Imamkuli II. 169.
Nezr Mehemmed Chan, Nachfolger Imamkuli's II. 115—8.
Nikbai wird durch Kaldu zum Herrscher über das Reich Tschagatai's er-
  nannt 162.
Nikolaus, Czar von Russland II. 181.
Nischani, Dichtername des Subhankuli II. 134.
Nojan, militärischer Titel bei den Mongolen II. 155 (Anm.).
Nornz Ahmed, s. Burak Chan.
Nnh b. Nasr, der Samanidenemir und seine Kämpfe 84 ff.
Nuh b. Mansûr, Samanidenemir 86 f.
Nukende, obstrieber Ort, Schauplatz schiitischer Parteikämpfe 45.
Nur, Stadt im Gebirge Bochara's 138.
  — das heutige Nurata XXVI.
Nur Mehemmed Chan, ebahrezmischer Prinz II. 87.
Nura, Stadtname XXXI.
Nur-ed-din Scheich, rebellischer Emir Chalil Mirza's II. 5. 7.

O.

Obeidullah, Sohn Subhankuli's II. 135.
Obeid-ullah Ahrar, Lehrer des Sultan Ahmed II. 19.
  — von dessen Nachfolger verachtet II. 21.
  seine armselige Lebensweise II. 22.
Obeidullah b. Ziad bricht in Centralasien ein 21.
Obeidullah Chan, Eroberer des westlichen Churasans und seine Feldzüge
  II. 67 ff.

Obeidullah Chan, besteigt den Thron Transoxaniens II. 74.
— als Dichter II. 84.
Obrringe 213.
Oldschaitu Chudabende, Mongolenfürst Persiens 170.
Omar Chan, Rivale Nasrullahs II. 166.
Orguna, Wittwe und Nachfolgerin des Kara Halagu 161.
Orlando Giovanni II. 192.
Osman Sultan von Samarkand 123.
Osmanenreich von Timur bekämpft } s. Bajazid.
— mit Scheibani alliirt
— bekämpft den Sefilen Ismail II. 71.
— schliesst mit seinem Sohne Frieden II. 74.
— mit den Gilaniern verbündet II. 79.
— unterstützt die Schiiten II. 84.
— freundschaftliche Beziehungen zu Subhankuli II. 130.
Osruschna, Grenzprovinz Transoxaniens XXII.
Otrar, Festung 134.
Oxus, etymologische Erklärung dieses Namens XXI (Anm.).
Özbeg Chan, Bruder Abdullah Chans II. 91.
Özbegen, ihr Vandalismus an den Kunstschätzen Samarkands II. 12.
— ihre alte Heimath II. 36 (Anm.).
— Grausamkeiten der — II. 55 (Anm.).
— im Kriege gegen das Sefidenreich II. 62 ff.
— ihre gegenseitige Feindseligkeit II. 178 (Anm.).
Özkend, bucharischer Ort XXVI.

P.

Pajende Kazi, Kunstdichter II. 97.
Pendsch-kend
— — -schembe } Ortsnamen XXXI.
Peroffsky, russischer General II. 178. 182 (Anm.).
— Fort Peroffsky II. 198.
Petroschewsky, Oberst II. 215.
Pischagir, Grenzfestung II. 171.
Polo, Gebrüder II. 145 (Anm.).
Portale, Luxus an denselben 224.
Postverbindung in Centralasien II. 20.
Priester, waren unter den Mongolen von der Kopfsteuer befreit 155.
— Achtung der Mongolendynastie vor der Priesterclasse 125.
Prüfung junger tatarischer Nomaden vor der Grossjährigsprechung 188 (Anm.).

R.

Racenkreuzung 213 (Anm.).
Rafi b. Leith zettelt einen Aufstand gegen Harun-ur-Raschid in Transoxanien an 57 f.
— söhnt die feindlichen Brüder Ismail und Nasr b. Ahmed mit einander aus 64.

Rahmet Bi, Anführer im Heere Emir Maasums II. 158.
Rametin, bucharischer Ort XXV. XXXI.
Rawlinson, seine Ansicht über Wanderung der Türkenstämme LI (Anm.).
Rebad, bucharischer Ort XXIX.
Rehim Bi Atalik II. 135.
— alliirt sich mit Nadir Schah II. 139.
Reys-i-Scheriat II. 160.
Religionsverhältnisse, die frühesten Centralasiens 11.
— unter den Scheibaniden II. 64.
Rendschit Singh, Afghanenfürst II. 172.
Riza Imam II. 60 (Anm.). 61.
— Diamant aus seinem Mausoleum II. 104.
— andere Zierden des letzteren II. 140.
— Kuli, Sohn Nadir Schahs II. 137.
Romanoffsky, Dimitri IIjitsch, Generalmajor II. 208.
Romanus Diogenes 105.
Rudeki, persischer Dichter II. 139 (Anm.).
Rukn-ed-daule, der Dellemite und seine Kämpfe gegen den Samaniden-
fürsten Nuh 84.
Russland, Katharina, Kaiserin von II. 155.
— Auftreten Russlands in Centralasien II. 170.
— frühere Berührungen mit Centralasien II. 160.
— dessen politischer Vertrag mit Bochara II. 183. 220.
— Rivalität mit England II. 180.
— seine Fortschritte in Centralasien II. 200.
— — Action nach dem Pariser Friedenschluss II. 205.

S.

Sadik Mowlana, berühmter Exeget II. 86.
Sadr-i-Scheriat, politischer Einfluss desselben unter der Mongolenherr-
schaft 175.
Said b. Osman führt die muhammedanischen Truppen gegen Bochara 22,
gegen Sogdiana und Samarkand 23, wird von den centralasiatischen
Geiseln ermordet 24.
— Sultan von Samarkand II. 85.
— Emir, Sohn Maasums II. 162.
Ebu Said Chan, Nachfolger Kötschkündschi's II. 74.
Ebu Said Mirsa, undankbarer Schützling Ulug Begs II. 11.
— wird als sunnitischer Märtyrer betrachtet II. 59.
Saman, Stammvater der Samaniden 60.
Samarkand XXVIII. XXXII.
— durch die Araber erobert .
— durch Dschengiz erstürmt 141.
— Einzug Timurs daselbst 183.
— Residenz des Timur 188.
— Reichthum und Pracht des Timur'schen Hofes 215.

Samarkand, Bedeutung und Glanz dieser Stadt unter Timur 228.
— durch Chudadad erobert II. 5.
— durch die Özbegen geplündert II. 17.
— unabhängige Fürsten daselbst zur Zeit Abdullahs des Özbegen II. 85.
— wird von den Aschtarchaniden wieder vor Bochara vorgezogen II. 168 (Anm.).
— Einzug der Russen in S. II. 210.
Sandschar, Fürst aus der Seldschukidendynastie 109.
— von seinem Vasallen Aziz bekämpft 117.
Sarvan, Provinz- und Stadtname XXIX.
Sarvan, Ortsname XXIX.
Sehad-l-Mulk, Gattin Chalil Mirza's II. 3. 7.
Schahdschihan, Regent von Indien II. 113.
— sein Verrath an Neur Mehemmed II. 117.
Schahruch Mirza, Enkel Timurs II. 1.
— seine poetischen Versuche II. 20.
— Sohn Nadir Schahs II. 151.
Schahrochie, s. Binaket.
Schah Schedschka unterwirft sich dem Timur 199.
Schah Zeman, Fürst aus der Afganendynastie Durani II. 138. 184.
Shakespeare, Richm. II. 152 (Anm.). 189.
Schehri Islam, Vorstadt Bochara's XXXI.
— Sebs, aufrührerische Stadt gegen Nasrullah XXXI. II. 171.
— — nimmt die Revolte unter Mozaffar-ed-din wieder auf II. 179.
Scheibani Mehemmed, Enkel Ebul Chairs II. 39 ff.
— zieht gegen Samarkand II. 42 ff.
— sein Zug nach Chorasan II. 48 ff.
— seine Kämpfe gegen die Timuriden II. 52 ff.
— misst sich mit Ismail Sefewi II. 61.
— wird als Märtyrer verehrt II. 63.
Scheibaninameh, ein türkisches Epos II. 29. 67.
Schems-ed-din-Habbobi, Molla in Tarab 157.
Scheref-ed-din, Biograph Timurs II. 31.
Scherik b. al-Mehdi, schiitischer Rebelle in Bochara 45. II. 38.
Schihab-ed-din, der Fürst von Gure 122.
Schiitenthum, durch Ismail Sefewi zu Ehren gebracht II. 58.
— schiitische Parteiwuth des Nedschm Sani II. 69.
— Stellung der transoxanischen Mollahs zum — II. 81.
— verschiedenartige Auffassung der östlichen und westlichen Sunniten über das Verhältniss der Schiiten zu Ihnen II. 150 (Anm.).
Schirabad, Ortsname XXXI.
Schirin Chwadscha, Dichter II. 07.
Schirkischwer, Anführer der gegen Abertzin stehenden Heere 2.
Schmalzgiessen, abergläubische Sitte in Mittelasien II. 28 (Anm.).
Al-Sebdemäni, Mohammed, grosser Gelehrter in Bochara 75.
Sebuktekin, der Gasnewide, leistet dem Samanidenfürsten Ebu-l-Kasim Hülfe 91. 92.

Sefi Scheich, ein türkischer Heilige II. 57.
Sefiddschamegan, Beiname der Anhänger Mokanna's 18.
Sektenhass zwischen Sunniten und Schiiten II. 38.
— des Abtulmumin II. 84.
Selim, Sultan von Constantinopel II. 71.
Serhedar, eine chorasanische Dynastie 198.
Serpul, Schlacht bei — II. 218.
Sertak, Ort im Norden Bochara's 138.
Siah tschah, Torturanstalt in Bochara II. 170 (Anm.).
Siddik Mohammed Chan, Sohn Subhankuli's II. 127.
Signak, Ortsname XXVI.
Simdschuri, Ebu-l-Hussein, Rivale Taschs in der Statthalterschaft von Chorasan 87.
Sintu Hoka, General des Dschengis 136.
Siwadschi, Familienname, s. Dschemal-ed-din.
Sklavenhandel in Iran 212 (Anm.).
— Schiiten dürfen als Sklaven verkauft werden II. 59.
Sogd, Provinz Bochara's XXVI.
— Fluss XXXIV.
Sujüd, Ortsname XXXI.
Speisen an der Timur'schen Hoftafel 220.
Spione, Bocharaer Regierungsspione II. 169.
Stammeseintheilung der Nomaden Centralasiens 178.
Stempel, Baron v. — II. 210 (Anm.).
Sternwarte des Ulug Beg II. 2.
Stoddart, seine Mission nach Bochara II. 187.
Struve, Oberst II. 207.
Subhankuli, verrätherischer Sohn Neur Mehemmeds II. 117.
— folgt dem Abul-ul-Asis in der Herrschaft II. 126 ff.
— er zeichnet sich auch als Dichter aus II. 134.
Suleiman Schah, Sohn Ablas' II. II. 123.
Sultanali, Sohn des Timuriden Sultan Mahmud II. 22. 43.
Sunniten im offenen Kampfe gegen das Schiitenthum II. 58.
Syrien, durch Timur überfallen 207.

T.

Tabakrauchen II. 161 (Anm.).
Tabellen, astronomische des Ulug Beg II. 10 (Anm.).
Tadschiks, Eigenthümlichkeiten ihres persischen Dialects 8 (Anm.).
— als Feiglinge berühmt 185. 213 (Anm.).
Tahirten, armenischer Fürst, durch Timur besiegt 200.
Taktik 189.
Tala, altfürkisches nomen appellativum = Ebene 164.
Talikawa, Herrscher des Tschagataischen Reiches 169.
Tamasp Schah, Sohn und Nachfolger Ismails des Sefiden II. 72 ff.
— seine Söhne II. 80.
— Schändung seines Grabes II. 84.

Tamerlan, s. Timur Beg.
Tanzkünstler an timuridischen Höfen II. 33.
Tarab, Geburtsort eines angeblichen Welterlösers 157. II. 71.
Tarchan, türkischer Würdenname 14. 19. 30.
Tarma Schirin, Fürst aus der Tschagataidynastie, fällt in Chorasan ein 172.
— Ausbreitung des Islams unter den Mongolen zur Zeit seiner Regierung 178.
Tasch = Meilenzeiger II. 80.
Tasch, Ebu-l-Abbas, Statthalter von Chorasan 87.
Taschidar, Bedeutung dieses Hoftitels 116.
Tawals, Stadtname XXV.
Tawadschi, Beamtentitel 191.
Teftazani, Gelehrter zur Zeit Timurs 220.
Tekin, Bedeutung dieses Wortes in Eigennamen 86.
Teklach, Fürst aus der Charesmerdynastie 119.
Tekke's (Klöster) in Buchara II. 225 (Anm.).
Tenbel, Statthalter Scheibani's in Chorasan II. 50. 51. 173.
Temurdschi, Dschengis Chan 131.
Tenge, Masseinheit II. 128 (Anm.).
Termes, Stadt am Oxus, durch Dschengiz zerstört XXX. 145.
Theologie, s. Wissenschaft.
Thomson II. 152 (Anm.).
Timur Beg, seine Abstammung 178.
— Ursprung seiner Lahmheit 162.
— seine Biographen 195 (Anm.).
Timur Melik, heldenmüthiger Commandant der Festung Chodschend gegen die Mongolen 137.
— Schah, Afganenfürst II. 157.
Tischtücher in Mittelasien 220.
Tocharistan, transoxanische Provinz XXI.
Tochtamisch, Erklärung dieses Namens 195 (Anm.).
— Schützling Timurs das.
— im Kriege gegen Timur 190. 212.
— seine Ermordung II. 19.
Togrul Beg und Tschakar Beg, seldschukidisches Brüderpaar im Kampfe gegen die Gasnewidendynastie 102.
— im Kampfe gegen einander 103.
Tökel Chan, Kazakenfürst II. 93.
Torturen II. 160.
Transoxanien, geographischer Begriff XIX. XXIII.
— Bedeutung der Seldschukidenherrschaft das. 110 ff. 114.
— dessen Verfall nach dem Mongoleneinfalle 149 ff.
— Reorganisation durch Timur 181.
Toleranz, religiöse unter den Mongolenfürsten 175 (Anm.); s. Gleichberechtigung.
Trunksucht der mongolischen Fürsten 155.
Tschagatai, Ueberhandnehmen des türkischen Elementes in der Politik jenes Krieges 177.

Tschagatai, sein Regierungssystem 155.
— Wirren unter seinen Nachfolgern 161 ff.
— Liste der letzteren 172 (Anm.).
— ein Seitenzweig seiner Familie ist noch heute auf dem Throne 174 (Anm.).
— Timur Beg vertreibt die Tschagataiden aus Transoxanien 183 ff.
— Junis Beg, ein angeblicher Tschagataide II. 19.
— im Verhältniss zu Usbeg II. 38.
Tschakar Beg, s. Togrul Beg.
Tschelek, Ortsname XXXI.
Tscheuglz, Bedeutung des Wortes 131 (Anm.).
— seine Institutionen werden von Timur aufrecht erhalten 188.
Tschernajeff, General II. 208.
Tschibardschul, Name einer Provinz XXXI.
Tschin Sofi, Beherrscher von Chahrezm, von Scheibani bekämpft II. 51.
Tschiraktschi, Festungsort XXXI.
Tugschade, seine Bekehrung zum Islam 4.
Tuk, eine Art Fahne 180 (Anm.). 188.
Tukiah Timur 180.
Turabi, Mulla, Hofpoet Imamkuli's II. 109.
Torgai, Vater Timur Begs 179.
— Torgai Mehemmed, s. Ulug Beg.
Türkenthum, Ueberhandnehmen desselben in Transoxanien 177.
— Verwandtschaftsbewusstsein der östlichen und westlichen Türken 207 (Anm.).
— zu Timurs Zeit mit den Iraniern wenig amalgamirt, s. Iranier.
— gelangt durch Timur zur Superiorität 228.
— durch Newai dem iranischen Elemente gegenüber vertheidigt II. 30.
— hat sich am längsten bei den Uzbegen erhalten II. 37.
— die sieben türkischen Stämme in Transbaukasien II. 57 (Anm.).
Turnab, Kampfplatz zwischen Ulug Beg und Ala-ed-daulet II. 11.
Tüzükat-i-Timur, literarisches Product des grossen Eroberers 179 (Anm.). 181. 180. 194. 228.

U.

Udschan, transoxanische Provinz XXI.
Umkend, Ortsname XXXI.
Uiguren 88.
— nach der Auffassung Dschuweini's 110 (Anm.).
— besiegen die Seldschukidendynastie 113.
— ihre religiösen Verhältnisse 118 (Anm.).
— unterstützen den Chahrezmer Kutb-ed-din 122.
— uigurische Schrift am Hofe Timurs 178 (Anm.). 228.
Ulug Beg, Sohn Schahrochs II. 7.
— sein eigener Sohn lässt ihn hinrichten II. 13.
— seine Bemühung um die Wissenschaft, s. Wissenschaft.
— seine hervorragende Bildung II. 27.
Uzun Hasan, s. Hasan Beg.

V.

Vachsch, transoxanische Provinz XXI.
Vafkend, Stadtname XXXI.
Vangazi, Stadtname XXXI.
Vardanzi, bucharaischer Ort XXV. XXXI.
Vargas, bucharaischer Ort XXIX.
Vendidad, Schöpfungserzählung des — 5.
Verkhana des Vendidad, identisch mit Fergana 5.
Vitkowitsch, politischer Agent Russlands in Buchara II. 161.

W.

Wachsch, bucharaischer Bezirk XXX.
Wakaanigiar = geheimer Agent II. 110.
Wappen Timurs 224 (Anm.).
Weli Mehemmed Chan, belchischer Fürst II. 102. 105.
Well-naam, Schwager Nasrullahs II. 172. 104.
Wissenschaft, ihr Studium wird durch die Mongolen gefördert 156.
— der Theologie unter den Mongolenherrschern begünstigt 175.
— Timur beschützt dieselbe und ihre Vertreter 214. 228.
— Astronomie unter Ulug Beg II. 0.
— Ulug Beg Protector der Wissenschaften II. 10.
— unter den Timuriden II. 26—34.
— von Scheibani begünstigt II. 64.
— unter den Scheibaniden II. 86
— Subhankuli pflegt und fördert die W. II. 134.
Wolff, Dr. J. II. 152 (Anm.), 1 2 (Anm.)

Y.

Yule's Ansichten über die Ausbreitung des Christenthums in Centralasien 16 ff.

Z.

Zauberstein, s. Jada.
Zeberdest Chan, indischer Gesandte bei Subhankuli II. 130.
Zelte, von den Türken vorgezogen 217.
— Formen derselben zur Zeit Timurs 218.
Zem, transoxanische Provinz XXI.
Zendine, Stadtname XXV.
Zerefschan, Flussname XXXIV.
Zia-ed-din Molla, gelehrter Theolog II. 96.
— Stadt in Buchara XXXI.
Ziad b. Ebu Sufian, sendet seine Truppen nach Chorasan 21.
Ziegel von Kaschan 224.
Zorabad, Grenzebene zwischen Afganistan und Iran II. 73.
Zoroasterismus in Centralasien 14 f.
Zweikampf der Herrscher an der Stelle eines Krieges 192

www.ingramcontent.com/pod-product-compliance
Lightning Source LLC
Chambersburg PA
CBHW031353230426
43670CB00006B/526